首都经济贸易大学·法学前沿文库

专利侵权抗辩的类型化与体系构建

季冬梅 著

Classification and System Construction of
Patent Infringement Defenses

中国政法大学出版社
2023·北京

声　明　1. 版权所有，侵权必究。

　　　　　2. 如有缺页、倒装问题，由出版社负责退换。

图书在版编目（CIP）数据

专利侵权抗辩的类型化与体系构建/季冬梅著. —北京：中国政法大学出版社，2023.10
　ISBN 978-7-5764-1127-0

Ⅰ.①专… Ⅱ.①季… Ⅲ.①专利侵权—研究 Ⅳ.①D913.404

中国国家版本馆CIP数据核字(2023)第193912号

出　版　者	中国政法大学出版社	
地　　　址	北京市海淀区西土城路25号	
邮寄地址	北京100088 信箱8034分箱　邮编100088	
网　　　址	http://www.cuplpress.com（网络实名：中国政法大学出版社）	
电　　　话	010-58908441(编辑部) 58908334(邮购部)	
承　　印	北京九州迅驰传媒文化有限公司	
开　　本	880mm×1230mm　1/32	
印　　张	8.75	
字　　数	205千字	
版　　次	2023年10月第1版	
印　　次	2023年10月第1次印刷	
定　　价	39.00元	

首都经济贸易大学·法学前沿文库
Capital University of Economics and Business library, frontier

主　编　张世君

文库编委　高桂林　金晓晨　焦志勇　李晓安
　　　　　米新丽　沈敏荣　王雨本　谢海霞
　　　　　喻　中　张世君

总　序

　　首都经济贸易大学法学学科始建于1983年。1993年开始招收经济法专业硕士研究生。2006年开始招收民商法专业硕士研究生。2011年获得法学一级学科硕士学位授予权，目前在经济法、民商法、法学理论、国际法、宪法与行政法等二级学科招收硕士研究生。2013年设立交叉学科法律经济学博士点，开始招收法律经济学专业的博士研究生，同时招聘法律经济学、法律社会学等方向的博士后研究人员。经过30年的建设，首都经济贸易大学几代法律人的薪火相传，现已经形成了相对完整的人才培养体系。

　　为了进一步推进首都经济贸易大学法学学科的建设，首都经济贸易大学法学院在中国政法大学出版社的支持下，组织了这套"法学前沿文库"，我们希望以文库的方式，每年推出几本书，持续地、集中地展示首都经济贸易大学法学团队的研究成果。

这套文库既然取名为"法学前沿",那么,何为"法学前沿"?在一些法学刊物上,常常可以看到"理论前沿"之类的栏目;在一些法学院校的研究生培养方案中,一般都会包含一门叫作"前沿讲座"的课程。这样的学术现象,表达了法学界的一个共同旨趣,那就是对"法学前沿"的期待。正是在这样的期待中,我们可以发现值得探讨的问题:法学界一直都在苦苦期盼的"法学前沿",到底长着一张什么样的面孔?

首先,"法学前沿"的实质要件,是对人类文明秩序做出了新的揭示,使人看到文明秩序中尚不为人所知的奥秘。法学不同于文史哲等人文学科的地方就在于:宽泛意义上的法律乃是规矩,有规矩才有方圆,有法律才有井然有序的人类文明社会。如果不能对千差万别、纷繁复杂的人类活动进行分门别类的归类整理,人类创制的法律就难以妥帖地满足有序生活的需要。从这个意义上说,法学研究的实质就在于探寻人类文明秩序。虽然,在任何国家、任何时代,都有一些法律承担着规范人类秩序的功能,但是,已有的法律不可能时时处处回应人类对于秩序的需要。"你不能两次踏进同一条河流",这句话告诉我们,由于人类生活的流动性、变化性,人类生活秩序总是处于不断变换的过程中,这就需要通过法学家的观察与研究,不断地揭示新的秩序形态,并提炼出这些秩序形态背后的规则——这既是人类生活和谐有序的根本保障,也是法律发展的重要支撑。因此,所谓"法学前沿",乃是对人类生活中不断涌现的新秩序加以揭示、反映、提炼的产物。

其次,为了揭示新的人类文明秩序,就需要引入新的观察视角、新的研究方法、新的分析技术。这几个方面的"新",可以概括为"新范式"。一种新的法学研究范式,可以被视为"法学前沿"的形式要件。由于找到了新的研究范式,人们可以洞察到以前被忽略了的侧面、维度,它为人们认识秩序、认识法律提供了新的通道或路径。依靠新的研究范式，甚至还可能转换人们关于法律的思维方式，并由此看到一个全新的秩序世界与法律世界。可见，法学新范式虽然不能对人类秩序给予直接的反映，但它是发现新秩序的催生剂、助产士。

再其次，一种法学理论，如果在既有的理论边界上拓展了新的研究空间，也可以称之为"法学前沿"。在英文中，前沿（frontier）也有边界的意义。从这个意义上说，"法学前沿"意味着在已有的法学疆域之外，向着未知的世界又走出了一步。在法学史上，这种突破边界的理论活动，常常可以扩张法学研究的范围。譬如，以人的性别为基础展开的法学研究，凸显了男女两性之间的冲突与合作关系，就拓展了法学研究的空间，造就了西方的女性主义法学；以人的种族属性、种族差异为基础而展开的种族批判法学，也为法学研究开拓了新的领地。在当代中国，要拓展法学研究的空间，也存在着多种可能性。

最后，西方法学文献的汉译、本国新近法律现象的评论、新材料及新论证的运用……诸如此类的学术劳作，倘若确实有助于揭示人类生活的新秩序、有助于创造新的研究范式、有助于拓展新的法学空间，也可宽泛地归属于法学理论的前沿。

以上几个方面，既是对"法学前沿"的讨论，也表明了本文库的选稿标准。希望选入文库的每一部作品，都在法学知识的前沿（frontier）地带做出了新的开拓，哪怕是一小步。

喻 中
2013 年 6 月于首都经济贸易大学法学院

前言 PREFACE

专利侵权抗辩，是指在专利侵权诉讼中，被告针对原告诉讼请求和主张进行的防御或对抗。在我国立法条文与司法实践中，有多种多样的侵权抗辩，其背后蕴含的价值基础和法学理念存在共通之处，但又呈现出不同的规则形态。目前在法学既有的学术研究中，关于专利侵权抗辩的文章和著述浩如烟海，有的对某种特定的抗辩类型进行针对性研究和挖掘，有的则对所有抗辩类型进行一定的梳理和分类陈述。总体来看，国内对于专利侵权抗辩的大部分研究，仍建立在专利法及相关法律法规的基础上，更多的是回答"有什么抗辩"，缺乏对"抗辩是什么、为什么"的理论回答。目前关于专利侵权抗辩的研究主要分类讨论抗辩事由的具体情形，尚未有专门针对专利侵权抗辩的体系构建或深层逻辑的研究。很多新型的抗辩事由，比如专利权的滥用、默示许可等，在实践中已经出现，但在现有体系下却"无处安放"。因此，为了有效发挥抗辩在专利制度中的作用和功能，从整体的体系构建的角度研究抗辩具有一定的必要性。而类型化的思维方式，可以为体系构建提供很好的路径。

在研究专利侵权抗辩体系时，本书先从其背后的价值基础入手，探讨制度规则蕴含的降低社会成本、寻求利益平衡、实现诚实信用与比例原则等理念。研究专利制度无法离开"收益-成本"的分析和考量，在专利制度带来的社会成本问题日益严重的今天，如何优化制度，使得制度能够通过自身修正不断完善，十分重要。本书在研究专利侵权抗辩时，不仅将抗辩视为被告对抗原告诉讼请求的一个武器，还从利益平衡和比例原则的视角，将抗辩视为可以约束专利权人行为的工具。

本书在研究和分析专利侵权抗辩制度的价值基础后，对具体的抗辩事由进行类型化研究和分析。诉讼请求是抗辩事由提出的前提，抗辩是对原告请求权的对抗，抗辩的提出具有针对性。在请求权发生、存续和救济的链条上，任何一个节点都可能产生抗辩事由，因此，本书在梳理专利侵权抗辩的体系与逻辑链条时，是基于原告提出的请求权展开的。依照请求权的体系与链条进行抗辩事由的研究，有助于提升相关制度规则的完整性与逻辑性，也使得被告能够对原告的主张作出及时、有效的回应。本书回归抗辩制度本身的初衷——对诉讼请求的对抗，在诉讼请求的基础上，展开抗辩规则的研究。被告可以针对原告诉讼请求提出的各个环节分别展开抗辩，达到减轻或免除己方责任的效果。反之，如果抗辩事由是权利人本人造成的，则抗辩的成立会影响权利人利益的实现，因此为避免自身利益的损失，权利人需在行使权利过程中，尽量避免给侵权行为人提出抗辩的理由。从这一角度看，抗辩规则也能够对权利人产生行为约束及指引的效果。

基于原告的请求权链条，在专利侵权诉讼中，被控侵权人可以在不同的节点主张抗辩。被告提出的抗辩也可以据此划分为以下几种：

第一种：针对原告提出的侵权主张的抗辩，主要是指被诉侵权行为不满足专利侵权行为的构成要件。

第二种和第三种：虽然被诉侵权行为满足侵权构成要件，但因存在法定豁免或其他豁免情形（如滥用行为）而不构成侵权，如基于对公共利益的保护而法定不视为侵权的行为，以及因原告存在违法或不正当行为导致权利不应获得保护等。

第四种：针对原告提出的救济请求而进行的抗辩，如原告存在不正当行使专利权的行为而导致救济资格丧失、因基于公共利益的考量判令不停止侵权等。将责任承担的抗辩纳入了广义的专利侵权抗辩的范围中。

本书按照这一逻辑链条，借助类型化的分析工具，建立专利侵权抗辩事由的体系。

首先，原告提出专利侵权诉讼请求时，需要首先证明被诉侵权行为满足专利侵权的要件。"不构成侵权抗辩"，是对诉讼中构成侵权行为要件的否定。我国专利侵权的构成需要满足"未经专利权人同意"，基于生产经营目的，"实施专利"的行为，侵权行为的成立需要满足一定的要件。第二章中针对构成要件进行了各自的讨论与分析，主要从要件的立法与实践、背后立意与产生影响等角度进行阐释，并回归专利制度本身的价值目标和理念体系进行探讨。在构成要件中，原告需首先具有合法有效的专利权，而此时，被告可以先向专利复审委员会申请专利无效宣告，达到否认基础权利的效果。当原告专利权合法有效时，还需证明被告未经过权利人的同意，且被诉行为落入专利权保护范围，原告才能主张侵权行为的成立。依据构成要件尚不满足的专利侵权抗辩，是针对专利侵权最直接、最基本的反驳，导致原告的诉讼主张从一开始就不能成立。第二个要件，是需要证明被告的行为落入专利权保护范围，对专利权保护范围的理解是判断侵权行为是否成立的关键。被告可以从专利穷竭、现有技术抗辩、禁止反悔抗辩和反向等同等角度进行抗辩。最后一个要件，就是被诉侵权行为是否经过专利权人同意。如果是明示同意，比如签订合同和许可声明等。而在满足一定条件的情况下，默示许可也可以构成侵权抗辩，也体现出禁反言和诚实信用原则对于专利权人行为的约束。

其次，即使被告的行为满足专利侵权构成要件，当存在法定的豁免理由或者其他豁免情形时，被告的行为会被视为不构成侵权，而无需承担法律责任。"专利侵权例外"，是指本应构成侵权，但基于法律的特殊规定不视为侵权的若干种情形，在具有共通的特征或价值选择背后，各种具体的抗辩情形又带有自身的出发点的特色，是共性和个性的关系。对于被告构成侵权的豁免，有两个出发点：一是基于公共利益的维护，是专利制度正当性的要求，对专利权进行限制，主要包括先用权、临时过境、科学研究或实现、非商业目的、博拉例外。

在专利侵权例外之下，另一视角是基于对权利人行为的约束，避免不正当行为影响专利制度目标的实现，主要包括权利人的滥用行为引起的侵权抗辩。原告的不正当行为导致其丧失获得保护的正当性基础，而被告免于承担责任有助于制度成本的降低。目前北京市高级人民法院发布了《专利侵权判定指南（2017）》，在"滥用专利权抗辩"下规定了"恶意取得"专利可以构成侵权抗辩事由之一。但其实专利权滥用是指在有专利权的基础上，对权利进行的扩张使用，权利人主张的范围超出了专利本身的范围。而"恶意取得"专利往往意味着专利权本身的获取就是不正当的，其实并不符合对专利权滥用的概念理解。所以廓清不同滥用行为的含义、范围、界限很有必要。在研究专利滥用行为构成抗辩时，本书进行了进一步的分类，针对滥用行为损害的法益及行为方式的不同，划分为对专利制度的滥用和专利权利的滥用。其中，制度的滥用是指专利权人的行为形式上是合理合法的，但实质上其行使权利的方式违反了专利制度的价值目标和追求，最典型的就是专利囤积、"专利蟑螂"；而权利的滥用，还可以划分为程序性权利的滥用和实体性权利的滥用。不同的滥用行为导致的后果也是不同的，通过类型化的划分，能够更加有效地约束专利滥用的行为，也能够为抗辩提供更加清晰的指引。

"专利滥用抗辩"，是法律尚未规定但实践中出现的抗辩情形。虽然专利法中并没有直接规定该抗辩事由，但实践中已经出现了相关案例或争议，且专利滥用抗辩、专利的界权问题、行使权利的正当性要求、专利制度本身的合理性研究都至关重要。上述两种出发点分别从静态和动态的视角，论证了专利侵权例外存在的正当性。在探讨专利侵权抗辩体系之时，有必要将其纳入进来，以补充和完善体系性的理论研究和实践探索。

最后，即使被告的行为构成侵权且无其他豁免事由，侵权责任承担的抗辩依然可以使得被告免于或者减少责任的承担。专利侵权行为的成立与专利侵权责任的承担，是两个不同的问题。通过对侵权救济的限制，能够在一定程度上形成一种缓冲机制，给予专利权人部分的、有条件的救济，从而将制度成本较为合理地分配于权利人及潜在使用者之间，发挥专利制度的导向作用。"专利侵权责任的抗辩"，主要是对侵权事实成立后，被告仍有可能针对免于承担法律责任的豁免情形展开的研究。专利侵权责任的承担主要包括停止侵权和损害赔偿两种，而这两种侵权责任承担方式，也会面临着限制与例外。对于侵权救济限制适用的原因与目的是什么，如何在救济中找到利益平衡与价值判断的关键要素，从而促进专利制度的良性运转，缓和多方利益冲突，社会整体效率的最大化，需要将救济置于专利制度的整体进行判断和思考。

在对专利侵权抗辩的类型化作整体梳理与汇总的基础上，需从宏观上构建出具有可行性、包容性的专利侵权抗辩体系框架。在侵权诉讼中，以权利人的诉讼请求逻辑链条作为体系化的依据，专利侵权抗辩可划分为"被控行为不构成侵权""被控行为虽构成侵权但有法定豁免事由""原告存在滥用等不正当行为导致专利权失去可执行性"三个层面的专利侵权抗辩类型。最后，即使被控侵权行为仍属成立，被告仍可基于"专利侵权责任的抗辩"而免于或减少侵权责任的承担，背后是对原被告双方与所涉及的他人利益、社会公共利益等共同作用的结果，也是法院可以更加综合衡量多方面因素作出判决的路径与依据。

基于诉讼请求链条建立起来的专利侵权抗辩体系，与基于价值基础的专利侵权抗辩类型化之间，存在耦合之处。"不构成侵权抗辩""专利侵权例外抗辩""基于滥用行为的抗辩"和"专利侵权责任的抗辩"四种抗辩类型，不同类型的抗辩之间，以诉讼请求作为链条衔接并构架框架，而每种类型的抗辩都具有价值基础的共同性，具体内容由此展开并不断完善，共同形成专利侵权抗辩的"枝"与"叶"。通过对价值基础的类型化，以及链条式抗辩体系的梳理，专利侵权抗辩的体系性和包容性能够得以加强，从而为实践中应对新问题、新现象提供基础。促使价值多元化背景下，制度能够及时回应社会实践中的问题，维护专利制度的价值目标得以实现，并促进专利制度的理性发展。

将专利侵权抗辩划分为"不构成侵权抗辩""专利侵权例外抗辩""基于滥用行为的抗辩"和"专利侵权责任的抗辩"四种情形，是在价值基础二次梳理基础上的类型化。目前我国的专利侵权抗辩，存在体系混乱、内容庞杂、理论研究不能满足实践需求等问题，需要寻找到构建专利侵权抗辩体系的框架与逻辑。上述建立在价值基础上的类型化分析，能够为体系构建提供理论上的参照。而在具体实践规则中，还需要结合专利侵权抗辩本身如何实施并实现来研究。抗辩具有针对性，即抗辩均是针对诉讼过程中原告的请求而提出。诉讼请求是权利人为获得利益保护与法律救济而采取的行为。正如王涌老师在《私权的分析与建构：民法的分析法学基础》中所述：民法为保护特定利益而设置的权利，不是一种静止的权利，而是一系列前后相连的权利，前面的权利随着特定法律事实特别是侵权行为以及违约行为而转化为后面的权利。民法为保护某一特定利益而设定的一系列相互关联的权利可以被视为一个权利链条，原权是权利的始端，而救济权是这个权利链条的末端。原告诉讼请求链条可以为侵权抗辩体系的梳理提供重要的参考价值，顺延专利权人在侵权诉讼中的请求权，有助于解决专利侵权抗辩体系性缺失的问题。在侵权诉讼中，原告因自身基础性专利权被侵犯而提起诉讼，侵权诉讼产生的基础是侵权行为的存在，原被告之间的法律关系为侵权行为引发的债权债务法律关系，原告依据法律规定能够获得侵权救济，被告需要承担侵权责任的情况下，原告诉讼才有胜诉的可能。

  本书的目的，不仅在于从理论上对专利侵权抗辩制度进行探索与梳理，也希冀能够为实务工作者提供帮助和参考，以此促进专利法制度目标的最终实现和实施效果的不断完善。

目 录
CONTENTS

导 论 ··· 001
　第一节　选题背景及研究意义 ················ 001
　第二节　关于专利侵权抗辩事由的研究现状 ········ 005
　第三节　本书思路及研究方法 ·················· 011
　　一、研究目标 ································ 011
　　二、研究视角 ································ 017
　　三、研究方法 ································ 020

第一章　专利侵权抗辩的基本理论 ············ 023
　第一节　专利侵权抗辩制度的研究历史与现状 ······ 023
　　一、抗辩制度的沿革 ·························· 023
　　二、侵权抗辩的类型化梳理 ···················· 025
　　三、专利侵权抗辩的历史沿革与现状 ············ 031
　第二节　专利侵权抗辩制度的价值基础与功能 ······ 041
　　一、降低专利制度的社会成本 ·················· 042

二、促进专利制度利益平衡的合理性 …………… 047
三、促进专利权人履行诚实信用义务 …………… 050
四、专利侵权抗辩中的比例原则 ………………… 053

第二章 专利侵权构成要件的缺失：不构成侵权抗辩 …………… 057

第一节 权利的缺失：专利权无效 ……………………… 058
一、专利无效程序与专利侵权诉讼的关系 ……… 061
二、我国专利无效程序存在的问题 ……………… 064
三、专利无效程序与侵权诉讼的域外经验 ……… 069
四、我国专利无效程序的制度构建设想 ………… 079

第二节 权利的有限性：对专利权范围的界定 ………… 087
一、现有技术抗辩 ………………………………… 088
二、禁止反悔与捐献原则 ………………………… 092
三、反向等同原则 ………………………………… 097
四、专利穷竭 ……………………………………… 102

第三节 禁反言与诚实信用：默示许可 ………………… 110
一、我国司法实践中对默示许可抗辩的支持与否定 ……………………………………… 112
二、禁反言原则对专利权的绝对限制与相对限制 … 119
三、禁反言原则下的默示许可：以美国司法实践为例 …………………………………… 123
四、我国专利默示许可实践规则的反思 ………… 129

第三章　为公共利益：专利侵权例外抗辩 …………… 136
第一节　先用权抗辩：独立性及价值基础的研究 …… 137
第二节　临时过境：降低国际贸易的负担与阻碍 …… 141
第三节　非生产经营目的与科学研究和实验 …………… 143
一、非生产经营目的不构成侵权的正当性 ………… 143
二、科学研究和实验抗辩的正当性 ………………… 149
第四节　博拉例外：公共健康与安全 …………………… 153
一、博拉例外的制度渊源及内涵 …………………… 153
二、公共健康与药品可及性 ………………………… 155

第四章　对权利人的约束：基于滥用行为的抗辩 … 158
第一节　滥用专利制度的行为 …………………………… 159
一、制度滥用与权利滥用 …………………………… 159
二、限制滥用制度行为的正当性 …………………… 162
三、限制滥用制度行为的司法应对 ………………… 164
第二节　程序性权利滥用的抗辩 ………………………… 166
一、不正当申请抗辩 ………………………………… 166
二、滥用诉权的抗辩 ………………………………… 176
第三节　实体性权利滥用的抗辩 ………………………… 182
一、专利权滥用与垄断行为的关系之厘清 ………… 183
二、专利权滥用作为抗辩事由的合理性与必要性 … 186
三、专利权滥用作为抗辩事由的国际经验
　　与路径选择 ……………………………………… 194
四、专利权滥用抗辩在我国的制度设想 …………… 205

第五章　专利侵权责任的抗辩 …… 213
第一节　债与责任的分离：专利侵权责任抗辩的法理基础 …… 214
第二节　对专利停止侵权救济的限制适用 …… 217
一、停止侵权救济限制适用的价值基础 …… 217
二、限制停止侵权救济的司法实践与设想 …… 219
三、标准必要专利限制适用禁令救济的思考 …… 227
第三节　对专利损害赔偿救济的限制适用 …… 231
一、合法来源抗辩：规范市场交易行为 …… 231
二、权利标识及告知义务：降低社会成本 …… 233

结语：专利侵权抗辩的类型化与体系构建 …… 237
一、基于价值基础的专利侵权抗辩类型化 …… 238
二、基于诉讼请求的链条式专利侵权抗辩体系 …… 243
三、专利侵权抗辩制度功能的最大化 …… 246

参考文献 …… 249
致　谢 …… 263

导 论

第一节 选题背景及研究意义

专利制度是人类为保护智力劳动成果，促进科技进步与创新，推动全人类共同进步的重要制度。自1623年英国议会通过世界第一部现代意义的专利法以来，专利制度已存续了400年。在这漫长的制度发展历史之中，专利扮演的社会角色不断变化，从最初王权授予的"特权"（privilege），演变成对个人劳动成果赋予的"权利"（right）。专利制度对社会经济发展产生的影响带有地域性和时代性特征，不同国家和地区的经济与科技发展水平参差不齐，历史与文化存在差异，对专利的态度与认知不完全一致，即使在同一个国家和地区，社会经济文化生活以及对法律法规的现实需求也随着时代变迁而不断变化。

近年来，国际上加强知识产权保护的趋势愈演愈烈。发达国家由于占据经济与科技发展的优势地位，不断向发展中国家施压，要求加强知识产权的保护。在国际经济贸易领域，一些发达国家也试图绕过世界贸易组织（WTO）下确立的以《与贸易有关的知识产权协议》（Agreement on Trade-Related Aspects of Intellectual Property Rights，简称"TRIPS协议"）为核心的知识产权保护多边规则，谋求建立更高的、"超TRIPS"知识产权保护标准。[1]发展中国家迫于加强知识产权保护的国际压力，和基于提高国内自主创新能力的内部需求，发挥知识产权制度尤其是专利制度的激励作用的呼声渐涨。专利制度不断发生调整变化，例如客体类型从产品专利扩展到方法专利、加入"惩罚性赔偿"制度以遏制侵权行为等。除了专利制度本身，专利还会受到政府政策引导、市场经济特征等外部因素的影响，如推崇专利申请、鼓励奖励发明等政府措施，通过专利排除、限制竞争对手，从而获得竞争优势地位等，促使专利数量提升、专利保护强化。对专利权进行民事保护的规则也不断完善，以私权保护为重心，权利人可以主张停止侵权、损害赔偿等救济，维护对知识产权的控制与经济收益。

但法律制度的功能并非仅仅保护权利人的利益，更重要的是调和社会关系中的矛盾与冲突。专利制度也并非仅保护专利权人的利益，还需要考虑他人利益与社会公共利益，考虑制度设置对社会整体经济效益产生的影响。随着专利数量攀升，专利范围扩大，科技领域延伸，因专利的扩张而产生的诸多问题引发社会公众对专利制度正当性、合理性的反思。专利数量的膨胀引发"专利丛林"现象，带来交易成本问题。在累积性效应较为明显的科技领域，科技发明与科学发现往往需要"站在巨人的肩膀上"，对基础发明进行后续改进是推动科技进步的重要环节，而后续发明人必须获得基础专利权人的授权才能制造或使用相关产品。在专利强保护背景下，基础专利的强保护可能会使基础专利权人获得过强的垄断力量，导致后续发明受阻。

同时，专利权人也充分意识到利用专利收回研发成本、换取收益的重要性，希望在有限的专利权有效期内，获得尽可能

---

[1] 杨健："中美贸易战视阈下知识产权保护'超 TRIPS 标准'发展趋势探究"，载《北方法学》2019年第6期。

多的收益，从而很可能将专利权作为市场竞争中的利益杠杆，在许可谈判时将其作为重要砝码，向潜在使用人提出获得许可的对价，甚至会将垄断权利扩张到专利权合理范围之外。除了利用合法有效的专利权攫取不合理利益，对专利制度的不合理利用也会引发问题。目前世界各国家和地区广泛采用专利先申请制，即最先提起专利申请的主体能够获得授权，这促使各个领域展开专利竞赛，争相申请专利以抢占市场先机与竞争优势，而专利本身未能得到充分实施和转化。还有一些专利申请人并不以最终实施或许可他人实施专利为目标，而是将专利制度中的"寻租"空间作为其商业模式的基础。他们通过囤积专利，或阻碍竞争对手对技术的利用，或借助垄断特权获得许可收益，或以专利埋伏的方式，等待出现侵权行为或存在侵权之虞时，要求对方给予许可费用。这些行为都会导致交易谈判等社会成本增加，如为大量囤积专利而肆意申请导致行政审查成本增加、为伏击潜在使用人而产生诉讼成本等，同时，专利闲置产生资源浪费，还会引发其他问题。

面对上述专利制度中加强权利保护而产生的社会成本问题，为合理衡量个人利益与社会公共利益，解决利益冲突与矛盾，进一步明确专利的个人领域（private domain）与公有领域（public domain）之间的界限十分必要。从静态上看，个人领域与公有领域是相对立的两个概念，在某一特定时间点上，一项已经公开的技术方案要么为个人通过专利申请所独占，要么已经进入公有领域，成为社会公共财产；但从动态上看，个人领域与公有领域在满足特定条件时可以相互转化，比如专利在到期之后自动进入公有领域，任何人可使用而无需支付费用。因此，专利权兼具个人私权属性和公共属性，对专利权的界定既需要考虑静态中的权利保护，又需要考虑动态中的公共利益，以及在何种情况下如何合理、有效地实现两者之间的转化。由于专利本身具有抽象性，且专利保护与公共利益之间关系密切，在界权的问题上，公权力机关始终扮演重要角色。在授权阶段，行政机关负责专利的审查与授权，以确保专利质量；在权利行使阶段，反垄断法与反不正当竞争法协同作用，共同约束专利权人的行为，并通过强制许可提升专利转化和实施的效率；在专利保护与救济过程中，司法机关负责侵权成立与否的判定，作为中立第三方公平对待双方的主张或抗辩。上述三个环节中的主管机关不同，但每一个环节都会发挥界权的作用，除了界定专利权本身的范围，还会界定专利权人的行为范围。笔者将围绕以下内容展开，即在专利权人请求法院进行侵权救济时，司法如何通过抗辩规则的设置发挥再次界权、协调利益冲突的作用。

侵权诉讼的提出，是权利人为保护自身权益采取的重要措施。抗辩，是侵权诉讼中被告针对原告的主张而提出的有关侵权责任不成立或者侵权责任虽成立但应免除或减轻的一切主张。[1] 抗辩的提出具有削弱或对抗原告诉讼请求的效果，原告的诉讼请求与被告的抗辩是对立关系，对抗辩的支持就意味着对诉讼请求的否定或部分否定。抗辩赋予被告在诉讼中与原告进行对抗的权利，是追求判决结果公平公正的要求，抗辩事由的发展还可以推动实体法律的完善和健全，使司法价值判断更加合理且有章可循。

作为一项民事权利，专利权也受到民法中一般性原则和规则的调整，但专利权又具有特殊性，如无形性、法定性、不确定性等，因此专利侵权抗辩规则也具有特殊性，更加复杂多样。

---

〔1〕 程啸：《侵权责任法教程》（第三版），中国人民大学出版社2017年版，第119页。

对专利侵权抗辩的研究需要结合专利权本身的特点展开。专利制度需要不断应对实践中的新问题，法律的成文规定虽可以为侵权抗辩提供相对统一的认定标准，却难以应对层出不穷的新现象。抗辩规则的完善需要借助制度的包容性，建立在价值选择的基础上，构建新的规则与体系，从而为非法定侵权抗辩事由的提出提供参考依据和判断标准。专利侵权抗辩规则的复杂性、专业性与对社会的回应性，都对其类型化研究和独立体系的构建提出要求。类型化研究能够挖掘出具有共同法理基础和价值理念的抗辩事由，从而深化对法理基础和价值理念的理解，实现制度包容。在类型化研究的基础上构建侵权抗辩体系，一方面能够健全对专利制度的理论探索，另一方面也能够为司法实践提供指引，避免规则或理论的欠缺导致司法的不统一或混乱。

第二节　关于专利侵权抗辩事由的研究现状

专利权属于私权，受到民法一般性原则与规则的调整。我国民法学界对于民事侵权抗辩的学术研究较为深入且已初步形成体系。在体系化研究中，民事侵权抗辩首先可以划分为程序法上的抗辩和实体法上的抗辩，这是对抗辩进行的最基本的分类。抗辩规则诞生于诉讼程序的发展过程之中，并逐渐从程序法延伸到实体法，对实体法的整体发展也具有重要推动作用。实体法上的抗辩又可以进一步划分为抗辩与抗辩权，或事实抗辩与法律抗辩。[1]王葆莳在《德国民法典中抗辩概念的发展史》以及杨立新、刘宗胜在《论抗辩与抗辩权》等论文中，通

---

[1] 参见王倩：《侵权抗辩事由研究》，湖北人民出版社2015年版，第20—21页；钟淑健：《民事抗辩权及其基本规则研究》，法律出版社2015年版，第19页。

过民法中抗辩的概念解释与历史沿革,分析其内涵与功能。尹腊梅《民事抗辩权研究》一书,则将研究建立在抗辩与抗辩权进行二分的基础上,重点讨论了抗辩权的权利来源、效力、行使等一般规则。

但是上述基于抗辩与抗辩权二分的一般民事权利侵权抗辩体系研究,仅能够对专利侵权抗辩的研究提供非常有限的理论指引。专利权虽然是作为民事权利而存在,但民法领域对侵权抗辩的研究并不能完全适用于专利权领域。专利权具有无形性和不稳定性,获得行政授权的专利可能事后被宣告无效,且专利带有公共产品的属性,[1]相较于一般民事权利,专利权与公共利益之间的关系更加复杂多样,很多专利制度的设置也伴随着立法者的利益衡量与公共政策选择,专利侵权抗辩制度也会考虑公共利益而作出牺牲专利权人利益的让步选择。基于专利权的这些特殊性,一般民事权利侵权抗辩理论不足以应对。尤其是随着科技水平不断提升,越来越多的新问题、新现象出现,处理专利侵权案件的关键不再是单纯地判断是否存在侵权,而是如何作出合理的价值选择与利益衡量。

具体到知识产权领域,其侵权抗辩的相关研究也以类型化研究为主。蒋言斌在《知识产权:原理、规则与案例》中,根据权利的属性和确权程序的不同,将知识产权的侵权种类划分为"权属抗辩""合法来源抗辩""权利要求全面覆盖抗辩""先用权和公知技术抗辩""合理使用抗辩""诉讼时效抗辩"六种。[2]尹腊梅在《知识产权抗辩体系研究》一书中,专门针

---

[1] 冯晓青、刘淑华:"试论知识产权的私权属性及其公权化趋向",载《中国法学》2004年第1期。

[2] 蒋言斌:《知识产权:原理、规则与案例》,中南大学出版社2016年版,第300页。

对知识产权侵权诉讼中的抗辩问题进行理论挖掘与实践研究，将知识产权的抗辩事由划分为知识产权法上的不侵权抗辩、损害赔偿请求权不成立的抗辩、停止侵害请求权不成立的抗辩以及知识产权法上的抗辩权四种，在四种类型化的抗辩事由中，又分别结合著作权、商标权、专利权的权利特征展开了具体论述。

纵观当下相关研究，在专利侵权抗辩事由的研究上，主要对其具体情形展开分类讨论，缺乏对专利侵权抗辩的体系构建或深层逻辑的研究，缺少整体性和贯穿式的思考。曹新明在《现有技术抗辩理论与适用问题研究》中，针对现有技术抗辩这一情形展开探讨。万琦以财产权转移理论为视角，研究专利产品首次销售侵权抗辩的问题。[1]胡潇潇从我国现实需求出发，论证药品试验例外作为一项侵权豁免原则，可以促进仿制药企业发展，在药品专利期满后及时平抑药价。[2]法律法规多以列举这种碎片化的形式，规定在何种情形下，专利实施者的行为不构成侵权行为或者免于承担侵权责任。这样碎片化的规定不利于诉讼当事人把握专利侵权抗辩的内在逻辑，相应地，在原告基于请求权提出主张、被告基于抗辩事由提出反驳之时，法院在司法裁判过程中也缺乏内在统一的逻辑链条，尤其是在应对法律没有明确规定的抗辩事由时，基于何种价值选择标准、作出何种裁量，都存在主观判断的空间。

在关于专利侵权抗辩的体系性研究中，尹新天教授的《中国专利法详解》严格按照现行专利法的规定与体系，在"专利权的保护"一章中主要以我国既有法律的规定为逻辑框架，梳

---

[1] 参见万琦：《专利产品首次销售侵权抗辩研究——以财产权转移理论为研究进路》，知识产权出版社2014年版，第2页。

[2] 参见胡潇潇：《药品专利实验例外制度研究》，知识产权出版社2016年版，第204页。

理和分析了《中华人民共和国专利法》（以下简称《专利法》）第 75 条"不视为侵犯专利权"的规定。在我国法律的既有规定之外，专利侵权抗辩的司法实践却呈现出多元化与新样态，如北京市第一中级人民法院知识产权庭在《侵犯专利权抗辩事由》中共列出了 19 种情形，[1]除法定情形之外，还讨论了"权利懈怠""权利滥用"等非法定抗辩事由，从具体的操作技术上分析了每一种抗辩事由的适用条件与情形。但其分散式讨论并未构建出专利侵权抗辩的整体框架，也未充分说明抗辩背后的价值选择与基础。司法实践中新增的多元化抗辩事由尚未通过统一立法得以确认，导致对专利权人和被控侵权人的行为缺乏统一指引。李勇在《专利侵权与诉讼》中也突破了既有专利法的规定，扩宽侵权抗辩类型，将对侵犯专利权的抗辩划分为五种，即"否定专利权效力的抗辩""否定落入专利权保护范围的抗辩""现有技术及现有设计抗辩""不视为侵犯专利权的抗辩"和"侵犯专利权的其他抗辩"。该书采用类型化路径，但其简单的列举式讨论缺乏对各种抗辩事由背后价值取向和正当性基础的提炼，不利于对专利侵权抗辩规则的本质展开深入挖掘和探索。

在专利侵权抗辩的价值探索上，陈际红、王桂香在《专利运营实战解码丛书：专利保护》中指出，专利侵权抗辩理由是对于专利权进行的权利限制，是基于公共利益的考量，需要结合如何保护专利权人合法权益、如何应对专利侵权抗辩、如何平衡专利权人利益和社会公共利益等问题进行思考。[2]孙苏理

---

[1] 参见北京市第一中级人民法院知识产权庭编著：《侵犯专利权抗辩事由》，知识产权出版社 2011 年版，第 158—214 页。

[2] 陈际红、王桂香主编：《专利运营实战解码丛书：专利保护》，知识产权出版社 2018 年版，第 197—198 页。

在《论我国专利制度下的专利侵权抗辩》中指出,抗辩事由从专利侵权行为的归责原则和侵权责任构成要件派生出来,其存在可避免权利人滥用专利权,并给予专利权合理限制。[1]其中,法定不视为侵权的抗辩情形是基于利益平衡原则对专利权人合法垄断权进行的合理限制,免除部分民事责任的抗辩事由则是在无过错归责原则下,对善意第三人使用、销售行为的责任豁免。禁止反悔原则旨在约束专利权人的行为,防止权利人出尔反尔,以实现诚实信用原则,维护社会公共利益。[2]自由公知技术抗辩,也称为现有技术抗辩,与专利授权条件或原则呼应,强调专利权人只能依靠自身付出的劳动获得授权,无需付出创造性劳动就能够获得的技术不应为任何人所独占,已经公开的信息应归于公有领域而可为任何人自由使用。[3]孙苏理指出,我国专利侵权抗辩存在的问题主要是在立法上缺乏整体性考量,且对专利权人滥用专利权的问题缺乏相关规定,与国际上诸多国家的做法不一致。[4]张玉敏以"专利权的例外"指代"专利侵权抗辩",认为法律明确规定的侵权抗辩事由是专利权效力所不及之处,即在特定条件下,他人未经专利权人许可实施专利的行为具有合法性。[5]

总体来看,国内对于专利侵权抗辩的大部分研究,仍建立在《专利法》及相关法律法规的基础上,更多的是回答"有什么抗辩",缺乏对"抗辩是什么、为什么"的理论回答。[6]质

---

[1] 孙苏理:"论我国专利制度下的专利侵权抗辩",载北京市高级人民法院民三庭编:《知识产权诉讼研究》,知识产权出版社2003年版,第42页。
[2] 同上,第46页。
[3] 同上,第48页。
[4] 同上,第53页。
[5] 张玉敏主编:《专利法》,厦门大学出版社2017年版,第198页。
[6] 尹腊梅:《知识产权抗辩体系研究》,知识产权出版社2013年版,第26页。

言之，关于专利侵权抗辩的部分主要分类讨论抗辩事由的具体情形，尚未有专门针对专利侵权抗辩的体系构建或深层逻辑的研究，比如仅指出抗辩可以划分为事实抗辩和法律抗辩，[1]但对事实抗辩和法律抗辩区分会给专利权人和潜在侵权人带来什么样的实际影响以及价值选择的差异等并没有继续展开。目前专门针对专利侵权抗辩的研究不多且未成体系，容易导致抗辩规则的应用零散和混乱。而伴随着2020年《专利法》修改过程中"禁止权利滥用"条款的引入，专利侵权抗辩规则亟需调整和完善，以应对新法适用中的问题和困惑，为市场主体和创新主体提供明确的指引。

国外法学研究中对于专利侵权抗辩的梳理也主要采用类型化的视角。美国学者穆勒将被控侵权方提出的抗辩情形划分为三种：①"我的产品/方法没有侵权"；②"虽然我的产品/方法侵权，但你的专利是无效的，因此，我不需要对侵权行为负责"；③"因专利权人在取得该专利权的过程中存在不正当行为（acted inequitably），法院应拒绝执行（enforce）该专利权"。吉迪恩（Gideon Parchomovsky）与亚历克斯（Alex Stein）也将专利权等知识产权侵权抗辩划分为三种情形：一般性抗辩（general defense）、个性化抗辩（individualized defense）与特定类型抗辩（class defense）。其中，一般性抗辩是指挑战专利权效力的抗辩，从根本上否定了原告的权利基础，效力范围最广；个性化抗辩的效力范围则相对较窄，仅用来对抗权利人提出的具体的侵权主张，但不影响原告本身的专利权；特定类型抗辩为某些特定类别的专利使用者划定了豁免区域，当被告的被控侵权行为属于这一豁免区域时，被告免于承担责任，但同时专利权的效力也

---

[1] 参见尹腊梅：《民事抗辩权研究》（修订版），知识产权出版社2013年版，第51—53页。

不受影响。[1]学者同时指出，专利侵权抗辩以一般性抗辩和个性化抗辩为主，特定类型抗辩主要是特指科学实验或研究这一情形，即专利侵权抗辩主要是围绕对专利权的界定展开的。[2]上述按照抗辩的效力范围进行的分类，本质上就体现出对于专利权范围的司法界定与调整，即法官可以在具体的专利侵权诉讼中，结合原告的主张与被告的抗辩，作出支持保护、否认抗辩，或支持抗辩、拒绝保护的决定，这样既能调整静态的专利权范围，又能约束权利人的权利行使行为，结合公共利益和社会整体效益作出决定。这样的类型化方法结合了对利益平衡的考量，但其对专利侵权法定豁免的轻描淡写，并不能够应对社会公共利益与个人私利日益紧张的关系，且很多衡平法上的抗辩，如滥用行为、欺诈申请等，难以在我国专利法既有框架下找到合适位置，但实践中又萌生出对相应抗辩规则的需求。这些问题，都尚待对专利侵权抗辩作价值基础的研究之后，在类型化梳理、体系构建的过程中予以探讨和解决。

第三节　本书思路及研究方法

一、研究目标

（一）类型化研究的路径与功能

类型化是法学研究的核心方法之一。[3]在自然和社会现象

---

[1] Gideon Parchomovsky and Alex Stein, "Intellectual Property Defenses", 113 *Columbia Law Review* 10, 2013, p.1483.

[2] Gideon Parchomovsky and Alex Stein, "Intellectual Property Defenses", 113 *Columbia Law Review* 10, 2013, pp.1498-1500.

[3] 王志强："类型化分析与中国法律史学"，载《法律和社会科学》2018年第1期。

的研究中，分类往往是阐释特定问题的必要手段，是广义上归纳法的一种具体运用，即通过归并同类项，将各种纷繁复杂的具体现象简单化，从而便于进行类型化的描述，并作为进一步分析和论证的基础。类型化的方法在我国法律中存在已久，《中华人民共和国民法典》（以下简称《民法典》）第 123 条通过对知识产权客体进行列举确立知识产权类型的"7+N"模式，是对 20 世纪 80 年代以来我国知识产权类型化立法成果的总结与确认。[1] 类型化的方法也可以适用于知识产权制度研究的其他多个领域。在专利侵权抗辩的问题上，类型化研究也是进行体系构建过程中可采用的一种合理方法，它能够将具有相同价值基础的抗辩事由结合在一起进行整体考量，使抗辩规则蕴含的价值理念更加具有一致性和系统性，从而为实践提供更加合乎逻辑和可预测的参照。

　　类型化研究的基本内涵包括三个方面：一是依据一定的标准对拟类型化的"抽象事物"具体分类，构建类型化的基本框架和结构；二是对具体分类可能缺乏科学性、合理性之处进行完善；三是对类型化的整体进行协调，从宏观角度去把握类型化的思路。[2] 在"分类-完善-协调"的路径中，专利侵权抗辩事由对应诉讼请求的主张，按过程型链条式结构进行划分，再结合社会实践的发展与价值取向的多元化特征，对类型化进行完善和解读，融入对专利侵权抗辩的独立价值思考，构建专利侵权抗辩的整体框架。其中，对专利侵权抗辩的分类是基础性环节，也是本书章节分布与安排的基石，而后续的完善和协调

---

〔1〕参见易继明："知识产权法定主义及其缓和——兼对《民法总则》第 123 条条文的分析"，载《知识产权》2017 年第 5 期。

〔2〕李克杰："我国狭义法律类型化的困局与化解"，载《东方法学》2016 年第 6 期。

则是在构建专利侵权抗辩体系的过程中交叉进行,服务于整体框架的构建。

专利侵权抗辩随着新问题、新现象的出现而不断发展。我国基于国际环境与国内发展的双重压力,在之前的专利制度与规则设置中十分重视如何加强和完善专利保护这一方面,而对于专利过度保护或约束权利行使方面缺少警惕,导致新的问题出现和相应规则的欠缺,司法实践中不得不通过发挥主观能动性,创设相应的抗辩类型与规则。比如,江苏省高级人民法院发布的《侵犯专利权纠纷案件审理指南》、北京市高级人民法院发布的《专利侵权判定指南(2017)》等,都在《专利法》之外规定新型专利侵权抗辩事由,如"实施标准抗辩""滥用专利权抗辩""不停止侵权抗辩"等。

专利侵权抗辩事由的多样化发展,是司法实践的能动性对法条规定稳定性的补充,表面上看二者的内容存在差异,但实际上其背后暗藏的价值理念存在很强的共通性。比如,专利制度中的诚实信用原则,在既有的专利法规定的禁止反悔原则中已经有所体现,但仍有很多规则空白之处,比如专利权人在申请专利与行使权利之时,诚实信用原则如何转化为行为规范尚不明确。司法实践对抗辩规则的发展,可谓"万变不离其宗"。在今后的科技创新过程中,尤其是伴随着人工智能、区块链等新态势的出现,新型抗辩事由可能继续出现,如果法律中缺乏明确规定,将促使法官求助于价值理念作出最终决定,这对抗辩规则的本质思考提出了时代要求。专利侵权抗辩事由看似复杂多样,但可以通过对其背后的潜在价值、理念与原则进行类型化梳理,构建出具有包容性和灵活性的逻辑体系。

(二)构建专利侵权抗辩体系的现实需求

首先,在当下,知识产权制度对体系构建的需求日益迫切。

知识产权与科技发展关系密切，新的具体问题不断出现，知识产权法的细节研究异常发达，[1]但缺乏对知识产权法整体以及其中每个环节的宏观把握和系统梳理。我国法律法规主要通过列举的方式规定专利侵权抗辩事由，原《中华人民共和国侵权责任法》与现《民法典》也未认真考虑侵权责任抗辩事由的配置和体系化的问题，可能造成侵权抗辩事由适用上的模糊。[2]在司法实践中，应对新问题时，法院大多通过对既有规范的灵活解释与补充来进行规则应用，同时也不断总结、提炼"法外"的新型抗辩事由。对于新型抗辩事由，如何看待并合理化，以及对于既有的抗辩类型如何更加灵活地适用与理解，尚待考察。以"科学研究和实验"这一抗辩为例，其是否仅针对获得专利的技术本身进行科学研究和实验？是否包括研究专利技术的可行性、确定专利技术的最佳实施方案、研究改进专利技术？[3]在判断使用行为是否具有营利目的时，是否要考察被告的主体身份？主体为自然人或单位时是否影响判断结果？在"为科研及实验"或"为医疗行政审批"的场合，行为人的专利实施行为是否绝对不应具有"生产经营"的目的？如果仅采用列举式的规定，缺乏对背后逻辑的梳理，那么当实践中出现新问题时，司法裁判只能依靠法官的主观能动性。因此，对专利侵权抗辩事由进行体系构建非常重要。建立专利侵权抗辩事由的体系，需要从专利侵权抗辩的特征、扮演的角色、发挥的实际效用等方面入手，分析现有法律规定和司法实践中既存的抗辩事由，挖掘其背后隐藏的规则理念和价值取向，从中"抽丝剥茧"，提

---

[1] 参见李琛：《论知识产权法的体系化》，北京大学出版社2005年版，第4页。

[2] 梅龙生："论侵权责任抗辩事由的配置及其体系"，载《河南师范大学学报（哲学社会科学版）》2011年第5期。

[3] 尹新天：《专利权的保护》（第2版），知识产权出版社2005年版，第128页。

炼出完整、合乎逻辑、具有可操作性的体系。这样既能够在理论上完善对专利侵权抗辩事由的解释,又可以为司法实践中法官、律师等实务工作者提供一定的参照。

其次,与其他民事权利相比,知识产权的保护具有特殊性,其面临较高的界权成本,在缺乏客观客体边界的情况下,需要设计更为精确和更易判断的权利边界,方能在交易中明晰权利归属和责任。[1]此外,权利本身的正当性也是知识产权诉讼中面临的特殊问题。知识产权权利人的个人领域与公有领域关系密切而复杂,对知识产权人的私权保护会影响公共利益,个人利益与公共利益之间的平衡与取舍也是围绕权利诞生、行使、保护、灭失全过程的重点难题。尤其是在专利领域,专利的保护与科技进步创新息息相关,专利侵权抗辩是司法界权和利益平衡不可或缺的制度工具,这一点是区别于其他民事权利抗辩的显著特征。

知识产权具有无形性、抽象性、社会性等特殊之处,导致在抗辩制度的设置上,知识产权也与一般民事权利存在差异。知识产权虽然身处民法之中,但在规则适用上却很难与一般民事规则完全兼容。与民法、刑法等其他部门法相比,知识产权法的发展历史较为短暂,存在体系化不足的问题。[2]当知识产权制度缺乏自身的体系构建,而又与民法一般规则存在差异时,就会产生法律适用上与理念选择中的混乱与疑问。对于知识产权的民事保护,也需要按照传统民法的相关规则、原则进行,知识产权侵权之诉属于民事诉讼的一种,在平等主体之间围绕

---

〔1〕 熊琦:"知识产权法与民法的体系定位",载《武汉大学学报(哲学社会科学版)》2019年第2期。

〔2〕 参见李琛:《论知识产权法的体系化》,北京大学出版社2005年版,第46页。

知识产权是否受到侵害以及如何救济等问题展开。遍览我国《民法典》及相关法律条文，并没有专门针对"抗辩"或"抗辩权"的一般性规定。但在具体的民事诉讼中，会因为权利客体、诉讼起因的不同而产生复杂多样的抗辩类型。比如《民法典》中的"同时履行抗辩权""先履行抗辩权"等与《中华人民共和国著作权法》中的"合理使用"等，其背后的价值与法理很难找到共通之处。对抗辩相关理论进行体系化、类型化梳理的方法之缺乏，造成理论研究中对概念理解的模糊甚至偏差，也造成司法实践中自由裁量权的行使缺乏统一的参考体系与衡量标准，面对新的问题时难以有效应对和解决。

最后，知识产权制度蕴含的多元化价值基础也提出了体系化要求。知识产权兼有个人私权属性和公共产品属性，在价值基础上带有利益平衡的多元化特征。TRIPS 协议以"促进技术革新和技术转让与传播，使技术知识的创造者和使用者互相受益并有助于社会和经济福利的增长及权利和义务的平衡"作为目标，具有利益平衡的色彩，并允许成员采取必要措施，保护公共健康和安全，同时强调对滥用行为的警惕与制止。我国的国内立法中，很多制度与规则的设立也体现出对利益平衡的追求，比如通过合理使用制度限制著作权，以强制许可制度限制专利权。产权人和社会各元素之间的相互协调都要靠知识产权来满足，公权力介入并对其进行适时的控制和调节必不可少。[1]但是在何种情况下需要公权力的介入，以及介入的合理范围与程度，都需要借助整个制度的逻辑与体系加以具体化。在缺乏体系构建的环境中，规则设置可能出现空白或逻辑不通，实践中的理解与适用则可能产生主观性和随意性过强的问题。专利侵

---

[1] 季冬梅："论知识产权的法律性质与学科属性"，载《私法》2019 年第 1 期。

权抗辩规则也是如此，其不仅仅是被告方的防御性手段，也有可能演变为对原告方的权利限制。合理应对专利侵权诉讼中各种诉求与抗辩理由，实现不同群体之间的利益平衡与整体效率的最大化，需要借助专利制度的整体来进行。

二、研究视角

因专利的扩张而产生的诸多问题引发对专利制度正当性、合理性的反思，专利保护加强带来创新成本、制度成本、交易成本等社会成本的增加，专利侵权抗辩基于社会需要而呈现多样化与新态势。专利制度按照"授权—确权—行权—维权"的生命周期可分为：①授权阶段。目前国内问题专利和低质量专利较多，难以有效转化和应用。[1]专利数量膨胀与范围扩张引发"专利蟑螂""专利海盗"等问题，扰乱市场竞争。[2]②确权阶段。职务发明制度偏离了激励创新的目标，不利于利益平衡和资源优化配置。职务发明制度本身的缺陷和企业的机会主义行为成为制度异化的内外双因。[3]在分布式创新活动中，参与主体的多样性与成果归属的不确定性直接影响权利边界的确定与企业的商业模式。③行权阶段。专利权滥用及其他不当行使专利权的行为影响市场运行效率，偏离了激励创新、维护公平竞争和增进社会福利的目标，尤其是标准必要专利滥用行为带来交易成本上升、公共利益受损的问题。④维权阶段。一方面，专利诉讼周期长、维权成本高，影响创新激励效果的实现。

---

[1] 杜爱霞："马克思主义理论对专利制度改革的启示"，载《河南社会科学》2021年第4期。

[2] Herbert Hovenkamp, "The Rule of Reason and the Scope of the Patent", 52 *San Diego Law Review* 3, 2015.

[3] 李晓庆、何敏："我国职务发明制度的异化及匡正——基于马克思异化劳动理论的考察"，载《科技与法律（中英文）》2021年第1期。

另一方面，专利侵权滥诉、恶意诉讼异化为权利人进行市场竞争的工具，扰乱竞争秩序，阻碍市场健康发展。[1]专利强保护导致公共利益受损，资源分配失衡，[2]"专利海盗"现象带来交易成本增加、科技进步与创新受阻等问题。上述异化问题，增加了专利的制度成本，不利于制度价值的实现。专利侵权抗辩的规则可以从司法途径适当限制专利权人的行为，并以灵活的方式由法官结合个案进行利益平衡。

我国《专利法》及相关司法解释对于专利侵权抗辩情形进行了列举式规定。该立法模式能够为专利权人、潜在侵权行为人与公众提供相对清楚、明确的指引，但难以应对实践中不断出现的新问题与新现象。非法定类型的抗辩事由不断出现，对现有规则提出挑战。由于国内尚缺乏对专利侵权抗辩背后的价值基础和逻辑理念的梳理，一般民事权利侵权抗辩的理论与实践难以解决专利侵权抗辩的问题。专利侵权抗辩缺乏统一体系，法院"查缺补漏"的应对方式既难以足够周全地涵盖所有抗辩事由，也可能造成法官自由裁量权过度扩大而引发对"法官造法"的担忧。

为应对专利侵权抗辩面临的问题，结合专利制度的价值目标与本质探究专利侵权抗辩制度的独立价值与体系十分重要。专利侵权抗辩对于降低社会成本、促进利益平衡、维护诚实信用原则与比例原则发挥其特有的功能。从抗辩针对的对象——诉讼请求——入手，抽象出具有价值共通性的抗辩类型，进行是否满足侵权构成要件、是否有法定豁免理由、是否因请求缺

---

[1] 姚志坚、柯胥宁："知识产权恶意诉讼的司法认定及规制"，载《人民司法》2019年第1期。

[2] 韩成芳："药品专利权的功能异化与修正"，载《电子知识产权》2021年第2期。

乏正当性基础而豁免、是否应当承担侵权责任的类型化研究，构建逻辑完整、具有包容性的体系框架，有利于实现制度对社会实践的回应性。专利侵权抗辩是司法过程中的一个重要环节，是通过司法程序再次界定专利权的重要工具，既包括对专利权合理权利范围的界定，又包括对权利人行使权利的合理方式的界定。专利侵权抗辩逐渐脱离传统的"被动型对抗"理念的禁锢，融入了"主动性进攻"的附加功能，通过司法界权完善专利制度成为抗辩制度研究的新视角。基于对专利制度本质的回归，专利侵权抗辩事由的体系构建有助于更有效地发挥其在应对专利制度问题时的修正作用，也有助于为法院、行政机关、专利权人及其他权利人、潜在使用者与相关公众提供更有逻辑、链条清晰的参考与指引，促进专利制度对社会实践的回应性以及制度目标的实现。

专利权人过度收益（Excessive Patent Rewards）成为专利制度发展至今的一大问题，即专利权人可以借助垄断地位攫取的利益，超出其向社会作出的贡献，抑制了后续创新和科技利用的最大化，产生了更多的社会成本。[1]实践中，不乏专利权人滥用权利或通过其他不正当手段获得过度收益。本研究将结合目前专利保护引发的各种问题，尤其是社会成本问题，建立起专利侵权抗辩的体系框架，以实现专利制度的自身修正，对现实问题予以回应。在展开具体的专利侵权抗辩事由研究时，本书既探讨目前专利法中的法定侵权抗辩事由，又探索我国尚未以立法明确规定但实践中已经存在，或虽不存在但具有广泛争议的抗辩情形，从中提炼出共同的价值基础，以此作为类型化的依据。亦即本研究主要是从探讨抗辩事由背后的价值基础等

---

[1] Carl Shapiro, "Patent Reform: Aligning Reward and Contribution", 8 *Innovation Policy and the Economy*, 2007, p.111.

宏观视角展开，将重点放在抗辩事由背后的价值基础探索上，并进行抽象化与提炼，将其作为抗辩事由类型化的依据，再以类型化为工具，构建专利侵权抗辩的体系框架。

三、研究方法

第一，法社会学。法社会学作为西方法理学的三大分支之一，能够直面社会生活中的实践问题，[1]将法学的研究放在整个社会科学体系中进行，具有学科交叉性、包容性和开放性。专利制度的产生与发展无法脱离其所在的社会文化背景，同时具有十分明显的社会效应。当下很多有关专利制度的研究不仅涉及现实当中的法律现象，也涉及很多其他社会现象。社会中的经济、科技、文化、历史等元素，都会对规则的适用与解读产生影响。专利侵权抗辩是否成立，关系到专利权的保护范围，也涉及专利制度会产生什么样的社会效应。因此，专利侵权抗辩具有很强的现实意义，对专利侵权抗辩的研究无法脱离社会实践中发生的实际案例，本书将通过对国内外不同类型的侵权抗辩案例进行梳理与总结，归纳出专利侵权抗辩事由的内在逻辑与背后的价值取向。

第二，比较研究。制度的制定与规则的安排，带有一个国家和地区在特定时期内社会、经济、文化生活的烙印。在同一时期的不同国家和地区，法律制度会带有地域性色彩，受到其内部发展需求和国际外在环境的影响。在经济全球化和信息技术飞速发展的现代社会，地理距离的存在已经无法成为国际往来的障碍，现代经济的发展对加强信息互通、贸易合作、政策互惠提出了更高的要求。在研究知识产权法的过程中，国际视

---

[1] 侯猛：" 社科法学的传统与挑战"，载《法商研究》2014年第5期。

野能够为一个国家和地区选择合理、合情、合时的原则与规则，探索未来发展道路。因此，对不同国家和地区的制度进行差异化的比较研究，对于探索差异背后的深层原因，选择更加适合自己发展状况的路径具有重要意义。

第三，历史研究。社会经济文化的发展阶段不同，对制度建设与规则安排也会存在差异化的需求，因而立法者和司法者需要不断调整，使得法律制度能够最大限度地发挥其良性作用。法律随着历史的潮流不断地发展和演变，刻有鲜明的时代烙印。"以史为鉴，可以知兴替"。对于法律制度历史沿革的梳理与探究，并非为了将尘封的制度僵硬套用于目前的实践，而是希冀在溯源的过程中，明确制度选择的初衷，了解是什么样的社会背景催生了相应的规则与原则，并结合当下的具体情境，反思应当如何进行增、删、改才能更加契合时代需要。专利制度虽然在我国的历史并不久远，但《专利法》自1984年颁布以来，已经历经了1992年、2000年、2008年、2020年四次修改，每一次修改都会引发法学界和实务界的热议。不同时期专利制度修改的原因各不相同，但每一次修改都是立法者为创设出更加优化、更能适应社会发展的制度不断尝试和努力的结果。

第四，法经济学。法经济学是经济学与法学结合的产物，是主要从经济学视野观察分析法律问题的一种经济学理论。[1]"法的关系根源于物质的生活关系"，[2]很多法律制度与规则中往往有经济学因素的融入，系建立在经济思维的理性判断基础上的效率性选择。在当下知识产权与市场经济互相发挥重要影

---

[1] 张乃根：《法经济学：经济学视野里的法律现象》，上海人民出版社2014年版。

[2] 参见中共中央马克思恩格斯列宁斯大林著作编译局编：《马克思恩格斯选集》（第四卷），人民出版社1972年版。转引自张乃根：《法经济学——经济学视野里的法律现象》，中国政法大学出版社2003年版，第7页。

响的背景下，国内外学者对知识产权的经济分析蔚然成风，对知识产权制度背后的"成本-收益"展开了分析与探讨。[1]专利制度自诞生以来，从国王授予的垄断特权发展为个人私权，与市场经济的关系日益密切，脱离市场经济与贸易的背景来探讨抽象的专利制度与规则设置会遭遇纸上谈兵的尴尬。抗辩理由的提出实际上构成对专利权的限制，立法或司法中对于抗辩事由的态度与选择，会对专利权人和潜在使用人之间的博弈关系以及专利权人在市场中的定价能力造成影响，从而波及专利的交易市场环境。因此本书在研究专利侵权抗辩时，会附带一定的"成本-收益"分析，梳理抗辩制度背后的成本问题与社会效率，探讨在经济学思维中，抗辩体系的构建与背后价值选择的问题。

---

[1] 利用经济学的视角和方法去分析知识产权制度的著述如：[美]威廉·M. 兰德斯、理查德·A. 波斯纳：《知识产权法的经济结构》，金海军译，北京大学出版社 2005 年版；刘茂林：《知识产权法的经济分析》，法律出版社 1996 年版；周华："知识产权制度的经济分析"，载《山东社会科学》2003 年第 3 期；等等。

第一章
专利侵权抗辩的基本理论

第一节 专利侵权抗辩制度的研究历史与现状

一、抗辩制度的沿革

"抗辩"一词,源自拉丁语 *exceptio*,是指被告在诉讼过程中有权利提出得以对抗原告诉讼主张的事由,代表被告的一项诉讼权利。[1]这一概念伴随着诉讼程序的演变和发展而诞生。罗马法最早规定了民事诉讼原告的诉权(actio),原告可以通过诉讼手段向法官提出自己的主张。与之相对应的就是被告的辩护手段,被告通过提出抗辩,实现对原告主张的全部否认或部分否认,以维护自身的合法权益。抗辩作为一项程序性权利出现,同时又与实体性权利产生紧密的关联,为实体性权利的行使提供支撑,构成现代诉讼制度中不可分割的重要部分。

现代诉讼制度最早可追溯至罗马法时期。按照时间先后和诉讼方式的不同,罗马诉讼制度经历了法定诉讼、程式诉讼、非常诉讼三个阶段,具体的诉讼规则和程序不断发生变化。[2]针对最早的法定诉讼,罗马法对诉讼进行类型化、法典化的规

---

[1] 参见黄风:《罗马法》(第二版),中国人民大学出版社2014年版,第177页。

[2] 周枏:《罗马法原论》(下册),商务印书馆1994年版,第855—857页。

定，当事人提出的诉讼必须属于法律明确规定的几种类型，法律中没有规定的诉讼，当事人不可以提出，法院也不会支持其主张。在这一阶段，诉讼程序并没有对被告的权利给予足够重视，法官可以在事实审理中，通过原被告双方的举证和辩论作出判断。之后，由于法定诉讼程序难以应对从市民法到万民法的扩张，为了使得诉讼程序更加具有灵活性，程式诉讼成为主要的审理程序。

程式诉讼中正式提出了 exceptio 的概念，使得被告在诉讼中可以行使自己的诉讼权利。在公元前3世纪，《阿奎利亚法》的颁布引进了程式诉讼，赋予中间裁判官以一定的权力。裁判官依原告请求的案由制成一定审理程式的书状，然后交由民选法官依此书状审理案件。[1]在程式诉讼中，被告可以自行提出抗辩，作为对原告主张的反驳以及对自身行为的辩护，裁判官也可以基于公共利益的衡量[2]，主动使用抗辩规则来对抗原告。这一阶段形成了抗辩制度的初步框架，既含有程序法意义上的对抗模式，又包含抗辩事由的实体法内容，但二者在诉讼过程中并没有进行明确的划分。直到公元3世纪，非常诉讼取代了程式诉讼后，法律审理和审判程序不再划分，在既有的抗辩分类基础上增加了程序性抗辩和实体性抗辩的分类方法。[3]到中世纪，罗马法学家们又从法律汇编中的实体法抗辩概念出发，将抗辩分为永久的抗辩和迟延的抗辩，其中永久的抗辩又依效力不

---

[1] 江平、米健：《罗马法基础》（修订本第三版），中国政法大学出版社2004年版，第441页。

[2] 王葆莳：“德国民法典中抗辩概念的发展史”，载《西南政法大学学报》2004年第1期。

[3] 参见尹腊梅：《民事抗辩权研究》（修订版），知识产权出版社2013年版，第24—25页。

同分为事实（facti）抗辩和法律（iures）抗辩两种。[1]在此基础上，诞生于罗马法诉讼程序中的抗辩，经过长期的发展和演变，基于现实的需求，不再禁锢于程序法的范畴之中，逐渐与实体法发展互相影响，内容不断丰富和充实。

二、侵权抗辩的类型化梳理

（一）实体法上的抗辩与程序法上的抗辩

在19世纪中后期，抗辩的类型化特征更加鲜明。由于潘德克吞法学派对抗辩概念的发展，抗辩被明确区分为实体法上的抗辩和程序法上的抗辩，[2]形成现代抗辩制度的雏形。程序法上的抗辩和实体法上的抗辩是抗辩类型化中的一个基础划分，是在程序法和实体法基础上的进一步细化。其中，程序法上的抗辩是指被告利用程序性的法律规则，提出对抗原告诉讼请求的主张和理由，比如在诉讼或仲裁中提出管辖权异议、对仲裁协议的效力提出异议、对当事人的主体资格提出异议等；[3]而实体法上的抗辩，则是指被告针对具体的诉争事实提出削弱或消灭对方请求权基础的主张，以达到对抗效果。本研究主要围绕专利侵权抗辩事由展开，结合专利制度背后的价值基础和理论体系，研究对专利权的约束，聚焦专利制度体系本身，因此主要内容将针对侵权抗辩中的实体性部分进行，程序性或诉讼法上的内容并非本研究的重点内容。

抗辩制度的诞生最初是基于程序法上的考量。在罗马法中，为了解决法律诉讼在程序适用上的僵化问题，考虑到衡平当事

---

[1] 钟淑健：《民事抗辩权及其基本规则研究》，法律出版社2015年版，第19页。
[2] 尹腊梅：《民事抗辩权研究》（修订版），知识产权出版社2013年版，第35页。
[3] 周洪政："抗辩与抗辩权辨析"，载《北京仲裁》2010年第4期。

人双方的利益请求的需要，在程式诉讼中正式确立抗辩制度。程序法意义上的抗辩制度范围十分广泛，具体可以分为两种：证据抗辩，即对证据的形式、证据的来源、证据的内容、证据的证明力等提出抗辩意见；妨诉抗辩，即除证据抗辩之外的其他程序抗辩方式，诉讼或仲裁中的程序异议都是表现为防御手段的程序抗辩。[1]程序法意义上的抗辩，针对诉讼的整个过程展开，被告可以在不涉及原告具体权利主张和救济请求的情况下，实现对抗原告诉讼主张的效果。程序法意义上的抗辩使得被告能够绕开案件涉及的实体法律关系，直接起到对抗原告请求的效果。

程序法意义上的抗辩具有确保诉讼公正的作用。诉讼抗辩是保障当事人诉讼权利的重要手段，其首要作用是对抗对方当事人的诉讼主张，即在对方当事人提出某种诉讼主张时，己方当事人得主张某种不同的法律事实或法律关系。主张诉讼抗辩的目的是对抗、抵消、吞没对方当事人的诉讼请求或诉讼主张。[2]抗辩为法官实施其自由裁量权提供了制度上的可能，[3]使案件审理更加富有灵活性，避免因程序上的僵化规定而使得当事人的诉讼请求无法有效传达。而在民事诉讼当中，为实现公平正义的原则，法院既不应站在被告一方对原告的主张进行质疑，也不应基于原告的视角对被告进行诘问，而是应扮演中立的第三方角色，确保原被告双方享有同等的法律地位和诉讼权利。与原告提出诉讼请求的权利相对应，被告也应当有权利在诉讼中维护自身利益，进行反驳或辩护，从而使当事人双方的诉求都能够被聆听，并借助双方的证据材料最大限度地了解事实真

---

[1] 周洪政："抗辩与抗辩权辨析"，载《北京仲裁》2010 年第 4 期。
[2] 李勇主编：《专利侵权与诉讼》，知识产权出版社 2013 年版，第 125 页。
[3] 尹腊梅：《知识产权抗辩体系研究》，知识产权出版社 2013 年版，第 36 页。

相。程序正义是保障实体正义的必备要件，被告提出的程序法意义上的抗辩也应当受到肯定和尊重。

在我国法律体系中，专利权属于民事权利的一种，很多规则与一般民事法律规则相同。在抗辩制度上，一般民事权利可以适用的抗辩事由，在专利权领域也可以适用。除了程序法意义上的抗辩，实体法意义上的抗辩也在专利侵权诉讼中扮演着重要角色。

实体法意义上的抗辩，是指针对原告提出的具体请求及主张提出对抗性意见。根据原告在侵权诉讼中提出的具体请求与主张，可以将抗辩事由按照先后顺序划分为：①专利权本身存在瑕疵；②被告的行为不构成侵权行为；③虽然被告行为构成侵权，但由于法定事由的存在而成为侵权例外；④被告行为构成侵权且无法定例外情形，但原告存在不正当行为，导致其专利权丧失可执行性；⑤被告行为构成侵权且无法定例外情形，但权利人主张的损害赔偿、停止侵权、销毁侵权产品等救济请求不能获得部分或全部支持。其中，前四种情形均属于"侵权行为的抗辩"，针对的是原告的请求权，而最后一种情形则是"侵权责任的抗辩"，针对的是原告具体的救济请求。

实体法意义上的抗辩将主要围绕原被告之间的法律关系展开，当原告的专利权受到被告侵犯时，原告可以向法院提出侵权救济的主张。原告需要满足一系列的证明要求，才能使自己的主张得到法院的支持。首先，原告需要证明专利权合法有效，专利局发给申请人的授权证书是最有力、最基本的证明；其次，原告需要证明被告实施了侵犯专利权的行为，即被告未经原告同意实施专利技术方案，同时不存在法定的"不构成侵权"的豁免理由；最后，原告可以提出权利救济主张，存在侵权行为的，可以申请法院禁止其继续从事侵权活动，还可以要求被告承担赔偿责任。上述三个方面,是原告可以提出主张的内容,反过来看,也是被告可以寻找抗辩机会的角度:首先,被告可以考察是否存在挑战原告专利权的可能,以使得原告专利权自始无效,失去根本性的权利基础;其次,被告可以论证自身行为并不构成侵权行为,自己实施的专利未落入原告的权利范围,或存在法定的豁免事由;再其次,虽然被告行为构成侵权,但一些特殊事由的出现导致原告的专利权失去了可实施性,专利权的权能受到贬损;最后,被告还可以主张存在合法来源或失效限制等,使原告能够获得的救济受到限制。按照原告在诉讼中提出主张与进行论证的逻辑链条,寻找到具有对应性的抗辩事由,能够充分有效地发挥专利抗辩的对抗性、防御性与限制性作用。

(二)事实抗辩与法律抗辩:对实体法上抗辩的细分

实体法上的抗辩内涵丰富、类型多样,为避免对抗辩相关概念认知模糊,我国法学研究中通过类型化的方法,将实体法上的抗辩划分为事实抗辩与法律抗辩,或事实上的抗辩与抗辩权。[1]事实抗辩与法律抗辩的二元划分,成为抗辩的学理研究与实务审理的逻辑起点,也贯穿于抗辩规则设立与完善的始终。

事实抗辩中,被告据以抗辩的基础是一种事实状态,无论被告是否在诉讼中主张,法院都应主动适用并查明。事实抗辩还可具体划分为原告权利自始未发生的抗辩(或称"权利阻却""权利障碍"的抗辩)与原告权利归于消灭的抗辩(或称"权利消灭""权利毁灭"的抗辩)。[2]法律抗辩本质上是被告对抗

---

〔1〕参见李勇主编:《专利侵权与诉讼》,知识产权出版社2013年版,第125页。

〔2〕参见朱庆育:《民法总论》(第二版),北京大学出版社2016年版,第561页;杨立新:《中国民法总则研究》(上卷),中国人民大学出版社2017年版,第1014页。

请求权的防御权,又被称为"权利阻止""权利抗辩""抗辩权"。没有请求权,抗辩权就无从谈起。[1]基于罗马法时期抗辩制度的相关规则,19世纪潘德克吞法学派代表人物温德沙伊德创设了抗辩权概念,并被1900年施行的《德国民法典》采纳。当时潘德克吞学派将权利按照法律上的分类区分为四种类型:请求权、支配权、形成权和抗辩权。其中请求权的提出是为了区别于程序法上的诉权,而抗辩权的提出则是为了区别于诉讼上的抗辩。[2]德国民法将民事主体享有的民事权利划分为绝对权和相对权两类,绝对权具有对世性,可以对任何人产生效力,相对权则存在于特定法律关系中,在特定人之间存在。[3]

抗辩权与请求权、形成权都是相对权,而区别于抗辩权的事实抗辩,则是阻碍请求权成立的要件。[4]事实抗辩的主张一旦成立,其效力范围不仅及于原被告双方之间,甚至会波及原告的权利基础,具有对世性。事实抗辩和法律抗辩产生的法律效力存在差异,对原告的权利也会产生不同的影响。如果原告的诉讼请求存在事实抗辩,则原告既无实体权利,也无诉权;如果原告的诉讼请求存在法律抗辩,则原告享有实体权利和诉权,但是诉讼本身会被驳回。[5]事实抗辩针对的是原告拥有的绝对权利及其状态,法院可以主动援引[6],权利抗辩则针对原告

---

[1] 周洪政:"抗辩与抗辩权辨析",载《北京仲裁》2010年第4期。
[2] 参见柳经纬、尹腊梅:"民法上的抗辩与抗辩权",载《厦门大学学报(哲学社会科学版)》2007年第2期。
[3] [德]本德·吕特斯、阿斯特丽德·施塔德勒:《德国民法总论》(第18版),于馨淼、张姝译,法律出版社2017年版,第54页。
[4] [德]迪特尔·施瓦布:《民法导论》,郑冲译,法律出版社2006年版,第163页。
[5] 王葆莳:"德国民法典中抗辩概念的发展史",载《西南政法大学学报》2004年第1期。
[6] 尹腊梅:《知识产权抗辩体系研究》,知识产权出版社2013年版,第19页。

的请求权基础，被告是否主张会对诉讼结果产生直接影响，法院一般不得主动适用这一抗辩，只能由被告自行提出。

在我国法学研究中，对于抗辩的类型化研究由来已久，但鲜少见于专利侵权相关案件的司法实践中。由于专利侵权抗辩事由多种多样，内容复杂，专利兼具社会属性和私权属性，在权利保护、救济与限制当中衍生出很多特殊规则。虽然专利权属于特殊类型的民事权利，其相关规则也区别于一般民事权利，但其又处于整个民法体系当中，权利本质仍属于私权。对民事诉讼中的抗辩规则，需要先从传统民法理论入手，进行从一般性到特殊性的过渡式分析和研究，而不宜直接基于专利权的特殊性，对抗辩规则进行碎片式设置。尤其是随着《民法典》中纳入"知识产权"作为民事权利的一种，专利权的研究也需要适当地回溯并反思民法理论，避免脱离民法而单独讨论专利相关制度时，理论基础的匮乏与价值体系的空缺。同时，在专利权侵权诉讼中，抗辩制度的功能更加多元化，被告通过抗辩维护自身权益的，也可以对原告权利产生实际限制。专利权的正当性表现在权利是否应当存在，其存在时，权利范围的大小怎样设置才能满足正当性要求，以及专利权行使的正当性要求等方方面面。专利权存在正当性存疑的问题，这是其区别于民法中其他私权利的显著特征。在综合考量专利权与民事权利的共性与个性的基础上，对专利侵权抗辩事由进行体系化、类型化的梳理和研究，将更加契合现代社会对专利制度的要求与期望。

民法抗辩中的事实抗辩与法律抗辩之分，在专利侵权抗辩中依然有用武之地。目前诉讼中的原被告之间存在着一种博弈的关系，抗辩作为被告的武器，可以用来对抗或抵御原告的诉讼请求，被告的抗辩基础越坚牢，抗辩给被告带来的自由空间就越大，原告的请求力就越弱，原告能够行使权利的空间就越小。专利侵权抗辩属于事实抗辩还是法律抗辩,会对专利权行使的范围产生不同的影响,给潜在被侵权人带来不同的结果。比如"科学研究和实验"作为一项抗辩事由,仅能对抗原告向被告提出的诉讼请求,并不能对原告拥有的专利权及其行使产生影响。若被告可以主张专利无效或存在不正当申请专利的行为,则会对专利权的效力产生影响。目前我国《专利法》第75条规定的五种抗辩情形,究竟是属于抗辩权还是事实抗辩仍存在争论,专利权事实抗辩缺乏足够的理论研究与相应的制度建设,且事实抗辩与法律抗辩在专利权领域的模糊与含混会使实践缺乏清晰的指引。因此,对被告提出抗辩所依据的是事实状态还是法律权利进行划分和探讨,有必要先厘清各种抗辩事由的来源是什么,由此判断被告的权利范围,从被告的权利范围对专利权产生的约束,展开对原告权利范围的研究。

三、专利侵权抗辩的历史沿革与现状

(一)我国专利侵权抗辩的历史沿革与现状

民事诉讼是专利权人寻求权利保护和救济的重要手段,专利权人可以要求被控侵权人就其侵权行为承担法律责任。基于查明事实真相和诉讼公正的要求,被控侵权人与专利权人进行对抗之时,可以对专利权人的诉讼请求进行否认或削弱,并承担证明责任。被控侵权人据以对抗专利权人诉讼请求,以减轻或免除自身法律责任的事由,就是侵权抗辩事由。专利侵权抗辩规则在我国1984年颁布的《专利法》中就已存在,其中第62条规定了五种"不视为侵犯专利权"的行为类型,包括专利权穷竭、不知情的制造和销售、在先使用、临时过境和为科学目的而使用。这些抗辩事由的提出,实际上构成对专利权利范围的限制,带有公共利益的色彩。1984年颁布的《专利法》第62

条对抗辩事由的规定，在 1992 年《专利法》中得以沿用。

2000 年《专利法》修正时，对专利侵权抗辩规则进行了调整，对首次销售原则进行扩大适用，将"专利权人制造或者经专利权人许可制造的专利产品售出后，使用或者销售该产品的"修改为"专利权人制造、进口或者经专利权人许可而制造、进口的专利产品或者依照专利方法直接获得的产品售出后，使用、许诺销售或者销售该产品的"。除了《专利法》的规定，我国法院在司法实践过程中也对专利侵权抗辩事由进行了新的规定和探索，以灵活应对实际问题。紧随着 2000 年《专利法》的修正，北京市高级人民法院就在 2001 年发布了《专利侵权判定若干问题的意见（试行）》，其第五部分详细规定了关于专利侵权抗辩的六种情形，包括：滥用专利权抗辩、不侵权抗辩、不视为侵权的抗辩、已有技术抗辩、合同抗辩和诉讼时效抗辩。这些情形在《专利法》中并没有全部规定，可以认为是北京市高级人民法院对抗辩事由的补充。

《专利法》在 2008 年再一次修正，其第 69 条和第 70 条对专利侵权抗辩进行了类型化讨论。2008 年修正的《专利法》在侵权抗辩规则中纳入"博拉例外"和"现有技术"作为新的抗辩事由。第 62 条单独规定的现有技术抗辩，使得被告能够通过证明所使用技术属于现有技术进行抗辩。在现有技术抗辩之前，被控侵权人证明自身行为不构成侵权的途径之一是向专利复审委员会申请专利无效，待行政部门宣布专利无效之后，被告以此主张不构成侵权。现有技术抗辩使得被告无需经过专利效力审查的过程，直接将自己的技术方案和现有技术方案进行对比，更加节省时间和成本，有助于侵权纠纷的快速解决。

即使《专利法》在修正过程中不断扩张专利侵权抗辩的情形，仍难以应对实践中各种各样的新型冲突与纠纷，在进行利益平衡与选择的过程中，仍然需要法院发挥能动作用：在个案中作自由裁量，分析原被告双方的利益与诉求正当性、个人利益与公共利益的关系。在2008年修正的《专利法》的基础上，江苏省高级人民法院在2010年发布了《侵犯专利权纠纷案件审理指南》，北京市高级人民法院则在2017年发布了《专利侵权判定指南（2017）》，这两个文件都在《专利法》之外规定了新型专利侵权抗辩事由，比如实施标准抗辩、滥用专利权抗辩、不停止侵权抗辩等。

2020年《专利法》修正，其中涉及"不视为侵犯专利权"的抗辩事由相关规定未作调整，沿用了2008年修正的《专利法》的相关规定。但这并不意味着，在今后的司法实践中不会再出现新的专利侵权抗辩事由。2020年《专利法》修正时新增了"禁止权利滥用"条款，于第20条规定："申请专利和行使专利权应当遵循诚实信用原则。不得滥用专利权损害公共利益或者他人合法权益。滥用专利权，排除或者限制竞争，构成垄断行为的，依照《中华人民共和国反垄断法》处理。"这一条款的补充很有可能扩大专利侵权抗辩的适用范围，滥用专利权的行为将面临制约，或将构成被告的侵权抗辩事由。在遵循专利法宗旨的前提下，法院以自由裁量权，对专利侵权抗辩事由的种类、标准可作新的诠释与适用。专利侵权抗辩的范围比"不视为侵犯专利权"的情形更为广泛，带有适用上的灵活性和包容性。在今后的司法实践中，对被告主张的侵权抗辩事由支持与否、价值选择何去何从、其背后的逻辑链条如何，仍待进一步挖掘和探讨，以为司法实践提供合理、稳定、有序的指引。

总体来看，发展到今天，我国专利侵权抗辩按照法律来源可以划分为法定型抗辩和非法定型抗辩。其中，法定的侵权抗辩类型是通过成文法的形式确定下来的，主要包括传统中长期存在的抗辩类型。传统的侵权抗辩包括侵权责任的抗辩和侵权行为的抗辩,前者是指被告的行为构成侵权,但由于特殊原因而不承担侵权责任或者减轻侵权责任;后者则是指被告行为不构成侵权行为,相应地也就不需要承担任何侵权责任。不构成侵权的抗辩可以进一步划分为绝对抗辩与相对抗辩两种。专利绝对抗辩就是指涉案专利缺乏存在的合理性和正当性,被控侵权人可以针对专利权的效力本身提出挑战,如专利无效抗辩,主张专利权不存在。专利相对抗辩则将关注的重点放在被控侵权人本身的行为或被控侵权的技术方案之上,侵权人的行为符合专利侵权要件,但由于特殊原因而不构成侵权,不承担侵权责任,或被控侵权的技术方案不构成对涉案专利的相同或等同,实际上构成对专利的界权或限缩。专利绝对抗辩本质上探讨的是专利正当性问题,专利相对抗辩的本质则是确定专利制度下公有领域与个人领域的边界。

除了传统的专利侵权抗辩事由,在经济贸易的发展与科技创新的推动下,司法实践与学理研究中还出现了一些新型的专利侵权抗辩事由。社会关系的复杂程度与科技进步的速度往往超越法律制定者在制定法律时的预估,列举式的规则适用于实践时难免存在滞后与遗漏。因此,立法中希冀通过尽可能全面、周延的法律法规制定来弥补上述抗辩规则存在的不足并不现实。此时,英美衡平法对规则的灵活适用、对客观情景的充分分析、对社会效应的前瞻性,能够提供较为合理的思路。我国也受到一定的影响,除《专利法》及其实施细则以外,法院在司法实践中不断总结、提炼出"法外"的新型抗辩事由,如《最高人民法院关于审理侵犯专利权纠纷案件应用法律若干问题的解释》第6条规定了禁止反悔原则。此外,司法实践中还有默示许可侵权抗辩规则,如最高人民法院在回复《关于季强、刘辉与朝阳市兴诺建筑工程有限公司专利侵权纠纷一案的请示》时指出，鉴于目前我国标准制定机关尚未建立有关标准中专利信息的公开披露及使用制度的实际情况，专利权人参与了标准的制定或者经其同意，将专利纳入国家、行业或者地方标准的，视为专利权人许可他人在实施标准的同时实施该专利，他人的有关实施行为不属于《专利法》第11条所规定的侵犯专利权的行为。在法律没有明确规定的情况下，通过司法规则限制专利保护，似乎有"法官造法"的嫌疑，同时，往往是实践中出现新问题时才会以司法途径去弥补空缺，缺乏原则一致的统一立法指引。因此，通过专利侵权抗辩事由的学理研究，挖掘背后的逻辑链条与价值选择，能够促使法院在司法实践中更好地处理专利侵权之诉，对专利权的保护范围、行使方式与限制手段进行合理的调整与规制。

在专利权产生、行使、交易过程中，每一个环节都可能出现专利侵权抗辩事由，难以依赖法律条文在事前穷尽所有专利侵权抗辩事由。除法定的专利侵权抗辩事由以外，新型抗辩事由的出现，引发了对限制专利权的反思，也引发了对抗辩背后逻辑体系与价值理念的深思。在没有法律规定的情况下，法院对于当事人提出的抗辩是否应当予以支持需要进一步探索。TRIPS协议第30条对专利侵权例外提出的三个判断要素具有参考价值，即仅适用于特定情形，不得不合理地与专利权的正当使用相冲突，不得不合理地损及专利权人的合法利益。[1]这样原则性的要件式规定，能够为法院应对非法定抗辩情形提供参考和衡量标准，也有利于灵活应对层出不穷的新问题。但目前我国专利法中既没有专门针对侵权抗辩事由的原则性规定，也

---

[1] 刘银良：《国际知识产权政治问题研究》，知识产权出版社2014年版，第153页。

没有对专利权进行限制的指导准则，侵权抗辩事由列举式的规定很难穷尽实践中多种多样的侵权情形，传统的立法模式和法院的保守态度会导致面对实践问题时的捉襟见肘。虽然有些法院已经在实践中突破了传统抗辩规则的禁锢而积极探索新型抗辩事由，比如默示许可、权利滥用等，但在缺乏统一价值基础和体系指引的情况下，会存在司法裁判标准不一、主观性较强等问题。

（二）世界各国专利侵权抗辩的异同之处

世界各国积极谋求知识产权制度与规则的国际统一安排，但不同国家的国情存在显著差异，因而国际知识产权规则呈现出"求同存异"的特征。在《伯尔尼公约》《保护工业产权巴黎公约》和 TRIPS 协议的基础上，以满足知识产权保护的国际标准为前提，各个国家可以基于各自的需求进行差异化的规则设置。中国受德日等传统大陆法系国家的影响，十分重视成文法的权威性和统一性。在专利侵权抗辩规则上，中国虽然在司法实践中也逐渐发展出非法定的抗辩情形，但依然趋于保守，没有给予非法定抗辩情形足够的重视和肯定。在衡平法国家，比如美国和英国，法官裁判受成文法禁锢的痕迹较浅，从而能够快速地应对现实中的新问题并不断在新案件中调整和矫正，专利侵权抗辩规则也就得以不断丰富和发展。即使是在强调成文法权威性的国家当中，由于政治、经济、文化等环境的差异，专利侵权抗辩事由的类型也存在差异。

在专利侵权抗辩的问题上，大陆法系国家的作风一度较为保守，比如日本曾经并不承认不正当行为和专利权滥用可作为专利侵权抗辩事由，[1]之后却在立法和司法中态度动摇，允许

---

[1] David W. Hill and Shinichi Murata, "Patent Litigation in Japan", 1 *Akron Intell. Prop. J.* 141, 2007.

权利滥用作为抗辩事由。在大陆法系的代表性国家德国，最主要的抗辩类型是被诉侵权技术方案未落入专利权保护范围的抗辩，即专利权人缺乏主张侵权的事实基础或存在错误。其他主要的抗辩情形也是以法定的形式规定在《德国专利法》中，主要包括第 11 条"专利有权的例外"、第 12 条"先实施权"、第 13 条基于公共利益和国家利益作出的特别规定三种情形。[1] 除法定的抗辩情形之外，德国也不断通过司法实践发展出新的抗辩类型，如专利权利存在反垄断行为的抗辩。日本专利侵权抗辩事由主要规定于《日本专利法》第 69 条"对专利权的限制"，以及其他关于专利无效程序的规定中。最值得注意的一点是对待无效抗辩的态度。在 2004 年之前，日本与中国一样，认为有关专利效力的问题只能由专利行政机关作出决定，但在 Kilby 案件之后，日本于 2004 年实施修改后的专利法，授予法院在个案

---

〔1〕 参见《十二国专利法》翻译组译：《十二国专利法》，清华大学出版社 2013 年版，第 129—130 页。《德国专利法》在第 11 条规定了"专利有权的例外"，即专利权的效力不得延及：(1) 非商业目的的私人行为；(2) 与专利发明的客体有关的实验目的的行为；(2a) 为培养、发现和开发新植物品种对生物材料的利用；(2b) 为获得营销授权将一种药品投放欧洲联盟市场或为获得许可在欧洲联盟成员国或第三国营销一种药品而有必要进行的研究和实验以及由此带来的实际要求；(3) 根据个案中的医疗处方配制药品，或涉及这样配制的药品的行为；(4) 临时过境；(5) 临时过境的延伸，即将专利发明的客体用于建造或操作《保护工业产权巴黎公约》另一成员国的航空器或陆上运输工具，或为此航空器或陆上运输工具使用配件，如果它们临时或偶然进入本法令适用的地域；(6)《国际民用航空公约》第 27 条规定的行为，如果此行为涉及适用该条规定的另一国家的航空器。《德国专利法》第 12 条规定："先实施权。(1) 对于在提交申请时已经在德国实施发明或已经为此进行安排的人，专利不发生效力。该人有权为自己业务的需要在自己或他人的厂房实施该发明。此权利只可以连同业务一道被遗赠或转让。如果申请人或其合法前者在申请专利前将发明披露给他人并且在授予专利的情况下保留其权利，由此披露而得知该发明的人不能求助第一段规定之下的、在披露之后六个月内采取的措施。"第 13 条规定："公共利益与联邦安全：如果联邦政府下令为公共福利实施发明，专利不得产生效力。专利的效力也不得延及由最高联邦主管部门或根据其指示由一个下级机关为联邦共和国的安全下令进行的任何对发明的实施。"

中认定专利权效力的权力。这一转变，基于日本对实践中出现专利权滥用行为的担忧，希望借助司法部门的力量进行遏制。德、日两国的专利侵权抗辩都是先在专利法中进行明确的规定，之后在司法实践中进行新类型的补充和发展，判例中产生的新理念和新规则对于立法也产生了反向作用和影响。因此，成文法国家对法院审判的实践和逻辑愈加重视，从而应对专利纠纷的新样态，也能够丰富和完善专利法的制度与规则。

英美法系国家的专利侵权抗辩规则主要源自实践。《美国专利法》第282条（b）对于构成抗辩的情形进行列举，除此法定抗辩情形之外，法院也会肯定和支持不正当行为、专利滥用等抗辩主张。[1]在专利侵权诉讼中，被控侵权人往往会从三个维度进行辩护：①被告产品或方法不构成侵权，如英国要求构成侵权的前提条件是未经专利权人同意，被告可以以使用专利的行为已经专利权人同意而不满足侵权认定标准作为抗辩，或存在法定不构成侵权的情形，使得被告可以获得责任的豁免，如1977年《英国专利法》在第60条规定的非商业性私人使用、实验研究、医师个人用药调剂、临时过境、在先使用等几种常见的抗辩类型。②虽然被告的产品或方法构成侵权，但对方的专利是无效的，故被告不应承担侵权责任。美国法院在侵权诉讼中可以直接针对专利是否有效作出判定。③法院拒绝执行该专利，因为在权利实施过程中存在不公正行为。[2]还有学者将美国专利侵权抗辩划分为：积极抗辩，即被告在抗辩中认为原告的专利无效，或原告以欺骗手段获得专利，或原告滥用专利，

---

[1] Peter S. Menell, Mark A. Lemley and Robert P. Merges, *Intellectual Property in the New Technological Age：2018*, Clause 8 Publishing, 2018, p.492.

[2] ［美］贾尼丝·M. 米勒：《专利法概论》，中信出版社2003年版，第270页。

从而违反了美国联邦反托拉斯法[1];一般抗辩,即被告在抗辩中只是认定自己的行为没有侵犯原告的专利权;特殊保护,即原告由于程序上的失误而"懈怠",或对方的行为属于"不清白行为"等。[2]英美国家的司法实践通过类型化的方法,对同类的专利侵权抗辩事由进行总结与梳理,从而提升司法裁判的效率与确定性。

加拿大专利侵权抗辩事由总体上与我国相似,也包括不侵权抗辩、实验研究例外、在先使用、权利用尽等,但在有些抗辩类型上存在规则差别,比如实验研究例外,加拿大规定被控侵权人可以主张使用行为属于非营利性实验,是为确定该专利产品是否能够按照专利所述被生产或研发出专利产品的改进方案。该管理性使用的例外基于加拿大食品药品法规而产生,包括获得相关许可等情形。但是,法院可以主张该使用必须属于仅为上述目的而进行的具有合理相关性的使用。相较而言,加拿大的法律规定更加细致和具有可操作性,对于我国司法审判具有重要借鉴和参照价值。在"诉讼时效"抗辩中,加拿大的规定带有较强的衡平法色彩,被控侵权人可以基于法定诉讼时效规则提出抗辩,也可以主张存在默认、延迟、懈怠和禁反言等普通法中的抗辩事由,综合考量与平衡了侵权诉讼中原被告双方的相关利益。在现行加拿大专利法中,诉讼时效也相对较长,规定了专利侵权诉讼6年的诉讼时效,从提交专利申请之日起或1989年10月1日起算。专利权人不能获得自提出侵权诉讼之日往前追溯6年之前的侵权行为产生的损害或利益赔偿。

---

[1] 北京市第一中级人民法院知识产权庭编著:《侵犯专利权抗辩事由》,知识产权出版社2011年版,第1页。

[2] 孟庆法、冯义高编著:《美国专利及商标保护》,专利文献出版社1992年版,第109—110页。

除此之外，加拿大专利法中还包括了其他几种抗辩情形，如专利权无效抗辩情形，被控侵权人可以通过挑战专利权有效性来达到抗辩的目的；管理性使用例外情形，仅基于加拿大或其他任何国家对产品的生产、制造、使用或销售进行管理的法律规定，而需要进行与研发或信息提供具有合理相关性的对专利发明的生产、制造、使用或销售的行为，不构成侵权。

澳大利亚专利侵权抗辩的情形主要规定于其1990年专利法第11章中，包括未落入专利保护范围、临时过境、在先使用、药品及非药品产品的行政审批、实验目的使用、专利无效、无过失侵权、合同存在无效情形等。其中，与中国存在显著差别的是，澳大利亚在"行政审批使用"这一抗辩事由中，除药品专利之外，还另外规定了针对非药品类产品的抗辩规则，适用范围更加广泛，本书将在之后有关抗辩权中的科学研究和实验的章节进行具体探讨。

不同国家由于政治、经济、文化等国情及相关制度传统的差异，在专利侵权抗辩的规则上存在一定区别，但总体趋同。专利侵权抗辩基本上都是从是否构成侵权、是否应予例外等角度展开，虽然在侵权例外抗辩中，涉及价值选择和利益平衡的方面存在一些差异，但由于各个国家贸易往来和技术交流的日益频繁，包括专利制度在内的法律安排也互相渗透和影响，并为了更好地发挥专利制度对科技创新和经济发展的推动作用而不断调整。不同国家的专利侵权抗辩规则对我国具有重要的参考和借鉴价值，但本土化的研究与转化不可或缺，需要从我国目前的专利制度整体和经济技术发展的背景出发，探索适合我国的制度框架、规则设置与路径。

第二节　专利侵权抗辩制度的价值基础与功能

专利侵权抗辩制度体现的价值与功能相伴而生，价值基础的选择会对后续功能的发挥产生直接推动作用。传统的劳动价值说是专利制度的重要理论基础之一，智力劳动者付出精神劳动，将公有领域中的内容掺入个人劳动因素，产生新的智力成果。劳动价值说主张个人对于自己的身体有着充分的自主权（autonomy），故对于自身智力劳动产出的成果亦应获得天然的权利保护。[1] 而随着物质文化需求与经济科技现状日益复杂，对制度与规则的要求也不断提升，功利主义与实用主义兴起，专利制度受到公共政策——包括国际政策与国内政策——的影响，产生变化并得以丰富。专利制度在保护客体、保护条件、权利范围与限制、救济方式等方面都呈现出价值理念的多元化与规则设置的类型化特征。实用主义和功利主义强调，应在复杂的社会关系与国际背景下，从社会整体发展的视角，进行相关制度的设计。伴随着经济文化的全球化发展，专利侵权抗辩的内容也逐渐多样和复杂，每一种抗辩事由的设置都体现出价值衡量、法理或政策考量、立法技术与司法实践等诸多因素的综合作用。如何降低专利制度的社会成本，促进专利制度利益平衡的实现，反向促进专利权人履行诚实信用义务，并实现制度中的比例原则，成为当下专利侵权抗辩的理论与实践探索中需要应对的重要命题。

---

[1] 参见 [英] 洛克：《政府论》（下篇），瞿菊农、叶启芳译，商务印书馆1982年版，第19页。

一、降低专利制度的社会成本

授予专利权人合法"垄断"权的理论是在人们对专利法作用的不断认识中逐步成熟和获得认可的，它已经从最初的自然权利论发展到竞争论以及产业政策论。[1]世界各国期望借助专利制度界定与分配产权，实现激励创造的目标。自第一次工业革命以来，人类的生存及发展与科学技术之间的关联愈加密切。技术进步给人类生活带来多样化的体验与选择，而人类需求在这个过程中也不断更新，反向促使科技发展更好地为人类生活提供服务和帮助。在高速发展的信息时代，越早实现对信息的控制就越能在竞争中牢牢地把握先机与优势，而其中以科技信息为盛。作为创新驱动与产业发展的核心力量，公司或企业往往借助专利制度或商业秘密，实现对技术信息的独占和控制，或基于自身发展的需要进行研发、使用与保护，或为了防御市场上其他参与主体的进攻，或期待在未来某个领域的发展中占有一席之地。此外，新型可专利主题的出现，使得专利保护的范围更加广泛，专利技术与商业竞争的结合更加紧密。

但实际上，专利制度并非完全按照人类期待的轨迹运行，其给社会与经济整体带来的负面效应不断冲击着"专利能够促进科技与经济社会发展"的美好愿景，也促使人类反思专利制度的本质与实施方式。专利数量的膨胀催生了"专利丛林"，不断上升的谈判成本成为交易达成的绊脚石，权利人借助专利独占权攫取不合理对价，不正当行使专利权的行为损害了公共利益。专利权的扩张带来了很多不容忽视的社会成本问题，专利制度有时甚至成为技术进步的羁绊和拖累，在专利授权、专利

---

〔1〕 吴汉东主编：《知识产权法学》（第七版），北京大学出版社2019年版，第121页。

实施、专利交易以及专利救济等环节均有所呈现。

在专利授权阶段，以实用新型专利为代表，由于其专利申请审查的"低门槛"、审查时间与资源的紧张、片面追求专利授权数量多少而忽略质量高低等现象，问题专利或坏专利不断出现，带来资源浪费和制度成本。一些获得授权的专利可能被宣告无效或包含过于宽泛的权利要求，这些问题专利会对创新造成阻碍。[1]在这样的状态下，专利申请人往往会有"赌博"的心态，通过大量申请专利进行圈地运动，一旦有专利获得授权，无论质量高低，专利权人都可以借此机会，利用专利杠杆获取大量收益。目前，专利质量提升不可忽视，国家知识产权局在2018年通过"专利申请相关政策专项督查工作"，重点关注严格专利资助范围、合理确定专利资助标准、加强工作衔接避免超额资助、强化专利申请相关政策台账管理、严厉打击非正常专利申请五个维度，从而在申请和授权阶段促进专利质量的提升。但是，专利范围的不确定性和审查工作的专业性要求，导致单纯依赖专利授权的"事前"审查难以真正解决制度成本问题。通过专利侵权抗辩，对专利授权后的行为进行监督和约束，才能更加有效、直接地发挥界权作用，从而降低专利制度的社会成本。

在专利授权后，一些后续的科技创新需要建立在既有专利的基础上，这些基础专利可能并不会带来很高的产业价值，而后续创新却能够不断改进以适应市场需要。即便如此，后续创新者仍需获得原始专利权人的许可，才可以实施改进技术方案，否则就有侵权之嫌。此时，若原始创新者和后续创新者之间未能通过协商谈判达成交易，基础专利就变成了阻碍后续创新的

---

[1] Federal Trade Commission, To Promote Innovation: The Proper Balance of Competition and Patent Law and Policy, October 2003, p. 5.

"绊脚石"或"阻碍专利"（blocking patent）。

在创新累积性效应较为明显的产业领域，上述现象会抑制产业的整体发展。"阻碍专利"产生负面效应的另一种情形就是与"专利丛林"现象相结合，造成交易成本的流失甚至浪费，计算机领域就极具代表性。计算机技术的更新换代频率高、速度快，后续开发往往需要建立在既有的技术方案基础上，且单个计算机设备会集合成千上万个专利，如果需要一一获得专利授权，设备生产商将付出大量的交易成本。问题专利若成为"阻碍专利"，会加剧交易成本的消耗，使社会整体效率受到影响。问题专利破坏了专利制度中权利人以"公开"换取"保护"的交易平衡，也违背了专利制度中的比例原则。如果专利保护范围不能进行有效限制，范围越大，潜在使用者需要花费的搜寻成本和谈判成本越高，越多的社会资源就需要花费在交易成本上而非科技研发与应用之上。因此，在给予专利权人一定范围垄断权的同时，专利法通过设置相关制度，限制专利权人的权利行使，赋予社会公众和其他竞争者自由，在权利人和社会公众之间取得平衡。[1]

在权利实施或救济过程中，权利人采取的不正当行为也会造成社会成本增加。以"非专利实施主体"（NPE, Non-Practicing Entity）为例，权利人并不在生产经营中实际使用该专利，也怠于向潜在使用人给予许可或转让，而是"守株待兔"，在使用人实际使用之后对其进行"突袭"，要求其支付高额许可使用费，或提出侵权诉讼。一旦使用人在实际生产经营过程中已经形成对该专利技术的依赖，或寻求替代专利的时间成本与金钱成本很高，使用人就成为"案板上的鱼肉"，只能任凭专利权人宰

---

[1] 北京市第一中级人民法院知识产权庭编著：《侵犯专利权抗辩事由》，知识产权出版社2011年版，第1页。

割。NPE 带来的"寻租"成本和交易成本，成为专利制度发展到现阶段不可忽视的问题之一。NPE 作为专利权人故意不积极实施专利或将专利许可他人使用，这一行为本身就会造成专利无法及时有效地投入生产运营之中。但 NPE 又积极地进行专利"圈地运动"，试图尽可能多地获得专利授权，导致很多技术方案被私人圈禁而不能被实施。从表面上看，NPE 的行为虽然并不存在非法之处，却会产生极大的负面效应。NPE 将专利制度作为攫取利益的工具，其行为导致专利制度促进技术发展、鼓励创新的根本目标无法得以实现。如何在现行专利法框架内，对 NPE 等不合理利用专利制度的行为进行约束，也是专利侵权抗辩规则设置需要应对与解决的问题。

但专利权的正当性并未因专利制度目前存在的缺陷而灭失，自然权利说强调对劳动者付出的社会回报与承认，公共政策理论也为国际经济与贸易环境中专利战略的制定提供了充足的理由。历史上一度废除专利制度的荷兰，也因发明者抱怨与反对的增加而重建了专利法制。[1]专利制度自诞生以来引发的争论循环不断，其背后往往是不同社会场景中对利益平衡的判断与实现方式的差异。在经济与科技发展的不同阶段与背景中，专利制度的社会成本问题也存在各自的差异，但"成本-收益"分析能够提供一个相对理性、稳定的理解路径。专利制度造成的社会成本可以通过多种协调与配合机制不断降低，且随着社会实践的变化和发展不断调整，以期实现制度对社会现实的回应性。

专利侵权抗辩制度在制度的"收益-成本"分析中占据一席之地，其对专利权产生约束和限制的实际效果，发挥对专利权

---

[1] [美]亚当·杰夫、乔希·勒纳:《创新及其不满：专利体系对创新与进步的危害及对策》，罗建平、兰花译，中国人民大学出版社2007年版，第87页。

的界定功能。为保障专利制度实施中的"正当性",避免专利的存在产生更多的社会成本,需要对专利权进行合理界定与必要限制。专利侵权抗辩就是限制专利权机制中不可或缺的重要内容。世界各国对专利权进行限制的规则安排主要包含:限制专利权本身,如要求专利具有时间性和地域性;强制许可制度;专利侵权抗辩,以及借助其他部门法如反垄断法、反不正当竞争法等达成限制目标。[1]专利侵权抗辩对专利权的界定功能,主要通过实体法意义上的抗辩得以实现。

专利权的界定,分为静态与动态两种维度,前者的界定对象是权利要求本身,着眼于权利是否存在以及对权利边界进行清楚的划分,如宣告无效、禁止反悔、反向等同原则等,后者的界定对象为具体的权利行使行为,强调对专利权人的行为进行约束和规范,如不正当行为抗辩、专利权滥用抗辩等。专利侵权抗辩可以通过对原告主张的对抗、否认或削弱,实现维护专利制度正当性的目的,从专利的产生、行使、存续、救济等多个角度发挥界权功能。比如专利无效抗辩,专利权一旦被认定无效,专利权人就丧失了权利根基,这一招无异于是对侵权主张的"釜底抽薪",很可能导致专利权人"赔了夫人又折兵",但专利无效抗辩能够促使专利复审委员会乃至法院对涉案专利的效力进行再次审查,从而筛除创新水平低、缺乏新颖性的低质量专利。又如反向等同原则,作为对等同原则的限制,其能够避免等同原则的适用造成专利权范围过大。除此之外,被控侵权人也会针对权利人实施专利权行为的合理性、正当性展开抗辩。一些国家会支持被告以此作为抗辩理由,当专利权人不正当地行使专利权时,即使被告存在侵权之虞,也不再支

---

[1] 参见李文江:《国外专利权限制及我国适用研究》,知识产权出版社2017年版,第38页。

持原告的诉讼主张。当权利人的行为构成专利权滥用时，被告也可据此提出抗辩主张，通过论证原告行为的不正当性免除自身法律责任。在诚实信用原则的指引下，处于相对法律关系中的专利权人还会受到默示许可规则的约束，法院通过认定专利权人的行为构成默示许可，对被告的信赖利益进行维护，以保障交易安全和专利权行使方式的合理性。

二、促进专利制度利益平衡的合理性

在传统的法学理论与实践中，概念法学在我国曾占据主要地位。我国法律体系受到德、日等成文法国家的重要影响，在法律渊源、规则设置、法律解释方面也带有浓郁的成文法色彩。在概念法学体系下，法律分析沿着三段论式的逻辑路径展开，即以法律规定作为大前提，以具体的事实作为前提条件，然后以三段论法引出机械的、形式的结论。[1]概念法学属于封闭式的分析方法，以这一方法去解决实际中的法学问题，需要法律规定足够周延、全面，否则就难以应对社会实践中多种多样的问题。

随着社会实践的发展和经济形态的多样化，纯粹依靠概念法学难以应对灵活、多元化的现实需求，尤其是在涉及公共利益的知识产权领域，个人利益与社会利益、激励创新与知识共享、私权保护与公共政策等矛盾挑战着既有的知识产权框架体系。利益衡量论的提出，就是为了弥补概念法学在应对实践问题时的不足。在利益衡量论下，法院进行法的解释时，不可能不进行利益衡量，强调民法解释取决于利益衡量的思考方法，即关于某问题有A、B两种解释的情形，解释者究竟选择哪一种

---

[1] 梁上上："利益的层析结构与利益衡量的展开——兼评加藤一郎的利益衡量论"，载《法学研究》2002年第1期。

解释，只能依据利益衡量决定，并且在作出选择时不应考虑既存法规及所谓法律构成。[1]这样的判断方法使得法律决定的作出更加具有灵活性和对社会的回应性，不再将法律问题作为一个独立的问题对待，而是将它放在整个社会经济文化的背景下进行综合判断。

然而，利益衡量论的判定方法过于抽象，缺乏具体的操作方法与分析方法。梁上上教授采取利益层析结构，将利益分为"当事人的具体利益""群体利益""制度利益（即法律制度的利益）"和"社会公共利益"，从而增强利益衡量的妥当性和科学性。利益层析结构充当程序法中的一个角色，以避免衡量的任意，在法律条文语义上产生的若干解释中，选择现在对于制度目的的解释。利益层次的划分，的确能够为解决实践中的利益衡量提供可选的路径，避免判断的肆意与主观的不确定性。本书中也将在具体的侵权抗辩类型研究中，对涉及上述四种利益的情形展开具有针对性的探讨，以期作出回应和分析。

作为民法的组成部分，专利法具有一定的特殊性，专利本身具有很强的社会公共属性，对于专利权人保护的加强，会导致判断结果对权利人的偏袒和激励创新这一制度功能的倾斜，而对专利权人权利的限制，又会导致放大专利权人竞争者的收益和社会公共利益。专利权人的个人利益和社会公共利益似乎一开始就被放到了对立面，但实际上，专利权人也代表了社会中一部分人的利益诉求，专利权人个人利益受到维护，制度的创新激励效应就会发挥作用，从而促进后续的创新发明与技术进步。为了应对专利制度利益衡量中的难题，采用经济学的思考路径不失为一种选择。专利的市场化程度很高，在市场竞争

---

[1] 梁慧星：《民法解释学》，中国政法大学出版社 1995 年版，第 316 页。

中扮演愈发重要的角色，科技发展与技术进步对经济整体运行效率带来的影响也与日俱增。在这种情形下，制度安排和设计不得不考虑社会整体的"成本"和"收益"。

当专利制度引发成本问题时，废止并不是一项理性选择，因为专利制度依然有存在的必要和价值。但可以对制度本身进行矫正、微调或补充，以完善制度功能。按照流程或进度划分，专利制度造成社会成本问题的步骤，主要可以划分为授权前、授权后两个阶段。在专利制度中作出利益衡量，实际上就是划定个人权利边界的问题。

在专利授权前，行政主管机关会审查申请的方案是否满足专利授权的条件，包括新颖性、实用性、创造性的要求是否满足，是否充分公开等。但由于专利审查员的个人经验、检索成本、审查时间等多方面的限制，难以保证专利授权的决定绝对正确。在专利授权之后，公权力介入的机会就非常有限了。专利法在创设专利权的同时改变了人类长久以来形成的共享的知识消费模式，制造了私人利益与公共利益的紧张局面。专利权从其权利界定到权利行使，始终处于利益冲突之中，通过合理恰当的权利限制，协调各种利益，寻求利益之平衡，是专利法的主旋律和生命线。[1]在专利制度中，保护专利权人的私权利和促进专利技术的分享和转化是立法者和司法者向来需要作出选择与判断的重要因素，二者此消彼长，互相影响。但这并不意味着无法在实践中寻求最佳的衡量状态。对私权利保护的强调和对公共利益受到侵犯的担忧，在专利制度中互斥而又共生。在法律制度的边际效应下，对任何一种利益的过度偏袒都会导致过犹不及的负面效应。直接通过立法中程式性的规范，很难

---

[1] 徐棣枫：《专利权的扩张与限制》，知识产权出版社2007年版，第68页。

应对实践中复杂的多方利益冲突。当事前规范无法满足现实需要的时候，通过司法实践予以事后的灵活应对，可以为现实问题的解决提供另一种思路。

抗辩规则在司法实践中可以发挥约束专利权的作用，以更加灵活地实现专利制度的利益平衡。因此，TRIPS协议第30条规定了对权利的例外：考虑到对第三人合法利益的保护，成员国可以提供对专利权进行专属保护的例外规定，如果这样的例外规定不会与专利权正常的行使产生不合理冲突，也不会不合理地损害专利权人的合法利益。依据这一规定，世界多国已经就专利权需要进行限制达成了共识，基于此，各个国家对专利权进行时间、范围的限制，在法律中明确规定不构成侵权的情形以及强制许可等多种限制手段。[1]专利侵权抗辩规则的适用，能够发挥很好地限制专利权行使的功能。法院对于被告抗辩主张的肯定或支持就是对原告救济请求的否定或削弱，当原告专利权无法实现之时，制度方面就会对专利权的保护范围和行使方式进行反思。专利侵权抗辩从而可以通过利益衡量，达到引导专利权人行为的效果。

三、促进专利权人履行诚实信用义务

所谓诚实信用，是市场经济活动中形成的道德准则，它要求人们在市场活动中讲究信用，恪守诺言，诚实不欺，在不损害他人利益和社会利益的前提下追求自己的利益。[2]诚实信用原则是民法领域的"帝王条款"，一切民事法律活动能够按照预期顺利地、有效率地开展，离不开诚实信用原则的约束。专利

---

[1] 参见刘银良：《知识产权法》（第二版），高等教育出版社2014年版，第125页。

[2] 梁慧星："诚实信用原则与漏洞补充"，载《法学研究》1994年第2期。

权人实施专利、参与市场竞争、将专利许可或转让给他人使用的行为，属于市场经济中的商事行为。涉及专利的市场经济活动也应遵循诚实信用原则。

诚实信用原则作为民事法律行为的基本原则，在专利权领域，贯穿专利权产生、行使、保护和救济的全过程，在任何一个环节都不可缺席。大陆法系中的诚实信用原则对应着英美法系中的禁反言原则（estoppel），二者都强调专利权人"前后一致"的重要性。诚实信用原则在市场交易、社会往来中的重要角色不言自明，然而在专利制度中，违背诚实信用原则的风险却无处不在。专利权人作为"经济人"会将大量公开技术和过期专利进行再包装，制造问题专利，再加上防御专利的误导与扩张，对现在的专利"混战"更是推波助澜。[1]因此，2020年修正的《专利法》新增了一条"诚实信用条款"，以加强对专利权人诚信义务的要求。诚然，这一条款为约束专利权人的行为提供了充分的理论基础，从而使实践中应对不合理的权利主张或权利行使时，法院能够"有法可依"，及时作出回应。专利权具有很强的公示公信效力，这与专利制度的社会属性密不可分，因此，对诚实信用的维护与重视关系到专利制度能否有效运行并获得预期的实施效果。

但目前我国法律中的关于诚实信用原则的规定存在模糊性和笼统性，需以具体规则的设置和司法实践中的个案判断作为载体。这就要求对实现诚实信用原则的方式（如判断要素与认定标准等）进行探索，使其能够对专利权人进行实际约束。诚实信用原则可以规范专利权申请、行使、保护和救济等行为。在专利侵权诉讼中，抗辩规则的设置也可以促进诚实信用原则

---

[1] 吴汉东主编：《知识产权法学》（第七版），北京大学出版社2019年版，第120页。

的实现，比如对违反诚信原则的原告限制或拒绝提供救济，借助司法程序间接实现利益平衡，约束权利人的行为。目前，专利制度引发的社会成本问题亟待解决，通过抗辩规则的完善，加强对权利人的约束，有利于减少专利制度实施中的不合理因素，应对专利制度"对价"受到威胁和破坏的局面，避免权利人利用专利攫取不合理利益，侵占公有领域，违反诚实信用原则。通过加强对专利权人诚实信用义务的要求，约束专利权人的行为，能够在一定程度上减少专利制度引发的成本问题，实现专利制度的正当性。

诚实信用原则对于专利抗辩规则的要求，具体呈现在抗辩事由的设置、抗辩是否成立的认定标准等具体层面。被告可以从诚实信用义务的角度，对涉案专利授权、行使、保护等各个环节，对权利人的所有行为进行审视与抗辩。首先，在申请过程中，申请人不得以欺诈、不诚信的方式获得专利。专利是发明人和国家之间的一种契约，[1]专利权人以充分公开技术方案换取特定时期内的专有权，应当诚实守信，不应侵犯社会公共利益。其次，在专利行使过程中，诚实信用原则也会产生约束。专利权人不应利用事后的言论或行为推翻之前的言论或行为，导致他人或社会公众对权利行使与状态的误认，比如从一般理性人角度误以为权利人已经授权同意专利的使用，但权利人事后否认，在这种情况下，出于正当性与合理性的考量，法院可能拒绝为权利人提供保护。这些都需要在专利侵权抗辩中进行相对应的规则设置，充分实现诚实信用原则。

---

[1] [澳]布拉德·谢尔曼、[英]莱昂内尔·本特利：《现代知识产权法的演进：英国的历程（1760—1911）》，金海军译，北京大学出版社2012年版，第186页。

四、专利侵权抗辩中的比例原则

比例原则滥觞于 18 世纪的德国,最初萌生于警察法,后扩展至公法领域。传统的比例原则的着眼点在于限制公权力,避免公权力的过度扩张对私权利产生不利影响。对于比例原则的传统讨论主要分布于行政法领域,该原则是行政权力行使的重要原则。但比例原则所蕴含的思想实际体现在方方面面,并逐渐从公法领域拓展到私法领域。[1]知识产权制度中的比例原则,很多时候亦是显而易见。罗伯特·P. 墨杰思(Robert P. Merges)教授在《论知识产权的正当性》中较为系统地阐述了知识产权制度中的比例原则,主张比例原则能够很好地发挥连接不同理论基础的桥梁与纽带作用。

在赋权时,比例原则强调知识产权人从知识产品中获取的收益应当与其投入或知识产品的价值成相应的比例。[2]创作者在创作源自公有领域的知识产品时,往往难以脱离既有知识或相关储备,即使在作品上没有客观的呈现,创作者的脑海中也已经打上之前所接触到的相关内容的烙印,现代社会几乎难以出现纯粹原创性的知识成果。在权利特点上,知识产权是一种私权,但并不是绝对化的私权。与其他民事权利相比较而言,知识产权表现出有条件的独占性、有限制的排他性与有限定的

---

〔1〕 参见郑晓剑:"比例原则在现代民法体系中的地位",载《法律科学(西北政法大学学报)》2017 年第 6 期;纪海龙:"比例原则在私法中的普适性及其例证",载《政法论坛》2016 年第 3 期;兰磊:"比例原则视角下的《反不正当竞争法》一般条款解释——以视频网站上广告拦截和快进是否构成不正当竞争为例",载《东方法学》2015 年第 3 期;张翔:"机动车限行、财产权限制与比例原则",载《法学》2015 年第 2 期。

〔2〕 Robert P. Merges, *Justifying Intellectual Property*, Harvard University Press, 2011, p. 180.

时间性等特点。[1]考虑到知识产权的公共属性，比例原则要求专利权人所得利益应与专利价值相符。这也与反垄断法的制度理念相一致，可避免对创作者个人私利的过度保护。在进行专利侵权抗辩事由的规则设置时，也需要遵循比例原则，即考虑权利限制的正当性、必要性和均衡性，以解决社会成本问题为导向，利用专利政策杠杆实现协调与平衡。

比例原则的适用可以防止私权扩张对公有领域的侵害。权利人若希望在专利生命周期内获取经济利益，就需要尽可能实现专利价值，无论是自己实施还是许可他人实施。而在新兴发展的技术领域，众多所有者对同一个技术拥有排他使用权，产权的核心权利被分割给多个所有者，要利用某种资源，就需要同核心权利的各个持有者进行谈判，取得同意，这无疑增加了交易费用，并最终导致资源利用率过低。[2]因此，仅一件产品上就可能蕴藏着诸多的专利权，为了尽早地获取专利，掌握市场竞争优势和技术话语权，企业纷纷展开"专利竞争"。这可能会引发专利的"反公地悲剧"，相关技术领域的创新发展与市场开拓可能会受到若干权利人的共同牵制，造成交易和谈判的成本较高。

由于专利的公共属性，专利权扩张会对公有领域的资源充裕与自由使用度产生较大影响。知识产品的创造离不开对先前和同代人已有知识产品的借鉴、吸收，具有内容上的继受性和时间上的继承性。[3]在当下的科技研发过程中，大部分科技创

---

[1] 李修臣："谈知识产权的法律属性"，载《前沿》2013年第3期。

[2] 乔永忠：《战略性新兴产业专利运用实证研究》，知识产权出版社2015年版，第157页。

[3] 国家知识产权局知识产权发展研究中心编写：《规制知识产权的权利行使》，知识产权出版社2004年版，第125页。

新者都是"站在巨人的肩膀上"[1],基于以往发明者的科研成果与贡献,结合自身智慧设计出改良方案。因此,如果专利权的保护范围过大,就会对后续的研发创新产生阻力。知识的创造是一个累积的过程,新的总是建立在前人成果基础上,确定究竟在何种程度上知识产权可以被实际视作其所有人独占性成果,区分发明人的智力贡献与公共成分十分困难。在洛克的理论体系下,任何带有劳动性成分的结果都是值得授权保护的,这可能会导致忽视对于所有劳动成果都进行保护所产生的问题。诚然,对于劳动价值进行保护有利于发挥法律制度的激励与促进作用,但是有些成果即使不通过授权的方式也能够获得保护,这就是商业秘密保护体系依然存在的原因。而且,如果社会为了保护某项劳动成果而付出的社会成本比产生的收益要高,从法经济学的分析视角看,对于整个社会是无益的,在这一情况下采取无授权保护的自由状态或许是合理的。

专利侵权抗辩是通过司法程序对专利权进行限制。被控侵权人主张侵权抗辩的背后是该情形下对专利权进行限制的正当性与合理性。法律规则的诞生与制定需要考虑合理性、正当性与均衡性,在专利制度中,专利权人获得的排他性权利是法律关系产生的基础,但同时对专利权人进行权利限制也是保障社会整体利益的需要。具体而言:一方面,专利授权是对发明人智力劳动过程与成果的肯定,与洛克的劳动价值说相契合。发明人凭借创造性的劳动获得成果,并将其公开,换取垄断性的保护,其获得的精神与经济上的收益能够很好地发挥对科技进步、信息共享的激励作用。另一方面,专利权利的行使难免会对社会公共环境产生影响,在专利权利范围过大的情况下会对

---

[1] Suzanne Scotchmer, "Standing on the Shoulders of Giants: Cumulative Research and the Patent Law", 5 *Journal of Economic Perspectives* 1, 1991, p.29.

其他使用者或研发人员造成阻碍，对专利进行限制可以兼顾社会利益，防止"反公地悲剧"对公有领域造成侵害，在保护专利权人私权利与维护社会公共利益之间寻找最佳平衡点，以期提高专利资源的社会配置效率。

第二章

专利侵权构成要件的缺失：不构成侵权抗辩

侵权抗辩事由往往与侵权行为的构成要件相伴而生，[1]"不构成侵权"就是因被诉侵权行为不满足构成要件而主张抗辩，是对原告诉讼主张的直接否定，也是最基本的一种抗辩类型。在我国，专利侵权的归责原则为无过错责任原则，即无需考查被告主观上是否有侵权的故意或过失，只要满足客观要件即可。专利侵权的构成要件包括未经专利权人同意，被告实施其专利的行为，即被告制造、使用、许诺销售、销售、进口其专利产品或者使用其专利方法以及使用、许诺销售、销售、进口依该方法直接获得的产品。原告需要通过证据初步证明侵权事实的存在，才能提出诉讼主张，即需要先证明：①原告拥有合法有效的专利权；②被告未经过专利权人的同意，擅自实施专利；③被告的行为落入专利权的保护范围。被告则可以通过证据证明自己的行为"不构成侵权"，不满足专利侵权的法定要件，即提出不构成侵权抗辩。与原告的上述主张相对应，被告的不构成侵权抗辩具体也包含三种：第一种是原告缺乏合法有效的专利权，即原告主张的权利基础不存在；第二种是被告的专利行为已经过专利权人同意，除专利权人明示同意之外，默示的推

---

[1] 梅龙生："论侵权责任抗辩事由的配置及其体系"，载《河南师范大学学报（哲学社会科学版）》2011年第5期。

定许可也可能成为抗辩缘由；第三种则是被控行为未落入专利权保护范围，被告可以从诉争专利本身的有限性出发，探索是否存在权利穷竭、现有技术、禁止反悔、反向等同等抗辩事由。

第一节 权利的缺失：专利权无效

作为私法统领性法律的民法的规则与原则，在处理专利侵权抗辩的问题上却遭遇困境。保护有体物的侵权责任规则区别于专利的侵权责任规则，具体分析如下。

由于专利属于无体物，与有体物存在物理状态上的显著区别，相应的规则也存在差异。其中最显著的包括专利权的稳定性、权利范围与行使权利时受到的约束。专利权是一项私权，受到私法的调整。专利权的授予需要行政机关的介入，对技术方案进行新颖性、创造性和实用性的审查，向社会公示，经过一定的异议期后方能授权。专利保护的是抽象的思想内容，因此无法通过物理上的外在占有实现对创造性思想的独占。专利权人借助公权力的力量实现法律拟制的独占，与有体物的权利人进行事实上的独占极为不同。但公权力并不是万能的，尤其是在专利申请量巨大的今天，专利审查员面临审查数量和审查质量的双重压力，即使经过实质审查，专利权依然存在被宣告无效的可能。因此，专利权本身就存在很强的不确定性，这就导致专利侵权抗辩的事由多了一个因素，即专利权是否有效。

从申请专利的动机来看，我国对科技创新采取的量化指标和专利考核催生了问题专利。为了激励大众投身科技创新的浪潮中，我国曾采取了一系列鼓励专利申请的政策。国家知识产权局2010年11月11日发布的《全国专利事业发展战略（2011—2020年）》设定了2015年专利年申请量要达到200万件的目标。我国《刑法》第 78 条第 1 款第 3 项将"有发明创造或者重大技术革新"作为重大立功的情形之一，给予罪犯减刑的机会。同时，专利数量成为评价企业创新竞争力和员工工作的一个重要指标。这些举措表明，一方面，我国期望提升科技创新能力并通过专利获取竞争优势；另一方面，对于数量的过度看重，也助长了实践中专利申请人为获得授权进行盲目申请的浮躁风气，无论专利技术的含金量多少、转化率多高，申请人为了尽快获得专利授权，逐渐失去了深入科研的耐心与动力，把获得专利授权而非进行发明创造作为科研活动的最终目标。

当手段变成了目标，专利制度就丧失了原本的意义，而成为一种可供利用的工具，有"揠苗助长"之嫌。[1]伴随着专利热潮的兴起，专利申请数量连年攀高，占用了大量的行政成本。[2]受理专利申请的行政部门面临着专利积压的困境，只能通过不断压缩审查时间来解决，所以专利审查程序的平均时间缩短。[3]为了解决"重数量轻质量""重申请轻实施"等问题，我国国家政策已经发生相应变化，在 2020 年 2 月，由教育部、国家知识产权局和科学技术部联合发布的《关于提升高等学校专利质量促进转化运用的若干意见》指出，"高校要以优化专利质量和促进科技成果转移转化为导向，停止对专利申请的资助奖励，大幅减少并逐步取消对专利授权的奖励"。"推动各地全面取消实用新型、外观设计和商标申请注册环节的资助与奖励"

---

〔1〕 丁宇峰：《专利质量的法律控制研究》，法律出版社 2017 年版，第 50—51 页。

〔2〕 Doug Lichtman and Mark A. Lemley, "Rethinking Patent Law's Presumption of Validity", 60 *Stanford Law Review* 1, 2007, p. 46.

〔3〕 See Mark Liang, "Chinese Patent Quality: Running the Numbers and Possible Remedies", 11 *J. Marshall Rev. Intell. Prop. L.* 478, 2012, p. 522.

成为国家知识产权局2020年的工作重点之一。[1]这些政策的出台，凸显出加强专利等科技成果转化的重要性，也与提升专利质量的目标相一致。

但专利质量的加强是一个长期的工程，不仅需要在权利诞生时加以重视，也需要在授权后予以监督和调整，比如通过专利无效宣告程序，将本应属于公有领域的专利宣告无效。专利审查时间的有限性、穷尽所有现有技术方案缺乏可操作性，以及技术方案本身的抽象性，导致专利效力存在不确定性。专利一旦授权就具有了"推定"效力（presumed valid），在专利效力存在不确定性的情况下，一些本不应获得授权的专利却获得授权，导致本应属于公有领域的资源被私人侵占，阻碍科技的后续创新，也造成社会成本和社会资源的浪费。

专利权申请、授权、使用的过程中，既可能发生申请人的失误，也可能发生审查机构的失误。例如新颖性条件，因为现有技术相关资料浩如烟海，其搜寻成本较高，耗费大量人力、物力，无论是专利申请人还是审查人员，都不可能做到穷尽一切信息。在创造性判断上也存在主观性差异，"本领域一般技术人员"是相当理想的判断主体，实际上不同主体之间总会基于教育水平、经验知识、认识能力等差别，产生创造性判断的偏差，且有时候还会遇到"后见之明"的干扰。因此新颖性、创造性的主观判断会导致结果偏差，这是专利制度本身固有的缺点。由此出发，已经授予的专利权应当接受社会公众的挑战，包括被控侵权人的挑战。

---

[1] 参见"国家知识产权局2020年工作要点"，载http://www.cnipa.gov.cn/gk/gkgzyd/1146477.htm，最后访问日期：2020年3月10日。

一、专利无效程序与专利侵权诉讼的关系

为了避免问题专利侵占社会资源,专利制度的链条中也设置了相应的补救规则。我国在专利授权、保护的过程中,鼓励公众参与,共同监督专利的质量与效力,允许公众对存在无效理由的专利提出挑战。比如在 1984 年颁布的《专利法》第 41 条规定的"异议期"制度下,专利申请通过初审之后 3 个月内,任何人都可以向专利局提出异议,避免产生问题专利。但这一条文在之后的《专利法》修改中被删除,1992 年《专利法》将异议期制度变更为专利撤销制度,在专利授权之后 6 个月内,专利局可受理他人提出的撤销申请,对专利效力进行事后审查。2000 年《专利法》修改时又进一步删除了挑战专利效力的时间限制,任何人在任何时间都可以针对专利效力提出异议,更大程度上避免了不应获得授权的专利对社会资源的侵占和浪费。[1]美国的司法实践曾经对提出无效请求的主体进行限制,即获得专利授权的被许可方,在已经默示专利有效的前提下获得专利许可使用权的,基于禁反言原则,不得对此项专利提出异议。我国在提出无效请求的时间和主体方面并未存在较多限制,任何人在任何时间都可以提出,因此,在很多专利侵权纠纷案件中,被告往往会率先主张专利无效抗辩,挑战专利的效力。

主张专利无效是被控侵权人对抗原告诉讼请求的一项有力武器,可以从根本上挑战原告的专利权,使得原告所有的请求权缺乏基础与根据。在处理专利无效请求和侵权纠纷案件的程序设置上,不同国家存在差异。行政机关享有审查专利有效性

---

[1] 2000 年修正的《专利法》第 45 条。

的权力是较为普遍的做法，各国之间差异的关键点在于法院是否有权直接审查专利有效性。世界各国的司法实践中，对专利无效程序和专利诉讼程序有不同的安排，以法院是否具有审查专利效力的权力为标准，可划分为一元制和二元制。在采取一元制的国家，只有专利行政部门才有权判断和决定专利是否有效；在采取二元制的国家，其专利行政部门和法院均有权判断和决定专利是否有效。

我国目前采取专利效力认定的一元制模式，将专利无效程序和专利诉讼程序进行二分，只有专利行政机关才有权宣告专利无效，而司法机关则无此权力。在我国目前的专利侵权民事诉讼中，被控侵权人可以针对涉案专利提起无效抗辩，然而，鉴于专利具有专业性、技术性等特点，专利权的授予需经过专门行政机关的严格审查，已被授权的专利是否无效也必须由该专门行政机关来判断。〔1〕我国司法判决中曾明确指出，人民法院只能审查专利复审委员会决定的合法性，而不能在判决主文中直接认定涉诉专利有效或无效。〔2〕因此，我国法院并不享有判断专利是否有效的权力，如果被控侵权人在诉讼中对专利的有效性提出异议，只能另行启动专利无效宣告程序。

与我国不同，在专利效力认定的二元制国家，法院的权力更广，可以在侵权诉讼中直接对涉案专利效力问题作出回答。进一步来讲，二元制模式还可以按照法院权力的大小划分为法院享有判定专利有效性的绝对效力和相对效力两种。

法院享有判定专利有效性的绝对效力的国家以美国为代表。

---

〔1〕 黑濑等：" 专利存在无效理由时被告的抗辩"，载《电子知识产权》2006年第8期。

〔2〕 参见中华人民共和国国家知识产权局专利复审委员会与科万商标投资有限公司专利无效行政纠纷再审案，最高人民法院（2008）行提字第4号行政判决书。

在美国的专利侵权诉讼中,被控侵犯专利权的当事人可以向美国专利商标局提起无效复审,或者进行专利无效抗辩或反诉,法院完全享有对专利效力的判断权。[1]在美国目前的专利实践中,专利行政机关和法院均可以针对专利效力问题进行判定,判定的结果具有同等的法律地位和效力。这样的模式既能够快速解决侵权争议,又能够及时将不应获得授权的专利方案撤销,避免公共利益受损。

与美国不同,虽然日本法院也能够判定专利有效性,但日本对法院判定专利有效性持相对肯定的态度。现行《日本专利法》规定,侵犯专利权或专用实施权的诉讼中,该专利经专利无效审判应当被认定无效时,专利权人或独占实施许可人不得向对方当事人行使其权利。[2]该条款涵盖了所有的无效宣告理由,侵权诉讼的被控侵权人可以涉案专利存在无效理由为抗辩,对抗原告的诉讼请求。但是,法院在侵权诉讼中对专利是否有效的判断并不会影响专利权的对世效力,如果法院认为涉案专利无效,该无效决定仅在个案中发生法律效力,即被控侵权人可因此而免予承担侵权责任,被诉行为不构成专利侵权。一旦脱离了该案语境,专利权仍然合法有效,法院的裁判不会影响专利行政部门的权威和专利的稳定性,但是有可能导致本应无效的专利继续存在,造成对公有领域的侵占。法院对专利效力进行的个案认定,是日本为降低专利侵权案件诉讼成本、扩大法院自由裁量空间的重要尝试。

---

[1] 易玲:《专利无效判定及其衔接机制研究》,法律出版社2019年版,第119页。

[2] 参见毛金生等:《海外专利侵权诉讼》,知识产权出版社2012年版,第238页。

二、我国专利无效程序存在的问题

（一）一元制可能导致诉讼效率低下

我国采取专利无效程序的一元制模式。无效抗辩的提起需要遵从一系列的程序性规定，被控侵权人需先向专利行政机关提起无效申请，由行政机关，即专利复审委员会作出专利效力的判定之后，法院再针对侵权是否成立作出定夺。在不考虑行政诉讼的情况下，我国专利无效宣告请求的审查周期平均为5个月。[1]如果涉案当事人对于专利复审委员会认定专利是否有效的结果不服，可以将专利复审委员会作为被告向人民法院提起行政诉讼，一审判决应当在立案之后6个月之内作出；对一审决定不服的，还可以继续上诉，上诉法院在收到上诉状之后3个月内作出终审判决。由于行政诉讼不能直接对专利是否有效的问题作出回答，在上诉程序完结后，可能仍然需要等待专利复审委员会作出对专利效力的最终认定。因此，提出专利无效抗辩之后，在进行侵权事实认定之前，当事人可能需先面临"专利复审委员会审查—行政诉讼一审—行政诉讼二审—专利复审委员会审查"的多重程序，时间冗长，过程复杂，造成很高的诉讼成本。在关于专利效力的行政审查或行政诉讼阶段，民事侵权案件的审理处于中止状态，而专利权利状态是侵权判定的依据，这就导致民事侵权纠纷可能无法及时解决。在美国的专利侵权诉讼中，法院可以针对专利效力问题直接作出审理和判决，从而避免了行政确权、行政诉讼等前置程序造成的时间成本、行政成本和

---

[1] 参见胡文辉："国家知识产权局发布2019年上半年主要工作统计数据并答问"，载http://www.gov.cn/xinwen/2019-07/09/content_5407634.htm，最后访问日期：2019年12月5日；陈婕："国家知识产权局专利复审委员会审查质量和审查效率进一步提高"，载http://www.cipnews.com.cn/cipnews/news_content.aspx?newsId=105500，最后访问日期：2019年12月5日。

诉讼成本。下表为中美两国专利确权的行政及司法程序对比。

中国与美国专利确权的行政及司法程序对比[1]

国家	行政确权程序	行政审理机关	司法一审	司法二审	司法再审
美国	授权后再审、双方再审等	专利审理和上诉委员会	联邦巡回上诉法院	无	联邦最高法院（条件严格）
中国	专利无效程序	国家知识产权局	北京知识产权法院	最高人民法院	最高人民法院

以"八年维权"引发关注的"武汉晶源"案为例，涉案发明专利的权利人武汉晶源公司于2001年将富士化水和华阳公司告上法庭，主张两个被告构成侵权，请求法院判令两被告停止侵权行为、赔偿损失和消除影响。在案件审理过程中，富士化水公司于2004年向国家知识产权局专利复审委员会提出涉案专利无效请求，侵权诉讼因此中止。国家知识产权局作出维持专利有效的决定，富士化水公司不服，提出行政诉讼。北京市第一中级人民法院在2006年的判决中维持了专利复审委员会作出的审查决定，富士化水公司依然不服，提起上诉。2007年，北京市高级人民法院判决驳回上诉，维持原判。至此，专利的有效性问题得到了解决，案件重新回到侵权诉讼阶段，福建省高级人民法院于2008年作出被告构成侵权并应承担法律责任的初审判决。案件之后又上诉至最高人民法院，最高人民法院在2009年才针对此案作出终审判决。从法院审判的整个过程来看，

---

[1] 刘洋、刘铭："判例视野下美国专利确权程序的性质研究——兼议我国专利无效程序的改革"，载《知识产权》2019年第5期。

虽然实现了公平正义，但效率大打折扣。[1]持续 8 年的侵权纠纷给原被告都带来了巨大的成本和负担，终审判决作出后，专利保护期限也仅剩下短短 6 年。无论是对于专利实施和转化，还是诉讼争议的及时解决，这样的程序模式都带来了很大的负面影响。

（二）专利无效程序带来的社会成本问题

司法实践中，对于行政授予的专利权往往采取推定其有效的态度，被告若要挑战原告的专利效力，需要付出较大成本，比如进行更加彻底、全面、详细的信息检索，或者需要通过实验论证或者实证数据证明专利不符合授权条件等。与挑战专利效力产生的附加成本相比，被告向原告支付许可使用费在某些情况下可能更加符合经济人理性的选择。除被告主动放弃专利无效请求之外，一些原告也会采取商业或者竞争上的策略，驱使被告选择撤销专利无效请求。

比如在赵建华分别诉南京消声卷闸门窗有限公司（以下简称"47 号案"）[2]、南京启航机电设备有限公司（以下简称"91 号案"）[3]、南京铁路运输学校电动门厂（以下简称"92 号案"）[4]侵犯外观设计专利权等案件中，原告就相同专利针对不同被告进行侵权诉讼，但处理结果存在差异：47 号案经调解结案，91 号案的被告以公知设计为抗辩，92 号案经法院审理认定构成侵权。之后，赵建华又以上述相同外观设计专利继续起诉南京宏鼎装饰配套有限公司专利侵权，被告申请法院调取 91 号案中的材料作为本案的证据，原告知晓后，申请撤诉，法

---

[1] 易玲：《专利无效判定及其衔接机制研究》，法律出版社 2019 年版，第 58 页。
[2] 参见江苏省南京市中级人民法院（2005）宁民三初字第 47 号民事调解书。
[3] 参见江苏省南京市中级人民法院（2005）宁民三初字第 91 号民事裁定书。
[4] 参见江苏省南京市中级人民法院（2005）宁民三初字第 92 号民事判决书。

院裁定准许。原告以撤销诉讼作为被告撤销专利无效请求的交换。虽然民事诉讼的当事人享有一定程度上的放弃行使诉讼权利的自由,但是在专利侵权诉讼中,当事人双方将诉讼或行政程序作为博弈的工具,会对社会公共利益产生不利影响。在上述案件中,法院准许原告撤诉之后,形式上仍然存在一项本质上应属无效的外观设计专利权,专利权人依然享有排他性权利,也可以针对之后发生的涉嫌侵权的行为再提起诉讼。由于专利无效程序或侵权诉讼程序均是基于请求人或被告的证据和请求而审理的,有时因其他案件当事人或公众并不了解专利效力情况,造成无效专利继续被利用。[1]由于专利权人享有定价优势,可以以专利权作为价格操纵的杠杆,被控侵权人生产经营行为停止之后,在缺乏同等替代物的情况下,社会公众可能被迫继续消费价格较高的专利产品。

专利"推定有效"的状态还可能引发社会资源的浪费。专利权人在提起专利侵权诉讼时,往往附带申请停止侵权的诉前禁令,在专利"推定有效"的情形下,法院很容易作出颁发禁止令的决定,被控侵权人的生产经营行为即刻停止。如果最终专利被认定为无效,被控侵权人的这一部分利益损失将很难弥补。同时,原告基于行政机关的授权与审查,有合理依据认为自己的专利是合法有效的,当专利存在推定效力的时候,即使因申请诉前禁令导致被告的生产经营受到影响,也很难认定原告自身存在过错或有其他应当承担法律责任的理由。

如何在专利效力不稳定的状态下,兼顾权利人与被控侵权人的利益、平衡行政机关的公信力与社会公共利益,成为亟需解决的问题。比如在许赞有诉江苏拜特进出口贸易有限公司、

---

[1] 姚兵兵:"侵权诉讼中专利权正当行使与滥用的实证研究——兼评专利法第三次修改的部分条款",载《科技与法律》2009 年第 5 期。

江苏省淮安市康拜特地毯有限公司侵犯外观设计专利权案（以下简称"95号案"[1]"63号案"[2]）中，原告许赞有作为"地毯（竹）"的专利权人，指控被告的仿制行为构成侵权。在95号案中，被告以原告专利不符合授权条件应被宣告无效作为抗辩，主张被告使用的设计图案属于现有设计，因而不构成侵权。涉案专利经过两次不同的无效宣告程序及行政诉讼后被维持有效，一审法院据此判定被告停止侵权并赔偿损失，二审维持原判。在63号案二审过程中，涉案专利因他人第三次申请无效宣告而被专利复审委员会宣告无效。这一无效决定导致63号案的二审法院最后判决撤销原审判决，驳回起诉。[3]该案判决之后，因许赞有申请诉前禁令的行为造成了被告经济损失，95号案的二被告起诉许赞有进行损害赔偿，一审法院最终判决许赞有赔偿由于其错误申请财产保全措施、先行责令停止侵犯专利权行为造成的95号案二被告的损失50多万元及利息。[4]实际上，原告基于对行政机关授权行为的信赖，以及之前诉讼中法院对侵权主张的支持而申请诉前禁令，从一般理性人角度来看合情合理，但因为专利无效复审推翻了之前专利有效的决定而发生反转，这可能又会给专利权人积极谋求权利保护带来困扰。这些问题是专利的不稳定性和专利无效程序的复杂性引发的。因此如何寻找到更加科学合理、公平有效的专利无效程序，减少行政程序和诉讼程序由于时间差产生的反复和矛盾，成为解决问题的关键。

---

[1] 参见江苏省南京市中级人民法院（2003）宁民三初字第95号民事判决书。
[2] 参见江苏省南京市中级人民法院（2004）宁民三初字第63号民事判决书。
[3] 参见江苏省高级人民法院（2005）苏民三终字第44号民事判决书。
[4] 参见江苏省高级人民法院（2008）苏民三终字第71号民事判决书。

三、专利无效程序与侵权诉讼的域外经验

专利无效抗辩作为被告对抗原告诉讼主张的一大利器,成为专利侵权诉讼中常需面临的首要焦点问题。法院对侵权事实的认定建立在原告享有合法有效的专利权的基础之上,一旦被告能够通过证据证明原告缺乏权利存在的根基,将对专利权产生根本性冲击,原告的侵权主张将不攻自破,被告也无需再大费周章地论证自身行为的合理、合法性。因此,在专利侵权诉讼中,大部分被告会首先提起专利无效抗辩。专利权来自专利局等行政类公权力机关的授权,一旦授权,就具有推定有效的法律效力。不同国家和地区进行了不同的制度安排,以求高效、合理地解决专利效力的不确定性问题,并实现行政机关与司法机关之间职能的科学配置。

综合来看,对于专利侵权和无效问题的解决,世界各国的做法主要围绕着法院和行政机关之间的职能划分展开,以法院权限的大小为标准,可以划分为三种:①法院有判定专利效力的自由裁量权;②法院仅享有判定专利效力的有限裁量权;③法院不可以判定专利的效力。法院权力范围的大小,又与很多配套制度紧密相关,如知识产权专门法院的设立、法院与行政机关之间的协同合作机制等。目前已有许多国家在专利侵权诉讼中接受原告将专利无效作为侵权抗辩事由,如美国、加拿大、日本、英国等国家。总体来看,世界各国的实践中往往伴随着以下价值判断和利益权衡。

(一)诉讼经济理念下对法院权力的扩大

受到诉讼经济理念的影响,为了高效解决法律纠纷,美国、法国和英国均支持法院受理侵权诉讼中的无效抗辩问题。以美国为例,法院可以就专利侵权诉讼中被告一方主张的专利无效

抗辩事由和依据进行审理，直接作出专利是否有效的认定，无需经专利行政机关的审查流程；若无效申请人直接向专利行政机关提出，专利行政机关则可以通过单方复审程序、授权后重审程序和双方重审程序就无效问题进行审查。法院和专利行政机关关于专利效力的决定均具有对世的法律效力。美国法院之所以可行使对专利效力认定的决定权，是因为美国专利制度对于专利授权的本质具有独特的认知。专利授权在美国立法中对应的是"issue of patent"，"issue"带有签发、发行的意思。这一用语区别于欧洲专利制度采用的"grant"。"issue"这一表述使得专利授权更像是专利权成立的形式要件，而非实质要件。专利授权类似于行政确认，而非行政许可。[1]专利权来源于发明者的智力劳动投入，而非源自专利授权行为。由于专利审查人员自身的局限性、现有技术资料的难以穷尽以及技术信息的快速更新，专利授权不可避免地会带有相当程度的错误率。为了及时、有效地纠正专利授权机关的错误，专利无效审查程序的效率就十分重要。

基于诉讼经济理念，日本应对专利无效抗辩问题的态度也逐渐发生扭转。日本法律制度深受德国影响，采用行政审判和民事审判相分离的模式，日本特许厅负责专利授权、复审和无效审查工作，当事人不服无效决定的，应当向知识产权高等法院提起行政诉讼，如对判决结果不服，可再上诉至日本最高法院。[2]日本的这一模式与我国目前的制度十分相似，即专利侵权诉讼与专利无效程序相分离。但在2000年之后，日本通过

---

[1] 参见管育鹰："专利侵权诉讼中的无效抗辩问题研究"，载《清华知识产权评论》2017年第1期。

[2] 史兆欢："专利无效制度的改革和完善"，载《电子知识产权》2018年第8期。

Kilby 案件判决，也认可法院拥有就个案判定专利效力的权力，希望在尽量短的时间内用一个程序来解决纷争。[1]如果在诉讼过程中被告并没有申请专利对世无效的主观意愿，那么法院只需在个案中结合当事人提供的证据，围绕侵权纠纷就专利效力问题作出个案应答。Kilby 案件后，日本专利法进行修改，明确了在专利侵权诉讼中，若专利权应属无效，日本法官有权在不中止专利侵权诉讼的情况下，单纯就个案中专利是否无效的问题作出回答，以此解决个案争议，缩短侵权诉讼的时间，避免专利侵权诉讼和专利无效程序交叉冗叠、重复往返造成拖延，有利于诉讼经济目标的实现。

德国则设立专门法院负责专利无效案件，专利侵权案件和专利无效案件由两个法院分别、独立进行审理。为了减少时间成本，德国在 2009 年将专利无效案件的二审期限从 4—5 年缩短至 2 年以内。同时，为了避免当事人滥用无效程序造成诉讼拖延、资源流失，受理专利侵权案件的法院有权决定是否中止诉讼程序，以待专利无效诉讼的结果。一般情况下，只有当法院认为专利无效申请的理由足够充分以至于可能会影响专利侵权诉讼的结果时，才会作出中止专利侵权诉讼程序的决定。否则，法院可以继续进行专利侵权案件的审理。法院基于自己对技术性问题和权利要求的理解，也可以忽视专利无效案件的判决结果，即专利侵权诉讼和专利无效诉讼的结果互相不具有约束力。这样在一定程度上可以避免当事人故意利用专利无效诉讼达成中止专利侵权诉讼的目的，避免产生较大的时间成本，危害原告的合法利益。

无论是美国对司法判定专利效力的肯定、日本个案判决对

---

[1] 参见 [日] 增井和夫、田村善之：《日本专利案例指南》（原书第 4 版），李扬等译，知识产权出版社 2016 年版，第 204 页。

专利效力的认定、德国专门法院制度的建立，都是对诉讼经济理念的践行，避免了专利效力的不确定性问题造成的社会资源浪费与效率低下。在专利质量不高、数量膨胀的环境下，提高专利侵权纠纷与专利效力等问题的处理和应对效率至关重要。实现诉讼经济理念，提升效率，需要从行政机关和司法机关的职能分配与衔接入手，适当扩大法院权力，但也应防范自由裁量权过大导致的任意裁判，以及行政机关缺席效力认定过程使其专业性下降等问题。

（二）专利无效抗辩中的比例原则

对专利权范围的认定和保护力度的调整，受到比例原则的约束和影响。比例原则的精髓在于"禁止过度"，实乃一项"理性之行为准则"，在包括民法在内的整个法律秩序中均有普遍适用之价值。[1]允许被告在侵权诉讼中直接提出专利无效抗辩的情况下，司法机关在判定无效事由是否应当获得支持时，也会以比例原则作为利益权衡的重要依据之一。专利权的授予和行使都应当遵从比例原则，既要防止专利权人使用专利之"矛"破坏专利对价机制，又要防止侵权行为人滥用抗辩之"盾"损害专利权人合法利益。

如果不对无效事由进行规范，专利无效抗辩很容易成为被控侵权人损害专利权人权利的工具。为了实现专利无效抗辩中原被告双方的相互制衡，很多国家在诉讼程序中也设置了对提出专利无效抗辩一方的约束机制。在美国的司法实践中，专利的有效性是事先假定的（presumed valid），即所有的专利被默认合法有效，只要美国专利局进行合法授权，专利权人就不需要针对专利的有效性进行举证和说明。提出专利无效主张的当事

---

[1] 郑晓剑："比例原则在现代民法体系中的地位"，载《法律科学（西北政法大学学报）》2017年第6期。

人，需要就专利无效承担举证责任，并且需要达到"清楚且令人信服（clear and convincing）"的证明标准。这一证明标准要高于一般民事证据规则中的"优势证据（preponderance of the evidence）"标准。具体而言，就是提出专利无效主张的当事人需要通过举证证明涉案专利存在一半以上被宣告无效的可能性（超过50%的无效可能性）。如果不能达到这一证明标准，法院不会认定专利无效抗辩理由成立，从而降低了一些滥用专利无效抗辩事由的被告借机拖延诉讼的可能性。

  日本与美国认定专利无效抗辩成立的标准存在共通之处。日本法院在"明显存在无效理由"时，可以基于防止权利滥用理论，拒绝支持权利人的主张。在这个过程中，被告也需要通过充足、明确的证据来充分证明诉争专利的无效理由十分明显。但是这样的标准在学界也遭受诟病，有学者认为"明显存在无效理由"的标准过于模糊，并不具有可操作性，[1]可能导致司法认定的主观性过强、随意性比较大、缺乏统一性等问题，在后续的司法标准界定过程中可能仍然需要借助行政机关的专业判断和意见。与美国相区别的是，日本法院对诉争专利的效力仅具有个案决定权，即使基于被告的主张，最终认定诉争专利明显无效，原告的请求权缺乏基础，被告因此不需要承担侵权责任，也不会影响该专利最终的对世效力，该专利依然作为合法有效的专利存在于世。而美国法院享有对专利效力的最终审判权，一旦诉讼中认定专利存在无效理由，专利就丧失其效力，任何人都可以使用该专利而无需承担侵权责任。相较而言，日本法院的规则设置，可以降低标准的不统一对专利效力的终局影响，将因专利的不稳定性、专利效力判定的主观性产生的社

---

[1] [日] 增井和夫、田村善之：《日本专利案例指南》（原书第4版），李扬等译，知识产权出版社2016年版，第204页。

会成本控制在较小范围以内。

（三）专利案件的专业性对配套制度的要求

在对法院是否可以审查专利无效申请的争辩中，否定方的理由之一是担心在应对涉及科学技术的专业问题上，法院缺乏专利技术相关领域的专业知识。专利行政机关因常年受理及审查专利申请，对现有技术相关知识了解充分，有分析专利权利要求和技术方案的相关经验；而法院主要是审理法律问题，对涉及专利技术性的内容可能缺乏深入了解和分析。2018年10月26日通过的《全国人民代表大会常务委员会关于专利等知识产权案件诉讼程序若干问题的决定》提出要建立起知识产权案件国家层面的上诉机制，最高人民法院知识产权法庭的设立正是为了应对专利案件较强的专业技术性而采取的对策。司法机关已经认识到专利案件的特殊性，期待加强法院的法律专业性和技术专业性。

当法院和行政机关的关注重点存在差异时，很可能出现逻辑矛盾的情形。以日本专利侵权诉讼中个案认定专利是否无效的情形为例，可能会出现日本法院在专利侵权诉讼中肯定专利效力，但后续在专利行政机关的无效审查程序中，专利最终被认定为无效的境况。这样的担心不无道理。我国行政程序前置的安排，也是为了避免专利效力审查的结果和专利侵权诉讼的判定逻辑冲突，避免法律纠纷处理方案的循环往复。在实践中，很多国家通过规则设计对上述问题进行规避或缓解，在应对专利案件的专业性问题上也有各自的规则设计，以促使专利生态良好运转。

为应对专利案件的专业性挑战，德国专利法不仅包括实体性规定，还包括程序性规定。其中，实体性规定涉及专利申请、授权、权利维持、终止、撤销与保护等内容，而程序性规定则是专门针对专利局及其程序、专利法院及其程序、联邦法院的程序、专利诉讼程序等的内容。如前所述，德国采用专利诉讼的双轨制模式，侵权之争和专利效力由不同的法院分别独立审理和决定。这与我国的相关程序存在近似之处，即专利侵权和专利效力两个问题的解决分开进行。但不同的是，德国设立了专门的法院——联邦专利法院（Bundespatentgericht）负责审理专利效力问题，专利效力的决定权并非由专利行政机关唯一享有，专利无效程序并非纯粹的行政程序；在德国专利侵权诉讼之中，被告不能直接将诉争专利无效作为抗辩事由，但可向联邦专利法院提起"无效申告（invalidity compliant）"。一旦专利无效诉讼开始，受理侵权之诉的地区法院可以中止侵权之诉，直待诉争专利的效力问题得到联邦专利法院的最终判决。经调查统计，德国每年有 250—300 件专利无效案件，其中大约 3/4 最终获得法院支持，或全部无效，或部分无效。

在德国双轨制（bifucated patent litigation system）模式下，专门法院能够发挥协调功能，其设立兼顾法律与技术的专业背景，且仅审理对专利有效性的争议，实质上运行了专利授权之撤销或专利无效诉讼程序。专利无效诉讼的一审由位于慕尼黑的联邦专利法院（Federal Patent Court）负责，其法官应包含技术性专家。该法院的合议庭由 5 位法官组成，其中 3 位是经过技术性培训的专家，两位受过法律专业培训。技术性专家往往曾经担任专利审查员，主审法官则必须受到专门的法学培训。败诉方可将联邦专利法院的判决上诉至联邦公平法院（Federal Court of Justice），其合议庭由 5 位法学专家构成。该合议庭还会审理一些专利侵权上诉案件。因此，当同一件专利的侵权诉讼与无效诉讼判决逻辑矛盾时（如法院在专利侵权诉讼给予原告专利保护，在无效诉讼中则判定专利无效的情形），该上诉法院可以进行统一的审理和判断。

之所以出现司法机关和行政机关对同一件专利效力问题作出不同决定的现象，很大一部分是因为两个机关所掌握的信息资源不对称、审查专利的出发点和视角也不相同。因此，促进司法机关和行政机关的信息交流与互通十分重要。日本就进行了推动法院和特许厅之间信息交流和共享的机制建设，具体体现在《日本专利法》第168条第5款和第6款，[1]其规定了受理专利侵权诉讼的法院和进行专利无效宣告程序的特许厅之间互相通知和交换信息的义务。[2]《日本知识产权高等法院设置法》规定设立知识产权高等法院，该法院会将涉及同一标的的侵权和无效案件配发给同一审判庭进行审判，以实现案件审判结果的一致。

（四）专利无效抗辩对专利权的限制功能

对专利权的约束可以划分为授权前后两个阶段。专利授权前，专利客体的适格性、新颖性、创造性、实用性以及是否充分公开等，都是行政机关据以判断是否符合专利保护的条件。但因专利申请数量的膨胀、新兴技术范围的不断扩大、技术方案形态的多样等原因，专利授权会存在一定的错误率或偏差率（或对本应无效的专利授权，或在划定专利权范围时存在偏差）。因此，需要在授权后通过引入公众评审机制、完善专利无效程序、运用司法等手段控制专利质量。[3]由于审查员知识的局限

---

[1]《日本专利法》第168条第5款：如果法院收到在前款之下就该专利权提交了审判请求的通知，如果在该通知之前已在诉讼中提交了第104条之3第（1）款规定的陈述指控或抗辩方法的文件，或如果该文件为在该通知之后首次提交，法院应就此通知特许厅长官。第6款：如果特许厅长官收到前款规定的通知，特许厅长官可以要求法院送交裁判审查官认为为审判所必需的该诉讼的任何记录的复本。《十二国专利法》翻译组译：《十二国专利法》，清华大学出版社2013年版，第280—281页。

[2][日]伊藤贵子："日本限制专利权滥用制度及其启示"，载王立民、黄武双主编：《知识产权法研究》（第7卷），北京大学出版社2009年版。

[3] 柳福东、黄运康："专利权宣告无效程序质量控制研究"，载《电子知识产权》2018年第11期。

性、信息检索途径的有限等，很多本应无效的专利可能获得了授权，而在后续专利投入使用、市场交易环节，更多的公众参与进来，对专利信息进行了解、学习和应用，也逐渐暴露出专利可能存在的瑕疵或问题。为避免瑕疵专利、问题专利损害社会公共利益，我国应当完善专利无效宣告程序，降低公众参与的成本，鼓励公众挑战专利效力，以修补专利制度存在的漏洞，对专利进行事后（授权后）的约束。

权利滥用理论是日本现行相关制度的主要理论来源。日本早期专利制度应对专利诉讼中的无效抗辩的做法与我国现行规则相一致，也主张对专利效力的认定应当且仅应由专利行政机关负责。法院在受理专利侵权案件后，可以中止其诉讼程序，等待行政机关的处理结果，作为审理和判决的依据，法院并不会直接对专利有效或无效作出认定。

Kilby 案打破了日本由专利行政机关认定专利效力的传统。东京高等法院主张"在专利权极有可能被宣告无效的情况下，基于这样的专利权对第三人行使权利，这属于权利的滥用，不应该得到认可"，且"在明确存在专利无效理由时，可以基于权利滥用的法理驳回请求"。[1]与这一判决相呼应，2004 年《日本专利法》增加了限制无效专利权利行使的规定。日本 2004 年通过修改专利法打破了专利效力判定完全由行政机关负责的局面，此后在专利无效理由明确的情况下，法院也可以判断涉案专利的有效性。[2]日本从权利滥用理论出发，处理专利侵权诉

---

〔1〕［日〕增井和夫、田村善之：《日本专利案例指南》（原书第 4 版），李扬等译，知识产权出版社 2016 年版，第 203 页。

〔2〕 2005 年 4 月 1 日施行的《日本特许法》（平成 16 年法律第 120 号）第 104 条之 3 第 1 款规定，在关于侵犯专利权或专用实施权之诉中，如果该专利属于应被专利无效审判宣告无效的，或该专利权的存续期间延长登记属于理应被延长登记无效审判宣告无效的，专利权人或专用实施权人不得向对方当事人行使其权利。

讼中无效抗辩的方式，其法理上与日本私法体系相一致。《日本民法》第 1 条第 3 款规定，"不得滥用权利"，即它要求当事人在行使民事权利时尊重他人利益和社会公共利益，不得滥用权利。作为一般原则，"不得滥用权利"没有特定的要件，所以给法官提供了较大的自由裁量空间，一定程度上起到了弥补民法本身或其特别法缺陷的作用。[1]专利无效的司法程序，是"不得滥用权利"原则在实践中的体现与具象。

日本法院对专利效力的认定，带有司法判定的个案属性，对专利产生间接约束，也体现出专利侵权诉讼与专利无效程序由分离走向融合的趋势，其作为美国"择一性"模式和中国"二分制"模式的折中，既维护了专利行政机关作为授权机关的权威性，又减轻了专利侵权诉讼和专利无效程序互相掣肘的经济成本，同时还对专利权人发挥一定的警示作用，约束滥用专利权的行为，具有一定的参考价值。但这一模式也带有一定的局限性和过渡性，似乎是为了承认法院有权认定专利是否有效的迂回路径。美国的专利侵权诉讼也经历了这一发展阶段，即专利侵权诉讼中的专利无效决定只对该案双方当事人发生效力。但是，在 1971 年的布兰德案后，美国联邦最高法院以重复认定意见事实消耗司法资源为由，规定了在一件侵权案中的无效认定对另一案同样有效。[2]此案之后，在美国司法实践中，法院可以针对专利效力进行直接的审理和判决，专利无效的司法判决具有了对世效力，与专利复审委员会的专利无效决定效力相同。

---

〔1〕 参见［日］伊藤贵子："日本限制专利权滥用制度及其启示"，载王立民、黄武双主编：《知识产权法研究》（第 7 卷），北京大学出版社 2009 年版。

〔2〕 蒋坡、钱以能："在专利侵权诉讼中引入专利无效抗辩"，载《中国发明与专利》2007 年第 12 期。

但是，权利滥用理论作为日本模式的基础，也受到学界的批判。权利滥用往往是指专利权人在享有某项专利权利的时候，滥用该权利，将攫取利益之手延长至合理范围之外，破坏了专利制度中"公开"与"保护"之间的合理平衡与比例原则。专利无效则是原本不应具有专利权的人，被错误授权，权利基础本来就不应存在。这与权利滥用情形专利权人本就享有权利的前提条件是不一致的。另外，在具体的操作过程中，"明显无效"的事由的判断标准十分模糊，且法院和专利行政机关的判断标准可能不一致，法院可能由于缺乏相关领域的专业知识而作出错误的结论。这些问题都是日本法院在实践中需要不断完善和健全的，也是我国在之后的实践中需要予以关注的。

四、我国专利无效程序的制度构建设想

（一）对专利授权行为的重新认知

我国在专利效力问题上明确划定了行政机关和司法机关的权力范围，行政机关是唯一决定专利效力的主体。在理性看待法院在判断专利效力中的角色与地位之前，需要重新认识专利授权行为的性质。专利权的效力和范围带有不确定性，因而属于概率性的财产权利。[1]除非专利被依法宣布无效，否则行政机关的专利授权行为应当得到认可与执行。专利一经授权，就有了推定有效的法律效果。[2]对于专利授权这一行政行为公定力的肯定，与专利权本身的性质和特征紧密相关，专利权的实质就是权利人通过技术信息的公开换取特定时期内的独占保护，

---

〔1〕 Mark A. Lemley and Carl Shapiro, "Probabilistic Patents", 19 *Journal of Economic Perspectives* 2, 2005, pp. 75-98.

〔2〕 Doug Lichtman and Mark A. Lemley, "Rethinking Patent Law's Presumption of Validity", 60 *Stanford Law Review* 1, 2007, p. 47.

只有充分保障专利的公示公信效力，才能使得专利制度顺利施行，也才能保障专利制度的实施透明、合法公正。行政机关授权能够划定专利权的保护范围，也能够使得社会公众明晰相关技术方案的权利状态，如果不给予这一授权行为以公定力，专利权人行使权利就缺乏最基本的保障，对于社会公众而言也难以实现专利的公示公信效力。

然而实践中，现有技术的信息很难穷尽，专利审查员的专业知识、时间和精力都有限，一些问题专利或坏专利获得授权的问题是很难避免的，这就需要专利制度自身通过"纠错机制"来进行制度补偿与均衡。我国在进行相关规则设置时，应当考虑到如何为社会公众挑战专利效力提供便利，降低挑战专利效力的成本，以促使专利生态的良性运转。

根据我国《专利法》的规定，专利行政机关是进行专利授权和确权的机关，法院或其他公权力机关无法对涉及专利效力的问题作出裁判或决定。究其原因，主要是考虑到专利行政机关在审查技术方案的新颖性、创造性、实用性、充分公开等方面拥有长期积累的经验和专门的技术审查员，从而能够对技术方案作出更加科学、客观、高效的效力认定。但是，由于专利授权机关和确权机关本质上均属于行政机关，是同一套体系，确权决定的中立性和公正性可能会受到些许影响。当事人对专利局关于专利效力的决定不服的，需先向专利复审委员会申请复审，再不服的才可向法院提起行政诉讼，专利复审委员会与专利局本质上仍属于同一个行政部门，复审程序实际上是行政机关的"内部"自审。

我国《专利法》规定，对专利复审委员会宣告专利无效或者维持专利的决定不服的，可以自收到通知之日起3个月内向人民法院起诉。人民法院应当通知专利无效宣告程序的对方当事人作为第三人参加诉讼。在诉讼过程中，对专利效力决定不服的当事人为原告，专利复审委员会则为被告，诉讼的类型属于行政诉讼，这就将专利复审委员会与当事人对立起来。但其实，专利复审委员会作为判定专利效力的行政机关，对于任何主张专利有效或挑战专利效力的主体都应当平等对待，作为独立的中间机构分析和判定专利效力。专利无效诉讼不应当将专利复审委员会列为被告，诉讼的性质也不应定为行政诉讼，而应是民事诉讼，[1]应当由专利权人与提起专利无效的主体作为诉讼程序的原告和被告。[2]

(二) 行政机关与司法机关的衔接与配合

专利复审委员会的专利审查员大多为理工科背景，涉及生物、医药、机械等各个领域，专业和技术力量雄厚；相较而言，在专利侵权诉讼中，法院直接对专利效力问题的审理会遭受缺乏专业性的质疑。[3]很多实践中的专利侵权与确权案件，跨越了司法机关与行政机关中多个级别、多个机构，从而造成不同部门处理程序、认定标准等存在差异，对最终结果的一致性和处理程序的效率性造成影响。但对专业性的强调并不意味着要以牺牲诉讼经济和产生较大社会成本为代价，在专利法律体系中，解决专利侵权纠纷与权利授予、权利解释、公共利益等众多问题存在交叉重合，尤其是伴随着专利权扩张，实践中的情形更加复杂多样。行政机关和司法机关之间可以通过加强职能衔接、促进信息交流、完善程序规则等途径，在保障专业性的同时，优化规则，提高效率。

---

〔1〕 参见李琛：《知识产权法关键词》，法律出版社2006年版，第183页。
〔2〕 罗东川："《专利法》第三次修改未能解决的专利无效程序简化问题"，载《电子知识产权》2009年第5期。
〔3〕 易玲：《专利无效判定及其衔接机制研究》，法律出版社2019年版，第171页。

为处理好专利侵权纠纷和专利效力问题的关系，我国在行政与司法实践中不断积极地进行探索，试图找出最经济合理的处理方式。行政部门自身就加强了内部的机构协调运作，在2019年12月9日，针对"薄层活性粉末混凝土振捣整平智能控制方法及专用控制系统"等三件专利的侵权与无效纠纷，我国国家知识产权局专利局复审和无效审理部与长沙市知识产权局开展远程联合审理活动，其中，国家知识产权局专利局复审和无效审理部就专利效力问题进行审理，长沙市知识产权局则针对是否构成侵权作出行政认定。在行政系统内部对职责不同的部门进行职能衔接与协调，对无效和侵权案件合并处理，有利于快速高效地解决纠纷，避免专利效力的不稳定性产生更多社会成本。

为了加强专利案件的司法裁判的专业性及法院与行政机关之间的衔接、互通与联动，最高人民法院于2019年首次采取"专利行民二合一"方式审理专利案件。案件涉及的专利为实正公司拥有的"一种过温保护电路的结构"实用新型专利。实正公司向浙江省杭州市中级人民法院起诉乐金公司等，认为乐金公司等侵害了其依法享有的前述实用新型专利权。乐金公司认为该实用新型专利不符合《专利法》的"创造性"要求，故于2018年1月9日向专利复审委员会提出无效宣告请求。专利复审委员会作出维持专利有效的决定。乐金公司不服该审查决定，提起行政诉讼。另一边，杭州市中级人民法院经审理认为乐金公司的被诉侵权产品未落入实正公司的涉案专利权的保护范围，被控侵权行为不成立，故判决驳回实正公司的诉讼请求。实正公司不服该判决，上诉至最高人民法院。2019年7月1日，北京知识产权法院经审理认为原专利复审委员会的审查决定认定事实清楚、适用法律正确且符合法定程序，故判决驳回乐金公司的诉讼请求。乐金公司不服该判决，于2019年10月22日向最高人民法院提起上诉。两个案件先后到达最高人民法院知识产权法庭。考虑到两案均涉及对同一实用新型专利权利要求解释的问题，且乐金公司主张实正公司在两案中对权利要求的解释不一致，最高人民法院知识产权法庭依据法律规定，对两个案件合并召开了庭前会议。将专利民事与行政案件合并审理的举措，有助于降低专利纠纷案件处理成本，促进争议的有效解决。本案是我国专利行政与司法部门职能衔接的一次初步尝试，在规则设置、专利解释等方面，仍有很多尚待探讨和探索的空间，需要在之后的立法与实践中不断完善。

除我国以外，其他国家也逐渐加强了行政机关与司法机关的衔接与配合工作。如日本的专利侵权行政认定制度，也诠释了加强跨部门职能衔接的选择。日本的专利侵权行政认定制度，英文称为"Hantei Request System"["Hantei"是指"认定、决定"（determination）]，[1]是指由专利行政机关针对实践中的专利权范围解释、专利是否有效和是否构成侵权等问题作出专门意见的制度。在该制度下，日本专利局基于其在技术、设计和商品三个方面具有高度的专业知识，有权针对特定技术方案（往往是存在侵权之嫌的技术方案），自申请之日起三个月内，以严格的中立方式决定其是否落入所涉专利的技术范围。[2]专利行政机关的意见虽不具有法律约束力，但是可以作为具有权威性的官方观点为谈判、协商和司法诉讼提供依据。当事人只需要支付少量费用就能够快速获得行政机关的认定结论。专利

---

[1] Gino Cheng, "Doubling up the Horses in Midstream: Enhancing U. S. Patent Dispute Resolution by the PTO's Adoption of the JPO's Hantei Request System", 24 Santa Clara High Technology Law Journal 2, 2008.

[2] Japan Patent Office (JPO) Hantei, Guidelines for Easy Hantei Demand Filing, Section 1 (1) (1998), "What is Hantei".

侵权行政认定制度旨在避免不必要的诉讼争议,鼓励争议的快速解决,行政机关作出的决定对于法院审理专利侵权案件具有很强的参照价值,可以避免法院因专业性不足而产生不合理或不公正审判。

除此之外,日本在其专利法当中还明确指出,要加强专利行政部门和法院之间的信息互通。我国中共中央办公厅、国务院办公厅在2019年印发的《关于强化知识产权保护的意见》也明确指出,要"健全行政确权、公证存证……行政执法、司法保护之间的衔接机制,加强信息沟通和共享,形成各渠道有机衔接、优势互补的运行机制,切实提高维权效率。"在涉及专利效力的问题上,不妨将专利复审委员会作为侵权诉讼的参与方,设立相关的规则。在专利制度中,行政机关和司法机关在不同阶段各自扮演着重要角色。

在我国目前专利侵权诉讼和无效宣告程序中,法院和专利行政机关的审理和处理程序各自独立展开,在处理专利无效和侵权交叉的法律问题时,缺乏一定的信息互通机制。专利行政机关往往被认为是在专利领域最具有专业性的公权力机关,司法机关在审理有关专利纠纷的案件时,无法直接针对专利效力问题进行审理,而需要求主张专利无效的主体向专利行政机关提出无效宣告请求,由专利复审委员会针对专利效力进行审查,这也是出于行政机关在解决专利效力问题上更加具有专业性的考量。因此,在专利纠纷的处理上,行政机关其实可以扮演重要角色,对于专利的权利范围解释、是否有效以及侵权行为是否成立等问题,行政机关的专业意见更有利于有效、准确地解决问题。同时应建立起相应的信息交流配套机制,以提高法院处理专利效力问题的专业性。

(三)通过规则的优化降低专利制度社会成本

降低专利制度社会成本贯穿整个专利制度,对专利无效抗辩规则的优化与调整仅仅是其中一个重要环节。为了实现专利制度的社会良性效应，需要从多个维度进行反思和调整。比如美国联邦最高法院在2006年的eBay案中否认禁令救济在侵权案件中绝对适用的规则，通过司法机关推动专利的利用和转化，促进实现社会效益的整体最大化。专利无效抗辩制度能够通过对专利效力的审视，纠正行政授权时的错误，具有独立的价值和存在的意义。但同时，也需要通过规则的优化，在不影响专利制度公平公正的前提下，控制和降低制度成本，以期推动整体效率的提升和专利生态系统的良性循环。

在专利无效与侵权诉讼的二分制模式下，挑战专利有效性的成本更高，因为需要单独提出。在跨境贸易中，二分制的弊端表现得更加明显：2014年，阿迪达斯、苹果、敦豪（DHL）、三星、华为等公司发表联合声明，提出"即使专利最终被判定无效，法院在侵权诉讼中依然有颁发禁止令阻止涉案商品进口的潜在可能。这样的结果导致竞争受阻，成本上升，产品可选择性下降，最终给消费者带来负面影响"。[1]专利无效程序与侵权诉讼程序之间的时间差，可能导致对被控侵权人利益的维护滞后，被控侵权人即使最终无需承担法律责任，也为此付出了重大代价。

实际上，专利是否有效的问题，本质上依然属于对专利权的界权问题。在柏某专利权纠纷案中，最高人民法院也表示：在无效宣告请求的审查过程中，如果不对权利要求中的明显错误作出更正性理解，而是"将错就错"地径行因明显错误的存在而以一概不符合《专利法》第26条第4款"权利要求书应当

---

［1］ Katrin Cremers et al., "Invalid but Infringed? An Analysis of the Bifurcated Patent Litigation System", 131 *Journal of Economic Behavior & Organization*, 2016, pp. 218-242.

以说明书为依据，清楚、简要地限定要求专利保护的范围"的规定为由将专利宣告无效，将会使《专利法》第 26 条第 4 款成为一种对撰写权利要求不当的惩罚，导致专利权人获得的利益与其对社会作出的贡献明显不相适应，有悖于《专利法》第 26 条第 4 款的立法宗旨。即使权利要求书存在瑕疵，也应当按照专利有效原则，以权利要求限定的技术方案确定专利权保护范围。对于权利要求书存在的明显瑕疵，如果本领域技术人员在阅读权利要求书和说明书附图之后，能够直接地、毫无疑义地指出或毫无疑义地确定所要求保护的技术方案的内容，则应当按照修正后的内容确定专利权保护范围。[1]这是司法实践对专利权进行的质量控制，法院可以根据实际情况认定专利权的保护范围，从而修正权利要求书存在的明显瑕疵。按照这一逻辑，当专利明显无效的时候，法院也应当有权否认专利效力，避免个人私权的不合理配置侵占社会公共资源。

此外，我国既有的抗辩规则也可以为专利无效抗辩程序的构建和完善提供实践基础。以现有技术抗辩为例，专利权人主张构成侵权的情况下，被告可以被控侵权技术方案属于现有技术作为抗辩，由法院裁判是否构成侵权。在这一过程中，主要涉及判断被控侵权技术方案和现有技术之间的相似性，若被控侵权技术方案属于现有技术，则意味着被告使用的技术方案属于公有领域范畴，是专利法无法保护的对象。但在此之前，原告往往会力图证明被告使用的技术方案与其涉案专利之间存在相同侵权或等同侵权。因此，在实践中将涉及专利技术、被控侵权技术和现有技术之间的关系，在此基础上，可以进一步探讨专利技术与现有技术之间的相似性，从而判断是否存在专利

---

[1] 石必胜：《专利权有效性司法判断》，知识产权出版社 2016 年版，第 63 页。

无效的可能。在现有技术抗辩的基础上，专利无效程序与司法程序可以实现融合，提高纠纷解决的效率性和专利授权的准确性。

第二节 权利的有限性：对专利权范围的界定

在专利侵权诉讼中，权利人主张并证明被告的被诉行为属于专利权的保护范围。潜在专利使用者可以借助权利要求的内容预先判断自己的行为是否存在侵犯专利权之虞。我国专利侵权判定标准包括全面覆盖原则与等同原则。在等同原则下，如果被控侵权产品属于以基本相同的手段，实现基本相同的功能，达到基本相同的效果，并且本领域的普通技术人员无需经过创造性劳动就能够联想到与涉案专利所记载的技术等同的特征，就落入涉案专利保护范围，构成侵权。作为对全面覆盖原则的补充，[1] 等同原则为世界各国所普遍认可，其合理界定专利权保护范围，对于切实维护专利权人利益具有重要作用，避免了一些侵权行为人通过简单的概念替换来规避侵权责任，给权利人带来利益损失。

但是，等同原则的适用也会伴随一定的负面影响，其可能导致专利权保护范围不合理扩大。等同原则不要求被控侵权技术方案与涉案专利技术方案完全一致，只要求存在实质等同即可。因此立法研究与司法实践中逐渐探索出现有技术、禁止反悔、反向等同的侵权抗辩事由，对等同原则的适用进行静态的限制，从而也对专利权保护范围进行合理解释，避免专利权行使与保护的不合理，减少对公共利益的损害。除此之外，权利

---

[1] 北京市第二中级人民法院知识产权审判庭、北京知识产权法研究会编著：《知识产权案件裁判理念与疑难案例解析》，法律出版社 2014 年版，第 34 页。

穷竭原则限制了权利人对专利的控制范围，但专利权本身的范围大小并不受影响，形成对专利权的动态限制。

一、现有技术抗辩

从传统的知识产权正当性理论基础之劳动价值论出发，专利权人能够进行私有化的部分应当是体现在专利权利要求中的个人付出劳动的部分。专利权人通过发明创造，将属于个人的劳动成果从已有的公有领域中分离出来，而原本属于公有领域的内容应当为社会公众所自由、免费地取用。现有技术就属于原本属于公有领域的内容，不应当被专利权人通过任何方式侵占。专利权人通过公开技术方案换取的保护范围，应当限制在合理的范围内，而不应对公有领域的财产或利益造成不利影响。

为了获得专利授权，发明人提交的专利申请需要经过审查，专利局工作人员通过检索来确认判断技术方案新颖性所需的对比文件。但基于成本与时间的限制，经过检索没有发现可以推翻非显而易见性的对比文件，且审查员认为继续检索找到推翻非显而易见性的对比文件的概率较小时，可以停止检索，这就从制度层面为不符合专利授权标准的技术方案获得授权留下了空间。[1]专利授权后的一些规则设置能够发挥再次界定专利权范围的作用，其中就包括现有技术抗辩。

现有技术抗辩，又称为公知技术抗辩、自由公知技术抗辩。专利法规定，在专利侵权诉讼中，如果被诉侵权人有证据证明他所实施的技术（或设计）属于现有技术（或现有设计），就不构成侵犯专利权。司法解释阐明，如果被诉侵权技术方案的

---

〔1〕参见北京市第二中级人民法院知识产权审判庭、北京知识产权法研究会编著：《知识产权案件裁判理念与疑难案例解析》，法律出版社2014年版，第105页。

全部技术特征，与一项现有技术方案中的相应技术特征相同或者无实质性差异，就应当认定被诉侵权人实施的技术属于现有技术，[1]不构成对他人专利权的侵犯。伴随着知识经济时代的到来，专利权呈现不断扩张的趋势，引发了诸多社会成本问题。在专利权扩张和其制度成本背后，公有领域面临威胁，公共资源遭到浪费。现有技术抗辩有助于阻止专利权的不合理扩张、提升专利保护质量、避免公有领域被侵占，其价值基础带有公共利益的色彩和对社会经济效益的考量。

现有技术抗辩实际上是对专利缺乏创造性的间接论证，抗辩成立会给涉案专利的有效性带来风险，因此，现有技术抗辩与专利无效申请、专利无效抗辩之间的关系存在玄妙之处。在专利侵权诉讼中，如果被告可以证明被控侵权技术方案属于现有技术，原告的侵权主张就不能获得支持。提出侵权之诉的原告则需要证明被控侵权技术方案与专利技术方案实质近似，二者的本质技术特征和创新之处相同。上述两者很有可能同时成立，即被控侵权技术方案落入了专利权利要求范围内，但同时，被控侵权技术方案又属于已经公知的现有技术。在此种情形下，专利权利要求很有可能与该现有技术存在交叉重叠甚至相似相同。被告或者其他任何第三人可以据此针对原告的专利提出无效申请。专利复审委员会一旦支持该无效申请，专利将自始无效，成为公有领域的内容，任何人得以自由免费地使用。

基于现有技术等材料可以用作挑战专利效力的重要依据，英国法院早在百年之前就通过吉利案确立起吉利抗辩规则（现

---

[1] 参见《最高人民法院关于审理侵犯专利权纠纷案件应用法律若干问题的解释》第14条。

有技术抗辩)。[1]在该案中,"吉利安全型剃须刀"涉及的专利技术方案是关于安全型剃须刀的改进技术,其主要技术特征是将一种薄型可活动的剃须刀片固定在一个弧形手柄上,并利用一夹钳使该刀片无法活动。被控侵权技术方案则包含一个相似的剃须刀,但使用的是一种扁平的刀片。被告提到一项在先的美国专利,该专利涉及将手柄作为夹钳以控制剃须刀片的技术方案。被告主张其没有侵犯原告的专利权,因为被告生产的扁平型剃须刀片并没有被原告专利的技术特征覆盖,原告专利技术特征的描述仅涉及弧形刀片。被告还提出原告的专利技术缺乏一定的创造性,与上述在先的美国专利技术方案实质相同,唯一的区别就在于原告使用的是一种更薄的刀片。莫尔顿法官支持了被告的主张,因为原告在本案中主张了较为广泛的专利权,导致涉案专利与本案参考的现有技术相比会被宣告无效。如果原告在本案中试图限缩其专利权利范围而避开现有技术抗辩,则会导致被告的技术方案不会落入原告的专利权利范围。可见在适用现有技术抗辩规则时,现有技术并不是一项单独的抗辩事由。[2]现有技术抗辩与专利无效请求是相关联的,被告无法在脱离专利无效请求的情况下,单独提出现有技术抗辩。

但是,专利无效宣告并不必然是当事人所希望的效果。一方面,被告提出专利无效申请需要花费一定的时间和金钱成本,向专利复审委员会提供所需要的证明材料,参与专利无效宣告的程序,但最终专利复审委员会未必会支持被告的专利无效请

---

[1] "Gillette 抗辩",是指如果被控侵权人可以证明其被诉行为属于已经公开的方案,且该方案可以使专利权无效,那么该情形可以成为被告的抗辩事由。See Gillette Safety Razor Company v. Anglo-American Trading Company Ld., (1913) 30 RPC 465, pp. 480-481.

[2] See Otsuka Pharmaceutical Co., Ltd v. Generic Health Pty Ltd, (2015) FCA 848.

求。我国专利无效程序与专利侵权诉讼程序相分离，被告需要先向专利复审委员会提出专利无效请求，待行政决定作出后再以行政决定为参照提出侵权抗辩。对该行政决定不服的当事人还可以向法院提出行政诉讼。法院即使不同意行政认定的结论，也不能直接就专利效力问题作出审判，而需要发回专利复审委员会重新作出决定。在行政机关作出效力决定、行政诉讼、行政机关再次决定的整个过程中，审理侵权诉讼的法院可以中止案件审理流程。因此，在专利侵权诉讼中提出专利无效抗辩可能会造成大量时间成本的浪费，也会给专利侵权诉讼当事人双方的业务经营产生不利影响。

另一方面，不仅专利权人不希望专利被宣告无效，被控侵权人出于自身利益的考量，也有可能更希望专利维持有效。对于同样需要使用专利技术方案的其他市场参与者来说，专利权的存在会产生一定的排他性效果，从而使得其他市场参与者在选择所使用的技术方案时有所顾忌。如果被控侵权人通过现有技术抗辩得以继续使用相关技术方案，不会因专利权的排他性效果而受到约束，那么专利是否有效对于被控侵权人而言没有本质不同。直接对比被控侵权技术方案和现有技术之间的异同，可以绕过专利无效的冗长程序，有助于直接、简便地解决侵权纠纷。因此，现有技术抗辩与专利无效抗辩相互联系，同属专利侵权抗辩，发挥相同的功能，但两者又相互区别，不可相互替代。[1]从诉讼经济、解决争议、便利当事人等角度去看，现有技术抗辩具有其独立存在的意义与价值。

现有技术抗辩的运用体现了专利权范围界定的动态效应。在吉利案中，法院会基于原告主张的专利权范围大小来判断是

---

[1] 曹新明：《现有技术抗辩理论与适用问题研究》，知识产权出版社2017年版，第170页。

否涉及现有技术抗辩规则。当原告主张的专利权较为宽泛时,可能会导致涉案专利与现有技术重合而面临挑战;当原告对其专利权进行限缩以避开现有技术时,又会导致专利范围无法覆盖被控侵权的技术方案,被告不构成等同侵权。质言之,法院可以在司法实践中借助现有技术抗辩规则,约束专利权扩张的行为,给专利权人的权利行使活动提供灵活的指引,针对个案展开审判,而无需处理专利效力判定的专业问题,提升诉讼效率和审判的灵活性。

二、禁止反悔与捐献原则

(一)禁止反悔原则

禁止反悔原则对专利权范围进行限制,避免在适用等同原则进行侵权认定时造成专利权范围的扩大。禁止反悔原则是指,对专利申请人、专利权人在专利授权或者无效宣告程序中,通过对权利要求、说明书的修改或者意见陈述而放弃的技术方案,权利人在侵犯专利权纠纷案件中又试图借助等同侵权原则的适用,将其纳入专利权保护范围的,人民法院不予支持。[1]禁止反悔原则是诚实信用义务的要求,可避免专利权人将其已经放弃的技术方案重新纳入专利权保护范围,即禁止反悔原则仅与等同侵权相关,与字面侵权和间接侵权并无关系。

在等同侵权原则下,被诉侵权技术方案有一个或者一个以上技术特征与权利要求中的相应技术特征在字面上不相同,但属于等同特征时,应当认定被诉侵权技术方案落入专利权保护

---

[1]《最高人民法院关于审理侵犯专利权纠纷案件应用法律若干问题的解释》第6条。

范围。[1]这虽然能够很好地实现对发明人的权利保护，却也可能滋生因专利权范围过大而抑制再创新的问题。专利权利网过大，反而阻碍创新，大部分的专利并不能够进行有效的商业化，从而不能给公众带来福利和收益。从商业化理论出发，专利制度应当鼓励商业化的实现、新产品的市场化而不仅仅是新发明。[2]为了促进专利制度实现刺激进步的目标，而不仅仅是鼓励发明，需要对知识产权进行必要限制。

公有领域属于公共资源，任何人都可以自由、免费地取用，专利权人获得的权利保护不应当延伸到公有领域部分，专利权人能够获得独占保护的应当限制于发明人付出个人劳动的创造性成果。在专利授权或无效宣告过程中，为了满足保护的条件，获得有效的保护，权利人需要将本来就位于公有领域的技术方案排除在外，以此获得专利权垄断保护的对价。专利的"正当性"体现的是发明人不得获得超过其对社会所作出的实质贡献的排他性权利，也不能获得本不属于他的排他性权利。[3]比如在"北京实益拓展科技有限责任公司与陕西三安科技发展有限责任公司确认不侵犯专利权纠纷案"中，北京实益拓展科技有限责任公司享有"自动消防泄压阀"实用新型专利权，陕西三安科技发展有限责任公司向专利复审委员会提起无效宣告请求。专利权人为了维持专利的有效性，满足新颖性和创造性的要求，在专利无效宣告程序中，删除了原权利要求1、2，并将原权利

---

[1] 刘春田主编：《知识产权法》（第五版），中国人民大学出版社2014年版，第224页。

[2] Mark A. Lemley, "The Myth of the Sole Inventor", 110 *Mich. L. Rev.* 5, 2012.

[3] 徐棣枫："不正当行为抗辩制度之移植可行性及设计构想——基于《专利法》第四次修改中的'诚实信用原则'"，载《东方法学》2018年第6期。

要求3修改为独立的权利要求。[1]若权利人在之后又试图将权利范围扩张到原权利要求1、2之上，就构成对专利权的实际扩展，在专利侵权诉讼中法院不应予以支持。

从专利权公示公信的效力来看，获得专利授权的基本要素之一是专利权人将技术方案进行充分公开和说明，以供社会公众获取、了解和掌握技术方案的内容。但等同原则将专利权的保护范围延伸到权利要求字面含义之外，社会公众根据权利要求的记载评估自己行为的确定性就会降低，权利要求的公众告示功能就会受到一定的影响。[2]专利权人用技术方案的充分公开换取独占权利，公示公信作为换取专利垄断利益的条件，对专利权人申请授权、行使权利的整个过程都提出了要求。禁止反悔原则的相关制度，是对广义上禁反言原则的实现。[3]基于诚实信用原则的要求，专利权人不应对之前已经进行公示的内容进行否认，否则会导致公众信赖利益受损，使专利制度所追求的价值目标受到挑战。

（二）捐献原则

捐献原则是美国联邦巡回上诉法院为了防止等同原则的滥用而通过判例确立的，其含义是："如果专利权人仅在说明书及其实施例中描述了一项技术方案，但权利要求书并未记载，则在他人使用该项技术方案时，不能适用'等同原则'认定该项技术方案与在权利要求书中记载的一项技术方案等同，从而认

---

[1] 何怀文："中国禁止反悔原则的'死角'：隐性放弃与两头得利 兼评最高人民法院'中誉电子提审案'"，载《中国专利与商标》2013年第3期。

[2] 参见毛金生等：《海外专利侵权诉讼》，知识产权出版社2012年版，第233页。

[3] 关于禁反言原则的具体内容，可以参见本书第二章第三节"禁反言与诚实信用：默示许可"。

定他人侵权。"[1]捐献原则主要是基于保护公共利益的目的,避免专利权人为获得专利授权限缩权利要求内容,却又在说明书中留下扩张权利范围的缺口。我国司法实践中也通过捐献原则的适用,实现利益平衡和行为指引。同时,捐献原则还可以保障权利要求公示公信作用的发挥,由权利要求书划定专利权的最终保护范围,是维护社会公众信赖利益的需要。

在广东美的与珠海格力专利侵权案件中,法院以捐献原则对专利侵权判定的等同原则进行必要限制。[2]该案的争议焦点在于被诉侵权产品的技术方案是否落入涉案专利权保护范围。经比对,被诉侵权产品的技术方案的技术特征与涉案专利的独立权利要求1的技术特征②相同,与①、③、④、⑤不相同。因此需要判断被诉侵权产品的技术方案的区别技术特征与涉案专利的相应技术特征是否等同。法院在本案审理中参考了涉案专利的主题名称、专利复审委员会的无效宣告请求审查决定,总结出"涉案专利得以维持有效的创新点就是实现挡板的可拆装",因此,"涉案专利可拆装这一功能性技术特征,在进行侵权判断时不能忽略"。本案中,涉案专利说明书并不支持可拆装这一功能性技术特征,但是由于专利权人在撰写专利权利要求时明确增加了可拆装的功能,客观上缩小了专利权保护范围。按照上述捐献原则,在侵权案件中,专利权人不能随意将已经捐献给公众的技术方案再纳入专利权保护范围。

上述判决思路就体现出专利制度的本质是以"公开"换取"保护",专利权人依据发明创造获得的对价应当与其对社会进步的贡献成比例,不得不当扩张专利权保护范围,攫取更多利

---

[1] 王迁:《知识产权法教程》(第七版),中国人民大学出版社2021年版,第473页。
[2] 广东省高级人民法院(2013)粤高法民三终字第615号民事判决书。

益。专利的稀缺性和价值性是专利权作为一项民事权利的基础，但其稀缺性需要借助公权力机关的力量得以实现，价值性则往往与市场转化、交易密不可分，这导致专利权这种财产权利的权利外观比较复杂。[1]技术方案本质上是一种信息，不具有客观形态，权利人无法从物理上、事实上进行占有或控制，相应地，专利权也就不具有物理上、事实上的排他性。在此情形下，为激励创新，奖励首创者，先申请原则和经审查授权模式成为专利权形成的重要基础。公权力机关通过审查过滤掉不具有新颖性、创造性、实用性的技术方案，筛选出满足授权条件的发明创造，赋予申请人以专有权保护。但由于技术进步的累积性效应，专利技术方案或多或少需要参考或借鉴前人的经验或知识，这就给权利范围的界定带来困难。专利公开通常被视作专利权人与国家之间的一份社会契约：对具有新颖性、实用性和创造性的发明专利，专利权人必须公开其技术方案，使所属领域的技术人员能够利用；作为对价，国家经过审查赋予专利权人就特定技术方案在特定期限内的垄断权，通过制造稀缺性确保专利权人获得投资的回报。[2]这是专利权诞生并行使的重要基础理念。

但是，专利制度下人为"稀缺性"的设立，也可能成为私权侵蚀公共利益的工具。专利申请人或许会借助权利范围的不确定性和信息不对称，试图将原本属于公有领域的财产划入私权范围内。尤其是可能借助专利授权程序和专利行使过程中的信息不对称，作出前后矛盾或出尔反尔的选择。此时，捐献原则就可以发挥限制或约束权利人的作用。专利权人出现捐献的

---

[1] 参见陈聪："专利捐献原则的法理分析"，载《知识产权》2019年第1期。

[2] 李雨峰、陈聪："专利捐献原则的重构——从当然捐献到推定捐献"，载《电子知识产权》2018年第7期。

原因大致有两种情况：一种是疏忽大意；另一种是专利权人在申请专利时为更容易获得授权而提出较小的保护范围，在专利侵权诉讼中再利用等同原则扩大专利权保护范围。[1]但无论是哪一种情况，专利权人都应当承担捐献的法律后果，促进私权保护和公共利益平衡的实现，避免专利制度被滥用或误用。

三、反向等同原则

反向等同原则是指，虽然被控侵权物在专利要求的字面含义之中，但被控侵权物与发明相比有根本变化，被控侵权物是以实质上不同的方式，实现了相同或相似的作用，这时可以认定不构成侵权。反向等同原则源自美国 1898 年的 "Westinghouse v. Boyden Power Brake Co."案。[2]原告对被告提起诉讼，指控其侵犯了原告一项关于铁路货车制动装置的专利，该专利可以提高制动速度。原告拥有的涉案专利是一种液压自动制动的技术结构，说明书中提出其目的在于 "使刹车制动片通过液压作用在汽车车轮上，从而能够比以现有技术更快的速度和更有效的方式实现制动效果，特别是运用在长型列车时，且在制动过程中通过在制动缸中使用更多的空气，可以节省压缩气体"。被告也从事液压制动器的制造和销售，但否认侵犯原告的专利权。

该案中，被控侵权技术方案作为在后的技术方案，的确属于原告专利权利要求的文义范围，但是法院考虑到在后技术的突出贡献而拒绝认定侵权成立。法院认为，在后发明颇为新颖，与原告发明的基本原理有明显不同，而且以最简单的方式解决

---

[1] 岳利浩："捐献原则是对专利侵权判断适用等同原则的必要限制"，载《人民司法》2014 年第 14 期。

[2] Westinghouse v. Boyden Power Brake Co., 170 U.S. 537, 18 S. Ct. 707 (1898).

了原告发明未能克服的迅速制动的难题。美国联邦最高法院主张，即使被控侵权产品落入了涉案专利权利要求的字面范围，若对于涉案专利进行了实质上的改变（changed in principle），则被控侵权产品不构成侵权。其看到的不仅仅是技术方案本身，更多的是专利技术的商业前景。在本案中，被告的自动火车刹车系统规避了侵权责任，虽然其落入了原告专利权利要求的字面范围，但是其在技术和商业上更胜一筹——在技术上解决了原告专利未能解决的问题，商业上比原告专利更加成功。

1950年美国联邦最高法院在审判格瑞福公司案时明确提出了反向等同原则这一概念，主张对于等同原则的真正适用与解读，并不是完全站在专利权人的立场。[1]在该案中，林德空气产品公司拥有一项专利，该专利涉及电焊工艺和配套使用的焊剂。该专利权利要求中涉及一种组合物，主要是指碱土金属硅酸盐（即钙和镁的硅酸盐）和氟化钙的组合。此后，林德空气产品公司对Lincolnweld660产品的生产方格瑞福公司提起侵权诉讼，主张该助焊剂的成本与林德空气产品公司拥有的专利产品十分相似，不同之处仅在于其使用的是钙和锰的硅酸盐（不属于碱土金属），用来代替钙和镁的硅酸盐。在该案中，美国联邦最高法院认为，等同侵权原则会阻止其他市场主体利用基本相同的方式，实现基本相同的功能，获得基本相同的结果。本案被告的产品是对原告发明创造的简单模仿。但是，美国联邦最高法院也对等同侵权原则进行了限制性解读：若被控侵权产品在本质上进行了改变，通过实质上完全不同的方法，实现了相同或近似的功能，那么，即使该改进方案落入了专利权利要求的字面范围，反向等同侵权原则也应被适用，以限制专利权人

---

［1］ Graver Tank & Mfg. Co. v. Linde Air Products Co., 339 U. S. 605（1950）.

的权利。

反向等同原则是对等同原则的逆向应用，其功能之一就是防止进行实际侵权判断的时候过于扩张专利权保护范围，将"实质不等同"情形剔除出去。等同原则与反向等同原则都需要对技术特征是否构成等同进行判断，但判断的基点不同，前者以权利要求的字面含义作为出发点，而后者以说明书的实施方式为起点。[1]在专利侵权诉讼中，权利人需证明被告侵权行为成立，最基本的要求是被告实施的技术方案落入了专利权利要求的范围。从被控侵权物和权利人主张的权利范围进行对比的结果来看，构成侵权的情形可以分为相同侵权和等同侵权。等同原则的适用使得权利范围不再囿于权利要求的字面内容，能够给权利人提供更加全面的保护，将权利要求部分抽象出来，对其中的创造性思想进行保护。[2]实践中，如果属于首创专利，即法院认定的属于"之前从未运行过的，一个完全创新的专利，或者在科技领域具有显著性进步意义的专利"，往往会有广泛的等同性的权利范围。[3]当涉及首创专利的时候，法院往往会从扩张解释的角度来判断是否属于侵权行为。

对反向等同原则的适用，除了体现出美国法院对专利权不合理扩大趋势的警惕，还体现出专利权促进商业贸易发展的工具性价值。反向等同原则以灵活的方式，综合考量被控侵权产品及专利权人专利产品的技术与商业上的成功。在"Severy Process v. Harper & Brothers"案中，专利权利要求涉及一项印刷

---

[1] 参见闫文军：《专利权的保护范围：权利要求解释和等同原则适用》，法律出版社2007年版，第145、149页。

[2] 陈文煊：《专利权的边界——权利要求的文义解释与保护范围的政策调整》，知识产权出版社2014年版，第432页。

[3] Roberto Mazzoleni and Richard R. Nelson, "Economic Theories About the Benefits and Costs of Patents", 32 *Journal of Economic Issues* 4, 1998, pp. 1031-1052.

集压制卷轴的机床，其由"鬃毛和丝线"组成。被控侵权人通过在"两片薄橡胶之间接入连锁的丝盘"制造出的卷轴，取得商业上的成功，而与之相比，专利权人则只获得可悲的失败。法院认为，从实际操作与商业化的视角来分析，自1900年涉案专利获得授权以来的6年多，专利权人并没有成功生产出一个具有商业前景的橡胶滚筒。之后，他们就放弃使用专利说明书和图案中的方案，并且开始用含有薄铜片的橡胶滚筒进行试验。被告的橡胶滚筒尽管在1898年才投入市场，却一举获得商业成功，能够应用于多种印刷设备中，借此获得许可使用费。[1]

反向等同原则调整的对象是原始发明人与改进发明人之间的法律关系。这一问题在整个科技创新环境中不能泛泛而谈，而是要考察在不同的技术领域，不同专利之间的相互关联程度[2]以及专利的生命周期长短等因素对专利权保护范围作出判断。所属产业不同导致创新的差异表现在方方面面，每一类技术在研发以及获取回报上都受到各自的技术特征以及经济因素的影响，显示出各自独特的性质。[3]具体而言，在进行发明创造的产业特征区分时，可以将其分解为以下几种要素：研发成本、公司规模、专用性、其他激励机制、溢出效应、创新的累积性特征以及创新的风险。[4]但上述要素并非彼此独立，在进行政策选择与衡量时，需要进行综合判断。基于不同产业的特

---

[1] Samuel F. Ernst, "The Lost Precedent of the Reverse Doctrine of Equivalents", 18 *Vand. J. of Ent. & Tech. L.* 3, 2016.

[2] Roberto Mazzoleni and Richard R. Nelson, "Economic Theories About the Benefits and Costs of Patents", 32 *Journal of Economic Issues* 4, 1998, pp. 1031-1052.

[3] [美] 丹·L. 伯克、马克·A. 莱姆利：《专利危机与应对之道》，马宁、余俊译，中国政法大学出版社2013年版，第68页。

[4] 参见 [美] 丹·L. 伯克、马克·A. 莱姆利：《专利危机与应对之道》，马宁、余俊译，中国政法大学出版社2013年版，第48—68页。

点，从理想化的角度出发，专利制度最好能够作出适应性的调整。但面对不断变换的创新图景，是采用单一的专利制度统一解决，还是寻求更加多样的方法，是思考相应对策时应关注的重点。

从知识产权体系性视角出发，反向等同原则类似于著作权制度中的"转换性使用"。美国联邦最高法院在"Campbell v. Acuff-Rose Music, Inc."案中提出"转换性使用"的概念，完善了合理使用原则，促进利益衡量的理性化实现。[1]该案中，原告拥有歌曲 Pretty Woman 的著作权，被告2 live crews 乐队对上述歌曲进行改编，沿用其主旋律和基本节奏，但是在唱腔、歌词、感情色彩上进行较大调整和改变。原告因此主张被告构成著作权侵权，应承担法律责任。美国联邦最高法院认为，被告行为属于著作权侵权还是合理使用，需要结合其行为性质和目的来作出。本案中，需要判断被告的使用行为是否构成批评、评论或新闻报道，新作品仅仅是原作品的简单替代，还是添加了新的内容，并带有额外的目的或不同的性质，从而改变了作品的表达、含义或传达的信息。如果新作品的"转换性"足够强，则可能导致合理使用原则向被告偏袒而无需其承担法律责任。这其实传达了法院试图促进文化多元化发展的理念。"转换性使用"将直接带来文化繁荣和文明碰撞，激励人们思考社会、思考作品，其带来的进步性价值已经远超过对著作权人侵权的损害。因此从整体社会效益最大化的视角出发，"转换性使用"是值得肯定和鼓励的，著作权人的私权利需作出让步。

反向等同原则与"转换性使用"存在异曲同工之处。在反向等同原则下，被控侵权人采取的改进或调整，跳出原始专利

---

[1] See Campbell v. Acuff-Rose Music, Inc., 510 U.S. 569 (1994).

的框架，形成新的体系，本质上促进了科技进步与发展。在反向等同原则下，在后技术在字面上落入了在先专利的权利保护范围，但是由于在后技术在效果上达到足够的高度，或者在发挥进步性功效的领域区别于在先专利，发现了在先专利未予解答的问题答案，在科技创新和技术突破上意义重大，从而不再构成对在先专利的侵权。其中蕴含的也是对专利制度本质的思考，专利权人通过专有权利收回的对价应当与其向社会作出的贡献成比例，后续改进创新者也应当对其智力劳动享有符合比例原则的回馈。

四、专利穷竭

（一）专利穷竭背后的对价理论与成本收益分析

权利穷竭（exhaustion of right），也称"权利一次用尽"，它是指合法生产或制造的附着相关知识产权的产品一旦进入流通领域，相关知识产权即告用尽，知识产权所有人对该产品就不再有控制的权利，产品所有人可依法任意处置该产品，而不构成侵犯知识产权。[1]一般认为，权利穷竭理论诞生于德国，但在英美法系国家，权利穷竭原则是通过判例法发展起来的，英国称"默示许可理论"（the theory of implied license），美国则习惯用"首次销售原则"（first sale doctrine）一词。[2]根据世界知识产权组织的定义，权利穷竭是指一旦包含（incorporate）或承载（bear）知识产权的有体物被合法转让，就会带来知识产权被用尽的结果，权利用尽是由知识产权（如表达、知识、来源、

---

〔1〕刘银良：《知识产权法》（第二版），高等教育出版社2014年版，第131页。

〔2〕刁胜先：《论权利穷竭原则》，法律出版社2018年版，第9页。

品质等）所覆盖的非实体财产的自然属性。[1]

首次销售原则背后，是对专利权人利益与公共利益的权衡与取舍。专利权人通过享有一定时期内的独占权，控制专利产品的制造和首次销售，保障了专利权人能够获取发明创造的回报。但是，如果在专利权人自己或者被许可人将专利产品投放市场后，该产品的所有后续批发、零售、转让和使用还要再次经过专利权人的许可，必然会大大影响交易安全和效率。[2]专利权人基于专利赋予的垄断性的定价能力，专利权人在专利产品的首次销售过程中已经获取了负载于该产品上的专利权使用费用，能够收回其付出的成本，没有必要再给予其过度保护。首次销售原则能够避免专利权人在首次出售商品之后过度干涉该商品后续的市场流通，动产的购买者无需追溯其所有物中的专利授权轨迹，降低了交易成本，使得市场免于不必要的限制。[3]如果允许专利权人将营利链条扩展到后续的各个环节，会对首次购买付费的主体造成过多负担，也不利于专利的后续流通和使用。首次销售原则的适用，就是为了防止专利权人在实施专利的过程中，利用专利的杠杆作用多次收费，以此规则划定专利权的范围，将专利权人对市场的影响和定价能力限定在首次销售阶段。

（二）权利用尽的范围："唯一合理用途"

我国在《专利法》第75条规定了专利权穷竭，即专利权用

---

〔1〕 WIPO, Interface Between Exhaustion of Intellectual Property Rights and Competition Law, CDIP/4/4 REV./STUDY/INF/2, June 1, 2011.

〔2〕 索尼移动通信产品（中国）有限公司与西安西电捷通无线网络通信股份有限公司侵害发明专利权纠纷上诉案，北京市高级人民法院（2017）京民终454号民事判决书。

〔3〕 崔国斌：《专利法：原理与案例》（第二版），北京大学出版社2016年版，第671页。

尽。基于产品专利（product patent）和方法专利（process patent）的专利类型分类，权利穷竭也包含"专利产品权利穷竭"和"依照专利方法直接获得的产品的权利穷竭"两种。在产品专利上，产品与专利具有不可分割性，权利人对产品的处置承载着其对负载其上的专利权的支配力。若对专利法的规定进行字面含义的理解，专利权用尽仅适用于专利产品，如果仅仅是专利产品的零部件，一般不能适用该原则。这在实际的商业环境中可能会引发争议。如果涉及的零部件，其唯一合理用途就是组装整个专利产品，属于专利产品的核心构件，那么专利权人售出该零部件之后，是否可以主张专利权并未用尽？在方法专利上，承载方法专利的具体产品与专利权本身是相分离的，对产品的处置并不必然意味着权利人对专利权进行相关的支配。因此，对承载着方法专利的产品进行制造、使用、销售等行为，会给专利权带来何种影响，需要结合实际进行分析和探讨。判断权利人的哪些行为会导致专利权穷竭，涉及专利权保护范围和边界，对适用范围的选择往往直接表现出专利制度的价值取向。

美国在1942年的"United States v. Univis Lens"案中对上述问题作出初步回应。在该案中，专利权人拥有多项与镜片有关的产品专利和方法专利，专利权人制造镜片毛胚，并销售给三类被许可人，即批发商、配镜商和成品销售商，但要求被许可人必须按其固定价格销售。[1]美国联邦最高法院认为，在产品零部件买卖中，如果买方的唯一合理目的是实施完整的技术方案，获取最终完整的产品，那么该销售行为会构成专利权用尽。该案明确了销售零部件时，适用权利用尽原则的前提条件——

---

〔1〕张韬略、张伟君："零部件销售导致组合物专利权利用尽研究——以美国、德国判例为视角"，载《知识产权》2017年第10期。

"实质实现"（substantially embody），即要求所销售的产品零部件（或"非完整产品"）的唯一合理用途就是按照专利要求制造最终的专利产品。

目光转向 50 年后，美国联邦最高法院在 2008 年的广达诉 LG 案中，进一步明确了专利权用尽应当适用于方法专利领域，但同时提出，这一原则的适用并不具有当然性，需要考察专利权人在何种法律关系中基于何种考量作出选择。该案中，LG 拥有计算机技术方面的相关专利，并将其许可给英特尔。许可合同授权英特尔制造、使用、销售或进口能够实施 LG 专利的产品。英特尔将 LG 的微处理器和芯片组销售给广达。英特尔告知广达该微处理器和芯片组是由 LG 许可的，但是该许可并不是延伸至由广达将英特尔部件与非英特尔部件组装生产的产品上。但之后，广达并没有遵循许可协议的条款，而是在使用了英特尔的微处理器和芯片组的同时，使用了非英特尔存储器和母线来生产计算机。因此，LG 起诉广达公司，认为广达构成专利侵权。一审法院认为，LG 销售其能够实现专利技术的产品的行为已经导致了专利权用尽。二审法院推翻了一审法院的主张。在美国联邦最高法院的终审判决中，专利权用尽的主张得到支持。美国联邦最高法院认为，专利权用尽应当适用于方法专利领域，一旦专利权人授权销售的产品能够实质体现专利技术，其专利权已属穷竭，即使该产品不能完全实施该专利。[1]在该案中，广达购买英特尔的微处理器和芯片组的"唯一合理用途"就是将其作为原件完成计算机系统的组装，而这一过程将完整地实施 LG 的专利技术。

在 2016 年的利盟案中，美国联邦巡回上诉法院进一步肯定

---

[1] Quanta Computer, Inc. v. LG Electronics, Inc., 453 F. 3d 1364（2008）.

了专利权人出售产品的决定会使得其产品上所有的专利权穷竭，无论专利权人是否在其上施加了限制。[1]在该案中，利盟生产并销售打印机与墨盒。其销售两种墨盒：常规款和可返还款。常规款墨盒可以由购买者自行完成再装和再使用。可返还款墨盒售价可打20%的折扣，但是在完成一次性使用之后，必须将空墨盒退还给利盟。被告购买了可返还款墨盒，但是自行完成了油墨再次填充和使用。美国联邦巡回上诉法院认为，在专利权用尽原则下，专利权人基于对专利产品的销售，可以针对售后再使用或转售行为进行限制，只要该限制不具有反竞争性或违反了公共政策。

但是"唯一合理用途"在实践中可能存在一定的片面性。在契约自由原则下，现实经济生活中的当事人双方基于对价衡量建立起的合同关系复杂多样，即使专利主体与所涉及的专利技术方案相同，在对价不同的情况下，合同关系对方当事人获得的权利范围也可能存在不同。以高通的商业模式为例，高通享有在移动设备终端芯片领域的若干方法专利，自己却并不进行芯片生产，而是将芯片生产许可给专门的芯片生产商，芯片生产商完成生产之后，将芯片再销售给移动终端设备制造商，即手机制造商。高通在授权生产芯片时，已经向芯片制造商进行生产许可收费，同时，还向手机生产商收取方法专利的许可使用费，并以整机的售价比例作为收费标准。高通的收费模式被称为"no license-no chips"（无许可即无芯片），从芯片生产商处购买芯片的手机制造商还需要再向高通支付许可使用费。[2]手机制造商因而需要支付购买芯片的费用和专利许可使用费。

---

[1] Lexmark International, Inc. v. Impression Products, Inc., 816 F. 3d 721 (2016).

[2] FTC v. Qualcomm Inc., Case No. 17-CV-00220-LHK, 2017 U. S. Dist. LEXIS 98632, p. 10.

手机制造商认为，高通的收费标准违反了反垄断法的规定，既收取芯片的费用，又收取专利许可使用费，实际上存在"双重收费"的行为，违反了权利穷竭原则，应当为法律所禁止。2016年，美国联邦贸易委员会（FTC）针对高通的这一行为向加州北区法院起诉，主张高通"无许可即无芯片"的合同条款明显不合理，构成了不正当竞争行为。

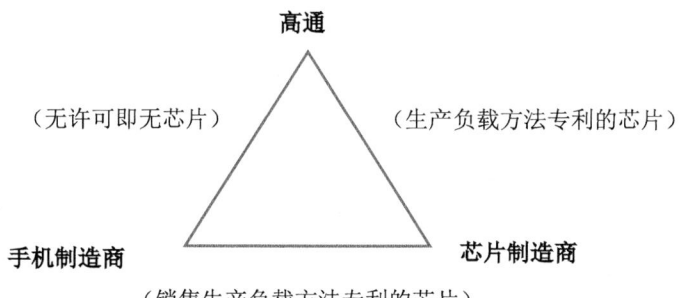

```
                          高通
                          ／＼
         （无许可即无芯片）／  ＼（生产负载方法专利的芯片）
                        ／    ＼
                      ／_____＼
                手机制造商        芯片制造商
                    （销售生产负载方法专利的芯片）
```

高通、芯片制造商、手机制造商的关系

按照"唯一合理用途"标准，经高通许可生产的芯片，除用来实施高通的方法专利以外，并无其他合理用途，那么就应当视为，手机制造商从芯片制造商处合法购买芯片之后，就获得了使用该芯片的默示权利。但是，从专利权穷竭的规则视角来看，高通享有的方法专利并非生产该芯片的专利，而是芯片在移动终端设备中进行实际运行过程中的方法专利，芯片制造商完成芯片的生产制造并不属于"依照专利方法直接获得产品"的行为。按照合同对价，高通与芯片制造商之间达成的合同仅仅是授予芯片制造商生产芯片的权利，并不包括实施芯片的权利，而手机制造商购买芯片之后，需要实施芯片的权利。在这个过程当中，高通作为专利权人，尚未收回其许可他人实施专利技术的对价。因此高通针对手机制造商收取专利许可使用费的行为并没有违反权利穷竭原则,但其利用专利独占的优势地位,排除限制其他竞争对手而产生的反竞争效果,应为法律所不许。

因此,在判断销售零部件的行为是否构成专利权用尽时,需要综合考虑权利人在进行交易谈判时的主观目的是否明确、合同对价如何以及商业惯例等因素,避免利益天平偏向专利权人或被控侵权人中的任何一方。亦即,既要防止专利权人重复获利,也要避免其过度介入交易自由和对价协商。

(三)政策与经济的影响:平行进口的何去何从

权利穷竭原则在实践中的另一大争议点在于权利穷竭的范围是国际穷竭还是国内穷竭,即是否允许平行进口。根据世界贸易组织的术语解释,平行进口是指"于外国合法生产制造的产品,未经本国知识产权人的许可而进口至本国的行为"。[1]允许平行进口的国家采用的是专利权国际穷竭理论,而禁止平行进口的国家采用的则是专利权国内穷竭的理论。专利权国际穷竭意味着合法生产的专利产品自投放市场之时起,专利权人的权利即告穷竭,国内市场的专利权人也将无权阻止该专利产品平行进口至国际市场。到目前为止,各国对于解决专利产品平行进口问题时,专利权穷竭原则的适用尚未形成完全统一的做法。

是否允许平行进口反映了一个国家的政策考量。产业政策论是专利制度的基础理论之一,产业发展是知识产权立法的目标追求,[2]其"将专利权视为促进技术和经济进步的制度手段,

---

〔1〕 世界贸易组织术语定义表,载 https://www.wto.org/english/thewto_e/glossary_e/parallel_imports_e.htm,最后访问日期:2019年11月28日。

〔2〕 张平:"论知识产权制度的'产业政策原则'",载《北京大学学报(哲学社会科学版)》2012年第3期。

而强调专利权的首要目的不是保护发明人的私有财产……从专利法的诞生初衷来看,专利制度就是一种发展社会的工具,它与其他民事权利的保护制度有本质的不同"。[1] 经济理论认为自由贸易可以使资源得到最有效的配置,可以使各个国家的经济福利达到最大。实验研究也表明,单边的或双边的贸易自由化会带来明显的福利好处。然而,考虑到贸易自由化可能冲击一国的幼稚产业和民族产业,以及对国内造成其他不利影响,各国通常会设置贸易壁垒,阻止商品的自由流通。对待商品平行进口问题的立法和司法选择都是国家基于特定的经济条件和贸易策略作出的。

中国作为发展中国家,需要根据本国的贸易环境变化,在政策和规则制定中,最大程度地保护本国利益。目前,专利权的国际穷竭对我国更有利。2008年修改《专利法》时,立法者在充分考量当时我国的专利技术发展真实情况和对国外高新技术的进口需求的前提下,认为专利产品经过合法的渠道销往市场上流通之后,再进口该产品不应当被视作侵权,这就相当于认可了专利权用尽的地域效力范围应该是"国际用尽"。[2]

国际贸易是发展中国家经济增长的重要推动力,外贸依存度很大,为了保障自由贸易,促进国内经济的发展,发展中国家就应该对平行进口尽量采取开放的态度。中国的知识产权水平与发达国家仍然存在较大差距,如果赋予知识产权人禁止平行进口的权利,那么发展中国家的消费者会由于缺少竞争而受到损害,而且由此产生的利益也并不会流入国内企业手中,因

---

[1] 吴汉东主编:《知识产权法学》(第七版),北京大学出版社2019年版,第123页。

[2] 王迁:《知识产权法教程》(第二版),中国人民大学出版社2009年版,第359页。

此发展中国家采取限制平行进口的规则并不符合其自身利益。现阶段需要采取灵活适用的原则，无论是允许平行进口还是禁止平行进口，均需要根据司法实践的具体情形进行个案判断，结合国内企业、国内经济发展状况、消费者利益与专利权人的权利保护等因素进行综合考量，从而作出决定。

第三节　禁反言与诚实信用：默示许可*

《专利法》规定，当专利权人的专利权合法有效时，其还需证明被告行为满足侵权行为构成要件，才能在诉讼中获得法官的支持，被告则可能以侵权行为构成要件尚不满足为由进行抗辩。在这一过程中，也包含着对原告行使权利行为进行限制的情形，原告的事前行为可能会使被告不满足侵权行为构成要件，如默示许可。专利许可是专利权人获得收益的重要途径之一，商业环境与商业行为的多样化催生了默示许可的交易形态，即通过权利人的外在表现推断存在许可的同意。在我国司法实践中，法院通过司法程序事后认定当事人之间构成默示许可关系的案件不断出现，但对默示的认定标准存在模糊和跳跃之处。专利默示许可认定标准体系化的欠缺，会导致专利市场环境混乱、专利权人的权利行使缺乏规范和指引等问题。基于禁止反悔原则，美国专利默示许可的司法实践相对丰富，判定因素详细而具体，能够提供很好的借鉴思路。

禁反言原则植根于英美判例制的法律实践，广义上的禁反言原则涉及民法、刑法、诉讼法、证据法等各个方面，通过个

---

* 该部分内容主要参见季冬梅："禁止反悔原则对专利权行使的约束与规范——从专利默示许可谈起"，载张平主编：《北大知识产权评论》（2018 年），北京大学出版社 2018 年版，第 36—53 页。

案事实的认定、法律规则的适用与价值衡平的精神，发展出一系列对不公正、不合理、缺乏主观善意行为的约束与规制。当专利权人对专利权进行行使和收益的时候，禁反言原则可以对专利权人进行很好的限制和约束，方式之一就是通过默示许可的认定，在司法程序中对专利权人的义务进行事后确认，以修正原合同关系中所缺漏或存在瑕疵的部分。

专利权人对使用人进行默示许可本质上属于法律行为，其意思表示是通过默示的方式为之。意思表示是法律行为不可或缺的构成要素，即向外部表明意欲发生一定私法上法律效果之意思的行为，[1]其得以明示或默示为之。明示者，指行为人直接将其效果意思表示于外；默示者，指由特定行为间接推知行为人的意思表示。[2]我国《民法典》第135条规定，民事法律行为可以采取书面形式、口头形式或者其他形式。《民法典》第140条规定，行为人可以明示或者默示作出意思表示，沉默只有在法律有规定或者当事人双方有约定或者符合当事人之间的交易习惯的情况下，才可以视为意思表示。该条规定对当事人采取默示形式实施的民事法律行为予以明确，但只能适用于一方当事人通过明示而对方当事人通过默示所实施的行为，而不能适用于双方当事人均通过默示实施的行为。从民法的相关规定来看，对于默示构成意思表示的要求较为严格，单纯的沉默不能代表接受的意思表示，也不能代表拒绝的意思表示。作为的默示需要结合当事人特定的行为内容与具体情境进行分析，而不作为的默示则需要有法律规定或事先约定等才可构成。实践当中，当事人之间争议最多的就是作为的默示。这也是认定专

---

[1] 梁慧星：《民法总论》（第五版），法律出版社2017年版，第176页。
[2] 王泽鉴：《民法总则》（增订版），中国政法大学出版社2001年版，第339页。

利默示许可关系时最主要的情形,即如何通过权利人的作为认定默示许可。

我国司法实践中已经有若干判定被控侵权人不侵权,专利权人或其他权利人与专利使用人之间构成默示许可的案例。这些案例的默示许可认定往往建立在当事人提出默示许可主张的基础上,法官对默示许可进行被动适用,法律依据主要包括民法、专利法等,没有统一规则。美国默示许可的司法实践丰富,判定因素详细而具体,能够提供很好的借鉴思路,但对其转化需要考虑我国既有的法律体系与法律原则,避免规则适用中削足适履的现象。

一、我国司法实践中对默示许可抗辩的支持与否定

基于个人之人格发展自由,个人得自由决定其生活资源之适用、收益及处分,因而得自由与他人为生活资源之交换。[1] 对知识产权进行许可是权利人自由处分其财产的体现,也是获取经济利益、实现产权价值的重要途径之一。基于契约自由原则,知识产权人或其他权利人与使用人往往通过事前谈判达成合意,签订许可或转让合同,通过交易实现目标价值的最大化,并为维护自身权益提供保障。在我国知识产权法的相关规定中,权利人往往需要通过签订书面合同的方式建立许可协议,但民事法律行为可以采取书面形式、口头形式或者其他形式,没有签订书面协议,并不意味着就没有权利许可关系的存在。在一些情形下,虽然专利权人与使用人之间并未达成明示的许可协议,但通过当事人之间的关系、权利人的相关行为、特定情境、法律原则以及商业惯例等要素,潜在使用人可以合理地推断出

---

〔1〕 王泽鉴:《债法原理》(第二版),北京大学出版社2013年版,第12页。

权利人有许可其免费或付酬使用知识产权的意思。默示许可作为被控侵权人的侵权抗辩事由之一，伴随着《中华人民共和国专利法修订草案（送审稿）》第85条的规定，[1]引发各界的广泛关注。虽然此条款的规定在2020年《专利法》修改时并未正式采纳，但涉及专利默示许可的问题已经逐渐引发社会的广泛关注与法学界的激烈讨论。

（一）司法裁量中认定存在专利默示许可的情形

在司法实践中，法院结合案件事实与情境，在综合因素考量的基础上，判定专利权人是否已将专利默示许可给使用人。然而由于缺乏明确的判定规则或标准，很多时候，裁量的要素并不明确统一，虽然民法领域中的合同法能够提供原则上的参照或指引，但由于专利权保护客体的抽象性和社会价值属性，很多时候又难以完全依赖民法规则来解决实际问题。在专利权侵权之诉中，"未经专利权人许可"，是专利权人提出侵权之诉的基础条件之一，默示许可则是对被诉行为"未经专利权人许可"的反驳。具体而言，专利默示许可的情形包括专利产品或者必要零部件的销售、专利的推广宣传、专利被纳入技术标准、专利权人的违约行为等。

我国司法实践判定构成默示许可的第一种情形是为维护当事人的信赖利益，基于公平对价理念而作出的决定。在蓝畅机械公司诉宇田世纪矿山设备公司案中，权利人获得涉案技术的实用新型专利，在将该专利许可给使用人后，权利人又就相同主题的发明和实用新型专利于同日向国家知识产权局提出申请，实用新型专利权终止前，同日申请的相同主题的发明专利也获

---

[1]《专利法修订草案（送审稿）》第85条："参与国家标准制定的专利权人在标准制定过程中不披露其拥有的标准必要专利的，视为其许可该标准的实施者使用其专利技术……"

得授权。在权利人针对相同的技术同时拥有两项专利的情况下，基于专利技术使用合同，权利人就负有维持该合同所涉专利权处于有效状态的义务，蓝畅机械公司即取得合同所涉专利技术的使用权，即权利人默示许可了蓝畅机械公司使用其所拥有的与合同所涉专利技术属于相同技术的另一专利，否则将无法实现合同的目的。[1]本案中，当事人之间已经围绕实用新型的技术方案缔结合同关系。权利人授权使用人对专利技术进行使用，同时获得对方提供的对价，其对价关系的达成，关键意义在于付款者能够获得使用该技术方案的授权。在这种情况下，专利权人的先前行为需使被许可人产生合理信赖，即从专利权人的行为可以推断出专利权人允许被许可人使用其技术或专利。[2]这与英美法系中的禁反言原则的价值理念相一致，即防止权利人对相关的产品设置陷阱，通过不同的专利来收回原始的授权。[3]通过事后获取发明专利收回本已授权的技术方案，实际上是对原合同中对方当事人合同利益的贬损，违反了诚实信用原则。

专利默示许可的第二种情形为，如果某种物品的唯一合理的商业用途就是实施某项专利，专利权人或者经专利权人许可的第三人将该物品销售给他人的行为本身就意味着默示许可购买人实施该项专利。在江苏微生物公司与福药公司案中，福药公司生产硫酸依替米星氯化钠注射液的原料药购自专利权人与他人合资设立的企业方圆公司或者得到专利权人许可的第三人山禾公司。虽然涉案原料药本身不属于本案专利保护范围，但

---

〔1〕 最高人民法院（2009）民申字第802号民事判决书。

〔2〕 陈健："知识产权默示许可理论研究"，载《暨南学报（哲学社会科学版）》2016年第10期。

〔3〕 [美]罗杰·谢科特、约翰·托马斯：《专利法原理》（第2版），余仲儒组织翻译，知识产权出版社2016年版，第328页。

如果其唯一合理的商业用途就是用于制造本案专利产品,那么专利权人自己建立的企业或者经专利权人许可的第三人销售该原料药的行为本身就意味着默示许可他人实施专利。[1]本案中,最高人民法院以判例的形式确立了基于产品销售的默示许可的成立条件,特别是提出了"唯一合理的商业用途"的判断标准。这一原则在2013年北京市高级人民法院发布的《专利侵权判定指南》中得以固定化,其规定专利产品或者依照专利方法直接获得的产品,由专利权人或者经其许可的单位、个人售出后,使用、许诺销售、销售、进口该产品的,不视为侵犯专利权,包括:专利权人或者其被许可人售出其专利产品的专用部件后,使用、许诺销售、销售该部件或将其组装制造专利产品;方法专利的专利权人或者其被许可人售出专门用于实施其专利方法的设备后,使用该设备实施该方法专利等。

专利默示许可的第三种情形较为特殊,发生在标准制定的过程中。这一情形适用默示许可的前提是专利信息尚未公开,若不符合这一要件,则不能认定构成默示许可。比如,在衡水铭健工程橡胶有限公司(以下简称"铭健公司")与徐斌等侵害发明专利权纠纷上诉案中,标准"单元式多向变位梳形板桥梁伸缩装置"在引言部分披露了标准涉及的专利及权利人的情况,标准的实施人不可能不知道该标准与涉案专利相关,同时,专利权人还声称愿意同任何申请人在合理和非歧视的条款和条件下,就使用授权许可证进行谈判,表明专利权人并未放弃对授权许可进行审查,不应直接推定为对所有使用人是默示许可。铭健公司作为本行业的专业公司,对于该标准特别是引言部分的内容应当是知悉的,但其并未就使用许可与涉案专利权人进

---

[1] 最高人民法院(2011)知行字第99号行政裁定书。

行过谈判，其未经许可生产被控侵权产品的行为应属侵权行为，其所提的不侵权抗辩不能成立。[1] 上述默示许可认定标准与《中华人民共和国专利法修订草案（送审稿）》第85条存在共通之处，以专利权人参与标准制定或同意纳入相关标准的行为推定其同意开放专利许可，对于司法实践中自由裁量权的行使可以发挥参考价值。

（二）默示许可不应过度扩张造成对自由意志的干预

默示许可本质上依然是合同关系，需要遵循契约自由的基本原则，法院在考察是否构成默示许可之时，需避免对权利人自由意志的强制干预，谨慎控制并遵循逻辑，通过建立体系化的认定标准为法官的自由裁量提供指引。因此，实践中对构成专利默示许可的情形也进行了一定的限缩与排除。

在我国的司法实践中，对被控侵权人提出的默示许可抗辩进行否认的情形主要涉及以下几种：

第一，专利推广行为不能构成默示许可。通过对当事人意思表示的严格解释，《最高人民法院知识产权案件年度报告（2014年）摘要》指出，依据再审申请人范俊杰与被申请人亿辰公司侵害实用新型专利权纠纷案的判决[2]，专利权人向他人提供专利图纸进行推广的行为，不当然地等同于许可他人实施其专利的意思表示。在烟台科百达照明工程有限公司（以下简称"科百达公司"）等与济南三星灯饰有限公司（以下简称"三星公司"）侵害外观设计专利权纠纷上诉案中，法院主张，三星公司给威海博朗照明电器有限公司出具授权书的主要目的是支持威海博朗照明电器有限公司参加涉案投标项目的招标活动，同时保证产品的供货、保修以及安装技术指导。本案中并

---

[1] 陕西省高级人民法院（2016）陕民终567号民事判决书。
[2] 最高人民法院（2013）民提字第223号民事判决书。

不存在被诉侵权人科百达公司向专利权人三星公司提出"民事权利的要求"的情形，不能适用上述默示许可的规定。而且现有事实和证据并不能证明或者推定三星公司同意将涉案专利许可给招标单位及投标人有偿或无偿使用实施。[1]

又如田辉明诉湖北永方矿产品有限公司侵害专利权纠纷案，双方签订的工程设计服务合同是原告主张专利许可的主要依据，是否可以此推定双方当事人存在默示合同关系，不仅需要考察合同标的物是否涉及原告主张权利的专利，还需要考察工程设计服务合同对原告专利权的影响。虽然工程设计服务合同的标的物是10万吨酸洗石英（砂）粉生产线，与原告主张权利的高纯度石英砂提纯酸洗装置发明专利有很强的关联性，原告通过电子邮件提交的工艺流程示意图、酸洗石英砂工艺操作规则涉及的也是酸洗石英砂装置，但这些证据都无法体现原告田辉明主张权利的专利的技术特征，从而无法证明工程设计服务合同指向的装置使用了其专利。[2]

第二种情形则与美国衡平法上的"懈怠"理论极为相似，即权利人在相当一段时期内没有提出权利诉求，放任侵权行为的发生，是否意味着对专利权的放弃？权利人和使用人之间是否据此而构成默示许可的关系？我国法院认为，权利的放弃应当以明示的方式作出[3]，行为人意思表示以明示为原则，默示为例外。[4]默示构成意思表示，须符合法律规定。在佛山市冠通电力设备制造有限公司（以下简称"冠通公司"）与广州番禺电缆集团有限公司（以下简称"番禺电缆公司"）侵害实用

---

[1] 山东省高级人民法院（2017）鲁民终74号民事判决书。
[2] 湖北省武汉市中级人民法院（2015）鄂武汉中知初字第01017号民事判决书。
[3] 江苏省扬州市中级人民法院（2014）扬知民初字第00086号民事判决书。
[4] 广东省高级人民法院（2017）粤民终1284号民事判决书。

新型专利权纠纷案中,虽然冠通公司上诉主张番禺电缆公司在招投标中明知侵权行为存在而未主张权利,但并不存在其向专利权人番禺电缆公司提出"民事权利的要求"的情形,也没有证据证明番禺电缆公司与招标单位存在参与投标即为同意他人生产其投标产品或者允许他人实施投标人竞标之专利技术的约定,因而不能得出本案专利已经许可招标单位及投标人有偿或无偿使用实施的结论。[1]

在是否构成默示许可的问题上,争议核心在于当事人之间是否构成许可合同关系。默示许可制度是合同法理论的延伸,[2]为了最大限度地遵循契约自由原则,需要足够充分的理由方可认定默示许可成立,否则会造成对权利人自由意志的约束,违反自愿原则,造成强制缔约。与自愿许可相对的强制缔约,是指个人或企业负有应相对人的请求与其订立契约的义务,即相对人的要约,非有正当理由不得拒绝承诺。[3]因此强制缔约的契约关系尚未建立,而默示许可的契约关系已经建立,法院仅仅是确认关系存在。从本质上讲,默示许可是合同关系,合同关系属于分配正义的范畴,用于解决不同主体间的合作问题,对社会财富发挥增量作用。[4]故默示许可依然遵循契约自由的基本原则,避免对权利人自由意志的强制干预,这是市场经济与贸易发展的需要,也是符合我国民法理念与精神的政策选择。在契约自由的基础上,司法机关对专利默示许可的判断,需要谨慎控制且遵循逻辑,通过建立体系化的认定标准为法官的自

---

[1] 广东省高级人民法院(2017)粤民终1284号民事判决书。

[2] 董美根:《知识产权许可研究》,法律出版社2013年版,第223页。

[3] 参见王泽鉴:《债法原理》(第二版),北京大学出版社2013年版,第112页。

[4] 参见杨德桥:"合同视角下的专利默示许可研究——以美中两国的司法实践为考察对象",载《北方法学》2017年第1期。

由裁量提供指引。

考虑到对当事人信赖利益的保护和对契约秩序的维持，我国的默示许可制度在司法实践中暗含着公平原则与诚实信用原则的追求。在理论上，我国对默示许可的认定较为严格，以避免对权利人主观意图妄加揣测；实践中对默示许可的理解与适用较为零散，缺乏统一的指引与规范，尤其是在《中华人民共和国专利法修订草案（送审稿）》第85条涉及标准必要专利默示许可条款出现后，对默示许可成立标准的反思与探讨引发了更加广泛的关注。

二、禁反言原则对专利权的绝对限制与相对限制

（一）限制专利权是专利制度的内生性要求

传统的合同法体系建立在有体物的基础上，物品的转移、占有、损耗都有着客观的物理衡量标准，权利人与使用人的行为相对明确，权利的边界也比较清晰。但在专利权等无形财产权上，由于权利范围本身就具有不确定性，权利实施也不具有物理上的排他性，在认定构成专利侵权还是构成默示许可的时候，其不确定性因素和参考的标准更加复杂多样。此外，公权力在有体物与知识产权的权利体系中也扮演着不同的角色，政府不仅在专利权授权、确权方面扮演重要角色，在权利人行使排他权的时候也会有所介入。[1]知识产权制度实际上是人为创造稀缺性的一种制度，其权利客体的经济价值并非完全来源于自然，而是带有很强的公共政策色彩与社会属性。如何通过专利制度的创设与调整，使其能够更好地促进社会整体经济效率的提升，是目前公共政策体系的重点与关键。

---

〔1〕 Robert P. Merges, *Justifying Intellectual Property*, Harvard University Press, 2011, p. 12.

在这个过程中，专利制度涉及的多方利益的矛盾与冲突始终是专利制度发挥最大经济效用的障碍之一。这是由专利权界权的模糊性与专利制度目的的内在矛盾导致的。[1]专利权的界权问题伴随着权利诞生、实施、交易、保护、灭失的始终。专利权的范围通过权利要求来界定，但因权利要求的语言可能存在含混、对权利要求的解释存在多种可能、技术进步导致原有的概念范围产生偏差等原因，权利要求的范围并不是绝对明确的，在具体的权利实施中，需要借助多重标准和规则进一步限定和约束。

专利机制在激励创新及其公开方面发挥着不可替代的作用。[2]专利权人通过公开其技术方案等智力成果换取特定时期内的排他性权利，借助技术上的垄断地位换取经济利益与优势。只有权利人的利益得到充分保护，专利制度的激励机制才能够高效运行。为了确保权利人的利益得到充分的保护，司法实践中采用等同原则来认定侵权行为是否成立。在等同原则下，专利技术方案中具有创新性与进步性的主体思想是权利保护范围的核心。在专利侵权案件中，若被控侵权人实施的技术方案，在采用的方法步骤、发挥的实际功能与达到的技术效果上，与权利人的发明方案并没有实质性差异，那么其实施的行为就落入专利权的保护范围，需承担侵权责任。[3]但等同原则的实施

---

[1] 专利制度目的的矛盾性与专利的社会属性密不可分。专利权作为私人财产权，能够为权利人带来经济利益，从而激励创新，但现代技术创新又多属于"站在巨人的肩膀上"，不可避免地需要借助前人的力量进行后续创新，这就导致对专利的保护必然是有限的。参见 Suzanne Scotchmer, "Standing on the Shoulders of Giants: Cumulative Research and the Patent Law", 5 *Journal of Economic Perspectives* 1, 1991, pp. 29-35.

[2] Amy L. Landers, *Understanding Patent Law*, Third Edition, Carolina Academic Press, 2018, p. 13.

[3] Graver Tank & Mfg. Co. v. Linde Air Products Co., 339 U.S. 605 (1950).

可能会造成专利权人扩大其权利保护范围，权利人可能会采用相对模糊的概念用语，在等同原则的适用中，对权利要求进行扩大解释。

由于专利权具有很强的社会价值属性，在专利权授权、行使、保护的整个过程中，都需要对专利权进行一定的限制，既包括对权利边界进行清楚的划分（静态限制，限制的对象为权利要求本身），又包括对专利权人的行为进行约束和规范（动态限制，限制的对象为具体的权利行使行为），从而避免专利权人的"逾矩"行为造成社会公共利益与他人利益受损。禁反言原则能够在限制专利权保护范围与约束专利权行使行为方面发挥重要功能，比如诉讼中实际通过禁止反悔原则来限制等同原则的适用，以免权利人任意扩大对权利要求的解释，损害他人正当利益或社会公共利益。

（二）禁反言原则在专利授权前、后的双重作用

从广义上讲，禁反言又可称为禁止反悔，都是为避免当事人前后不一、出尔反尔的行为造成他人或社会公共利益受损而产生的原则。但"禁止反悔"在我国专利法语境下已经有了专门的含义。为了避免在讨论的过程中产生混乱，本书将使用"禁止反悔"指代以下特定情形："专利申请人、专利权人在专利授权或者无效宣告程序中，通过对权利要求、说明书的修改或者意见陈述而放弃的技术方案，权利人在侵犯专利权纠纷案件中又将其纳入专利权保护范围的，人民法院不予支持。"[1]本书以"禁反言"指代默示许可这一情形。亦即，禁止反悔原则是对专利权人申请专利授权之时行为的约束，而禁反言原则则是对专利权人授权后行为的约束。禁止反悔原则有助于合理划

---

〔1〕 参见《最高人民法院关于审理侵犯专利权纠纷案件应用法律若干问题的解释》第6条。

定专利权人的权利范围，实际上是通过对专利权人的外在客观化行为的约束达到界定专利权保护范围的效果，避免了专利权人前后不一的言行导致社会公众的信赖利益受损。这一规则与美国司法实践中的"Prosecution History Estoppel"（程序上的禁止反悔）原则遥相呼应。

从产生的法律效果来看，专利申请过程中的禁反言原则，对专利权产生绝对的限制，而专利权利行使过程中的禁反言原则（包括但不限于默示许可的情形），则对专利权进行相对的限制。绝对的限制是指专利权的范围由此受到限缩，专利权人在专利申请过程中，为获得专利授权而修改权利要求与技术方案，在此过程中删去或抛弃的内容，将不为专利权保护范围所覆盖，在任何情形下，专利权人都不得针对该部分重新主张权利。由于公有领域的信息和思想不能被带走或私有化[1]，禁反言原则虽然主要在侵权诉讼中作为抗辩来适用，却能够对专利权人的申请过程进行回溯式约束，使得专利权人在申请伊始就谨慎考虑申请范围，同时也避免权利人事后反悔，将公有领域的内容重新搬回专利权保护范围。

相对的限制是指专利权人在行使专利权的过程中，外化客观的表现致使潜在使用人以"理性人"的标准信赖专利权人作出的有偿或无偿许可使用专利的意思表示，且此信赖导致潜在使用者付出一定的成本或损失。在相对限制的情形下，专利权人不能再对该使用人主张其已经默示许可的专利权，但针对该使用人之外的第三人，仍然可以主张专利权。默示许可实际上也具有一定的回溯力，是通过对专利权人之前种种行为以及行

---

[1] 罗伯特·P. 莫杰思在《知识产权正当性解释》（*Justifying Intellectual Property*）一书中提出"nonremoval principle"（非移除原则）这一概念，强调公有领域的信息和思想不能被带走或私有化。

为发生情境的事后审视得出结论。尤其伴随着专利许可与转让等交易行为的增多，专利许可是需要进行规范的重要领域，默示许可则是其中不可或缺的一个环节。默示许可能够促进专利交易过程中对信赖利益的保护以及良好的交易环境的培养，避免专利权人采取一些"小动作"，先许诺、后反悔，或假施以好意，事后反悔或突击，将扰乱竞争秩序，破坏信赖关系。

三、禁反言原则下的默示许可：以美国司法实践为例

默示许可制度是合同法理论的延伸，[1]与事实合同理论形成了理念和制度上的耦合。[2]美国合同法中的禁反言原则（The Doctrine of Estoppel）就是对专利默示许可的最大支撑。在专利默示许可情况下，专利权人已经默示地放弃了其排除该使用者制造、使用、销售或进口诉争专利产品的法授权利，[3]具体包括默许（acquiescence）、行为（conduct）默示许可、衡平法上的禁反言（equitable estoppel）和普通法上的禁反言（legal estoppel）四种情形。

（一）默许与行为默示许可

默许是指专利权人对他人实施的某些行为明示或默示地表示同意，而该行为如未经同意则为侵权行为，且存在损害或者信赖等衡平法上的理由，使默示同意产生法律效果。[4]以标准专利默示许可的适用条件为例，其形式要件为专利权人的沉默，

---

[1] 董美根：《知识产权许可研究》，法律出版社2013年版，第223页。

[2] 杨德桥："合同视角下的专利默示许可研究——以美中两国的司法实践为考察对象"，载《北方法学》2017年第1期。

[3] [美] 贾尼丝·M. 米勒：《专利法概论》，中信出版社2003年版，第272—273页。

[4] 参见 [美] 德雷特勒：《知识产权许可》（上），王春燕等译，清华大学出版社2003年版，第266页。

实质要件为标准实施者产生了合理信赖，程序要件为被控侵权人进行了抗辩与举证。[1]行为默示许可是指，专利权人向被控侵权人使用的任何语言或者做出的任何行为，如果被控侵权人能够从中合理推断出权利人同意其对专利产品的制造、使用、销售的，专利权人与被控侵权人之间的关系构成许可，即"依行为成立的合同"（contract by conduct），这实际上是依据当事人的行为，反推其交易意图。[2]这一默示许可本质上仍是自愿许可的一种表现形式，只是其不具有当事人明确的意思表示，而是通过对权利人行为表现推测得知其意图。

对行为默示许可规则的适用可追溯至德福雷斯特公司案（De Forest）。在本案中，专利的原始持有人德福雷斯特公司将专利技术转让给西电公司，西电公司又将其转让给美国电话电报公司。美国政府在战时告知美国电话电报公司，其希望通用电气或者其他公司能够立即制造出大量的真空管，让美国电话电报公司向陆军首席指挥官致信声称其不会干涉该真空管的生产过程；该公司后来还向美国政府和政府的制造商提供了蓝图、图纸和技术帮助。之后，德福雷斯特公司起诉美国政府，主张美国政府对其专利产品中真空管或三极管的使用行为违法，应承担损害赔偿责任。美国联邦最高法院认定美国政府已获得了一种默示的许可，包括三极管的制造以及使用。专利权许可的形式要件并非必要。专利权人对另一方当事人所使用的任何语言，或采取的任何行为，若另一当事人能够从中推断出其同意对专利产品的制造、使用、销售等行为，均可以构成许可及对

---

〔1〕 邓志伟、黄姝："论技术标准中的专利默示许可抗辩规则之适用"，载《法律适用》2013年第3期。

〔2〕 黄佳：《默示意思表示新论：概念反思与理论重构》，中国社会科学出版社2017年版，第163页。

侵权诉讼的抗辩。其是否构成免费许可，或需带有合理补偿费用，则需依据具体情形作出判断；但双方当事人之间的关系，自此之后则构成合同关系，而非对权利人的侵权关系。[1]本案是美国事实上的默示许可司法案例的先导，本案之后，在美国的司法实践中，关于默示许可的案例逐渐增多，并针对个案差异发展出系统化的分析与判断路径。

(二) 衡平法上的禁反言

英美法系的默示许可规范被认为是一种为恢复公平的衡平法规范，除上述两种情形外，在确定专利默示许可时还会适用禁反言原则。[2]依据禁反言原则推断出的专利默示许可，一般认为其适用条件为：其一，专利权人存在事实上的先前行为；其二，专利权人企图限制被许可人的使用权。[3]该规则可进一步细分为衡平法上的禁反言（equitable estoppel）与普通法上的禁反言（legal estoppel）两种，其在美国默示许可的司法实践中最为常见。[4]美国司法实践中的禁反言原则与我国的公平原则以及诚实信用原则在民法理念上存在暗合之处。

衡平法上的禁反言考察的要素为专利权人的相关行为造成其不会主张专利权的"误导"[5]，且若满足专利权人的权利诉求，被控侵权人会遭受实质损害。美国采用的分析方式有助于对当事人的行为性质进行实质分析，而不是单纯地遵照法律规定进行认定，能够充分体现默示许可制度的灵活性。但在司法

---

[1] De Forest Radio Tel. Co. v. United States, 273 U. S. 236 (1927).

[2] 徐红菊：《国际技术转让法学》，知识产权出版社2012年版，第99页。

[3] 陈健："知识产权默示许可理论研究"，载《暨南学报（哲学社会科学版）》2016年第10期。

[4] Rachel Clark Hughey, "Implied License by Legal Estoppel", 14 *Albany Law Journal of Science & Technology* 53, 2003.

[5] A. C. Aukerman Co. v. R. L. Chaides Const. Co., 960 F. 2d 1020 (1992).

实践中，利用衡平法上的禁反言论证默示许可成立的思路在后期被否认。[1]专利默示许可中禁反言的分析范式与衡平法中禁反言的分析，二者最基本的不同在于，专利默示许可需要考察同意或允许制造、使用或销售的肯定意图，而衡平法上的禁反言则关注专利权人不会实施专利权的"具有误导性"的行为。是否构成默示许可取决于具体情形，包括当事方的行为、书面协议或合意的条款、当事方的合理预期、公平合理原则的适用以及知识产权制度背后的政策等[2]，这实际上与衡平法上的禁反言制度存在差异。之前，一些构成默示许可的案例主要是基于衡平法上的禁反言原则作出的判决，其共性在于，基于另一方的行为，使用者致力于或已经采取相关行动。因此，默示许可不能仅源自单方预期，即使是一方的合理期望，[3]其也必须是由于另一方的行为而采取了相关的举动，[4]即对默示许可的判定回归到对表意人内心真意的考察，而不是简单从外部意思表示来分析。

衡平法上的默示许可最为经典的情形就是基于实施专利的目的而销售相关设备或者零部件，即如果非专利设备是用来实施专利的，该设备的销售会构成对实施该专利的默示许可。[5]其判断要素主要包括，该设备是否存在非侵权用途以及销售的情况，使用人是否明显可以推断出存在许可。在美科公司（Met-Coil）案中，美科公司是美国 4466641 号专利持有人，该

〔1〕 Amp Incorporated v. The United States, 182 Ct. Cl. 86; 389 F. 2d 448 (1968).

〔2〕 Wang Laboratories, Inc. v. Mitsubishi Electronics, 103 F. 3d at 1580 (1997).

〔3〕 Eastman Kodak Co. v. Ricoh Co. , Ltd, 12 Civ. 3109 (2013).

〔4〕 The Singer Company v. Groz Beckert KG and Dyno Corporation, 262 B. R. 257 (2001).

〔5〕 Carborundum Co. v. Molten Metal Equip. Innovations, Inc. , 72 F. 3d 872, 878 (Fed. Cir. 1995); Met-Coil Systems Corporation v. Korners Unlimited Inc. , and Ductmate Industries, Inc. , 803 F. 2d 684 (1986).

专利提出了一种用于连接供热和空调系统中金属管道的装置和方法。美科公司向消费者出售卷边设备（roll-forming），消费者用该设备来折卷金属管末端的整体法兰（integral flanges）以实施该专利方案。该公司还销售一种形状特殊的与整体法兰同时使用的弯角装置（corner pieces）。科尔纳公司制造出上述用于美科公司整体法兰的弯角装置并销售给美科公司设备的购买者。美科公司起诉科尔纳公司，认为后者侵犯其专利权。美科公司在之前试图获取弯角装置的专利但是并没有成功，因此该物没有专利保护。本案中，法院主张美科公司会单独销售卷边设备这一非专利器械，且没有附加任何限制条件，实际上就是对专利的默示许可，因为该器械只有在实施涉案专利时才具有实用性。[1]消费者购买一个商品的正当目的就在于使用、转售以发挥它的价值，且该零部件不具有其他非侵权用途[2]，避开侵权方式使用该设备的消费者行为并不具有可期待性。因此消费者作为专利方案的实施者，在与专利权人达成买卖合同的同时，就取得了实施专利的授权，专利权人在销售该物的时候，获得的回报或收取的价金已经包含了授权的内容，因此本案中不存在直接侵权行为。辅助侵权和诱导侵权以直接侵权为基础，故被告科尔纳公司不存在侵权行为。

（三）普通法上的禁反言

普通法上的禁反言是指，专利权人进行权利的许可或转让并获得对价，而事后却通过一系列行为，对已授予的权利进行削弱或者价值贬损。[3]从公平原则出发，该规则禁止许可人收

---

[1] Met-Coil Systems Corporation v. Korners Unlimited Inc., and Ductmate Industries, Inc., 803 F. 2d 684 (1986).

[2] Bandag, Inc. v. Al Bolser's Tire Stores, Inc., 750 F. 2d 903, 925 (Fed. Cir. 1984).

[3] Amp Incorporated v. The United States, 182 Ct. Cl. 86; 389 F. 2d 448 (1968).

回其已经获得对价的授权内容。权利人与被控侵权人存在商业上的关系和相关行为，比如在创新性项目上的密切合作关系等，都可能引发默示许可。在该规则的指导下，美国法院判决驳回原告的诉讼请求，主张原告与被告之间签订的合同实际上包含对后取得的专利的默示许可。美国联邦巡回上诉法院在王安实验室诉三菱公司案中指出，默示许可是一种事实合同关系。专利权人王安实验室研发出一种基础记忆组件——SIMM，之后试图通过提供设计、建议和样品，劝导三菱公司进入计算机存储芯片的市场。三菱公司表示同意并按照王安实验室提供的材料生产 SIMM 产品。随后，王安实验室获取了 SIMM 的相关专利并指控三菱公司构成侵权。本案中，为了证明默示许可的存在，三菱公司必须提供证据证明：①在王安实验室和三菱公司之间存在法律关系；②在该法律关系中，王安实验室将 SIMM 发明的权利转让给三菱公司；③该权利转移伴随着合理对价；④王安实验室当下对该权利转移关系的存在进行否认。[1] 避免权利人事后获取专利主张侵权而构成的默示许可，是合同法中公平、合理以及公序良俗原则的要求。

"事后取得专利的可预见性以及许可合同中对许可标的的明确表述"，是判定是否构成默示许可的关键要素。在安普公司诉美国政府专利侵权案中，安普公司与美国政府之间签订了合同，约定由安普公司进行导线编接工具的开发和提供。之前的设计模型被采用以完成合同任务。依合同条款，被告获得了免费使用的许可，来实施专利保护的发明方案。在签订合同之后，原告针对该技术方案又获得了新的专利。安普公司向美国政府提起诉讼，声称被告的行为侵犯了原告在后获得的专利。法院判

---

[1] Wang Laboratories, Inc. v. Mitsubishi Electronics, 103 F. 3d at 1580 (1997).

决支持被告的主张,即原告已经授权被告基于合同条款实施专利,以及实施本案所涉工具中的相关构思(idea),无论该技术构思是否获得专利授权。[1]普通法上的禁反言规则与诚实信用原则十分相像,都强调对当事人最初缔约时主观状态的分析与认定,避免事后反悔等不公平的方式给对方当事人造成损害,防止权利人利用专利权给使用人"挖坑",从而达到不合理的商业目的。

四、我国专利默示许可实践规则的反思

(一)通过默示许可鼓励市场交易

合同法的一项重要功能和目标就是鼓励当事人从事资源交易。在市场经济的条件下,一切交易活动都是通过缔结和履行合同来进行的,交易活动乃是市场活动的基本内容,无数的交易构成了完整的市场,因此,合同关系是市场经济社会最基本的法律关系。[2]鼓励交易是提高效率、增进社会财富的手段,这不仅是因为只有通过交易才能满足不同的交易主体对不同的实用价值的追求,满足不同的生产者与消费者对价值的共同追求,还因为只有通过交易才能实现资源的优化配置,保障资源的最有效利用。[3]如果交易成本过高,财产权就可能阻止对价值变化作出最优调整[4]。因此,在默示许可的判定问题上,促进市场交易是重要的参考因素之一。

---

[1] Amp Incorporated v. The United States, 182 Ct. Cl. 86; 389 F. 2d 448 (1968).

[2] 梁慧星主编:《社会主义市场经济管理法律制度研究》,中国政法大学出版社1993年版,第7页。

[3] 王利明:《合同法研究》(第三卷,第二版),中国人民大学出版社2015年版,第203—204页。

[4] [美]威廉·M.兰德斯、理查德·A.波斯纳:《知识产权法的经济结构》(中译本第二版),金海军译,北京大学出版社2016年版,第18页。

划定私人财产权的意义在于降低交易成本。财产权的动态收益就是指投资激励，即这种权利使得人们可以收获他们所播种的东西。如果没有这种预期前景，就会降低播种的激励。[1] 财产权的静态和动态收益都有一个预设条件，即财产上有太多的潜在使用人，所以与他们中所有的人进行交易是不经济的。当交易成本降低时，科斯的交易成本分析就暗示着社会的全部所需是可强制执行的合同权利[2]，因此，除某些基本的法定权利之外，当事人对某些事情就需要订立合同，以获得最优的使用与投资。

知识产权的交易作为一种市场经济行为，受到"成本－收益"经济分析的内在影响。合理的制度建设需要考虑能否促进整体经济社会效益的提升。比如美国法院在判予专利侵权救济时，不再将禁令救济（即我国法律语境下的"停止侵权"）作为首要或必要的救济手段，而是在综合判断公共利益、原被告双方的生产效率与水平、判予禁令救济可能带来的潜在影响等因素的基础上作出决定，即使侵权行为确实成立，依然有可能仅判予合理的许可使用费，而不判予禁令救济。[3]在判定知识产权默示许可的时候，应当以降低交易成本、促进交易实现为主导思想，对合同关系的建立采取扩张解释，同时也不能过度违背权利人的利益保护，造成合法利益受损。默示许可关系的

---

〔1〕 [美]威廉·M.兰德斯、理查德·A.波斯纳：《知识产权法的经济结构》（中译本第二版），金海军译，北京大学出版社 2016 年版，第 17 页。

〔2〕 See R. H. Coase, "The Problem of Social Cost", 3 *The Journal of Law and Economics*, 1960.

〔3〕 在美国衡平法体系下，禁令救济并不是当然合理的，美国法院在判断是否判予永久禁令的时候，采用"四要素"测试法：①权利人已经遭受了无法修补的损害；②法律上既有的救济方法，比如金钱损害等，不足以弥补该损害；③在支持原告或被告之间进行平衡；④公共利益不会因永久禁令而遭受损害。See eBay Inc. v. MercExchange, L. L. C., 547 U. S. 388 (2006).

建立并不能剥夺当事人获得许可使用费的权利，除非有当事人的相关约定或依当事人行为推定为无偿使用。

(二) 默示许可符合诚信原则中对信赖利益保护的需求

专利制度本身存在很多互相博弈又掣肘的理念与机制。一方面，专利发明人通过充分公开其具有创新意义与实用价值的技术方案，换取一段时间内的专利垄断特权；另一方面，社会公众又需警惕专利权人滥用权利或不正当行使权利，攫取与其社会贡献不成比例的利益。在授权前阶段，专利需满足的形式要件（如申请书格式、优先权限制等）以及实质要件（新颖性、创造性、实用性等）可筛选出能够带来社会福利的技术方案，避免低质量甚至已经进入公有领域的内容成为专利权人利益杠杆中的砝码，造成公共利益与社会福利的减损。在授权后阶段，由于专利权的边界模糊性与独占排他性，社会公众又需对专利权人实施或运用专利权的行为进行约束与规制，避免其通过不正当的方式将专利范围延伸到原有的合理范围（包括时间范围和空间范围）内。诚信原则因此能够为规范授权后专利权人的具体实施行为提供行为标准与参考依据。

诚信原则强调对信赖利益的保护，判断是否存在合理信赖利益的一般标准就是合同法中的理性人标准，即与任何其他的默示合同一样，默示许可产生于当事人的客观行为，而一个理性的人可以将此作为一种暗示，认为已经达成了一个协议。[1] 这与美国司法实践中的禁反言原则一致，其适用均需建立在权利人与使用人已经建立的法律关系之上。在我国一些相关案例中，法院之所以判定默示许可存在，就是因为在知识产权被使用之前，当事方已经建立起委托等合同关系，对知识产权的许

---

[1]〔美〕德雷特勒：《知识产权许可》（上），王春燕等译，清华大学出版社2003年版，第183页。

可使用是对前一法律关系的合理延伸或拓展。法院根据当事人之前已经形成的法律关系，判定使用行为是否属于已授权的行为，借助之前的法律行为对实施专利的行为进行约束。

在诚信原则的指引下，专利权人在任何阶段都不应出尔反尔。禁反言原则与诚信原则相一致，契约正义要求权利人在作出允诺后，不得反悔、收回允诺，或做出与允诺相悖的行为，损害对方的利益。当事人的单边期望或合理希望要求一方必须在另一方的行为影响下采取行动。[1]诚信原则作为统领整个民法领域的"帝王条款"，要求行为人在市场活动中讲究信用，恪守诺言，诚实不欺，在不损害他人利益和社会利益的前提下追求自己的利益。[2]默示许可关系的建立，实际上是确认当事方之间的关系是合同关系，而非侵权关系，对于保护使用者的期待利益，平衡权利人与使用者之间的利益至关重要。

在默示许可中，合同当事人处于理性不足的状态，合同中的许可范围往往无法清晰地界定。[3]在判断是否构成默示许可时，需要假设行为主体是带有一般理性的，并判断双方预期的结果可能性。理性人标准往往需要综合考量多重因素：当事人的行为、可适用的书面协议或信件中的条款或内容、当事人的合理期待、公正与平等的指示以及知识产权制度赖以建立的各种政策等。参与市场活动的主体往往是从谋求最大的经济利益出发，对专利权人的作为、不作为、言辞陈述等进行解读，若从理性人的角度能够合理推断出专利权人有允许其使用专利的

---

〔1〕 陈健："知识产权默示许可理论研究"，载《暨南学报（哲学社会科学版）》2016年第10期。

〔2〕 黄佳：《默示意思表示新论：概念反思与理论重构》，中国社会科学出版社2017年版，第117页。

〔3〕 宋戈："版权默示许可的确立与展望——以著作权法第三次修改为视角"，载《电子知识产权》2016年第4期。

意思表示，就应按照诚信原则要求专利权人自始至终遵守承诺，以免破坏使用者的合理预期与交易秩序。默示许可的出现揭示出在专利体系下需要重视对专利权人的约束。在诚信原则这一基本价值理念的基础上，需要进一步构建全面、系统的框架，在专利权的授权、行使、保护等各个环节发挥协调与规范的作用。

(三) 专利默示许可司法认定的三阶段

默示的意思表示，指由特定行为间接推知的行为人的意思表示。[1]默示许可的参考要素众多，且最终仍是个案认定的结果。但如果缺乏统一的裁判标准或原则，会导致司法判决的不稳定性与主观性过强的问题出现，因此需要建立相对统一、稳定的判定路径。我国曾有学者提出许可协议中的默示许可的三项条件：①在当事人意图中存在，但没有写入合同；②如果相关问题引起当事人的注意，当事人可能会加以明示表达的意思未写入合同；③法院基于公平、合理和政策原因引入合同中的默示许可。[2]美国司法实践将专利默示许可拆分为行为、默许、衡平法上的禁反言、普通法上的禁反言四种具体情形，虽然详尽全面，适用上却过于琐碎。综合上述司法裁判的分析要件，可以围绕被控侵权行为，将判断思路分为事前、事中、事后三个阶段。

首先，事前阶段，即在使用行为发生之前，需要结合权利人与使用方之间的商业往来、交易信息与法律关系等因素，分析双方是否达成合意，即是否满足要约与承诺的要求。此处需要注意的是，与有体物不同，有关专利的要约可以不受受要约人特定性的限制。有体物交易中对受要约人特定性的要求是基

---

[1] 参见王泽鉴：《民法总则》（增订版），中国政法大学出版社2001年版，第339页。

[2] 陈健："知识产权默示许可理论研究"，载《暨南学报（哲学社会科学版）》2016年第10期。

于对交易安全的考量，如果要约的对象不确定，那么向不特定的许多人同时发出以某一特定物的出让为内容的要约是有效的，如果多人向发出要约的人作出承诺，则可能导致一物数卖。[1]

这一问题在专利默示许可中亦会存在。专利所传达的内容本质上是蕴含创造性思维的信息，具有无形性和抽象性，多方可以共同使用，也不存在标的数量或毁损的问题。专利权人可以在事前阶段通过合同中限制性条款的约定，排除默示许可的适用。[2]默示许可本质上还是权利人自愿授权的一种形式，若在事前进行排除约定，则不应在事后追认其构成默示许可。我国《专利法修订草案（送审稿）》第85条的规定实际上就是通过对权利人事前行为性质的规定，认定其构成默示许可：参与国家标准制定的专利权人在标准制定过程中不披露其拥有的标准必要专利的，视为其许可该标准的实施者使用其专利技术。

其次，事中阶段，即使用行为发生时，判断使用人对专利的使用方式是否符合商业惯例，这样的使用行为是否具有期待可能性并满足一般理性人的合理预期。事中阶段的分析集中于被控侵权人对专利实施的制造、使用、销售等行为的具体解读，判断该行为是否在默示授权范围内。例如，如果某种物品的唯一合理的商业用途就是实施某项专利，专利权人或者经专利权人许可的第三人将该物品销售给他人的行为本身就意味着默示许可购买人实施该项专利。[3]为了实现商业合同的目的，使用人实施的相关"侵权行为"实际上是获得授权的合法行为。

最后，事后阶段，即被控行为发生后，依据权利人的后续

---

〔1〕 参见王利明：《合同法》，中国人民大学出版社2015年版，第31页。

〔2〕 See Met-Coil Systems Corporation v. Korners Unlimited Inc., and Ductmate Industries, Inc., 803 F. 2d 684 (1986).

〔3〕 最高人民法院（2011）知行字第99号行政裁定书。

行为表现，推测权利人是否存在默认的主观意图，如明知使用行为存在而提供相关帮助或不作为等。

上述三个阶段的考察，有利于充分了解当事人的主观动机、权利行使的客观状态，以审慎判断是否构成默示许可。

综上，禁反言原则能够发挥限制专利权保护范围与规范专利权实施行为的功能。在禁反言原则的指引下，专利默示许可需要建立体系化的认定标准。当前知识产权的许可是市场活动的重要组成部分，需要将行为人的行为性质、行为方式和行为结果放置在特定的市场环境下考察。这样的判断标准，实际上是缓解法律的灵活性与原则性之间矛盾的重要工具，体现出法律的回应性特征[1]。为了实现这一目标，有必要将判定原则的稳定性与法官的自由裁量权相结合。对实践中相关主体之间关系的解读不能脱离已有的民法，尤其是合同法与知识产权法的框架，同时，应建立统一的默示许可分析范式，使法院按照统一的标准，结合对实际情形的具体分析，进行讨论和判断。这样的衡平机制应当有规律可循，法官的自由裁量权应该合理行使，从而实现法律制度的灵活性与原则性相统一。在判断是否构成默示许可的过程中，法院需尽量全面、详尽地综合考量诸多因素，按照使用行为发生前、发生时、发生后的逐步分析思路，结合禁反言原则、理性人标准，在维护市场秩序的前提下，尽量实现契约自由与契约正义的平衡，对默示许可的范围进行一定约束，最终得出结论。在认可默示许可关系建立的基础上，还要切实保护权利人的经济利益，由双方谈判或司法认定合理的许可使用费标准，促进交易的达成，最大程度地发挥知识产权的实际价值。

---

〔1〕 易继明："知识社会中法律的回应性特征"，载《法商研究（中南政法学院学报）》2001 年第 4 期。

第三章 为公共利益：专利侵权例外抗辩

专利权的权利行使样态日益多样，专利与社会经济发展之间的关系愈加复杂，如何利用既有的规则有效应对专利侵权诉讼中的争议与纠纷，避免处理司法问题时的僵化和对专利权的不当保护，成为研究专利侵权抗辩问题时需要思考和解决的问题。

知识产权客体的无形性使得权利的滥用和过度扩张同权利侵害一样容易发生，因此运用公共利益这一抽象的概念对权利进行合理限制在知识产权领域显得尤为迫切和必要。[1]为了维护国家和社会公共利益，防止专利权人滥用专利权，几乎所有实行专利制度的国家都毫无例外地在专利法中对专利权作出一些限定。[2]一些实施专利的行为虽然在外在的客观要件上满足侵权行为的认定标准，但由于法律的特殊规定，行为人可免于承担侵权责任，这种情形在学理中还会被称为对专利的"合理使用""侵权例外"或"专利权限制"。[3]我国《专利法》第

---

[1] 曹新明：《现有技术抗辩理论与适用问题研究》，知识产权出版社2017年版，第105页。

[2] 参见程永顺：《中国专利诉讼》，知识产权出版社2005年版，第220页。

[3] 比如"专利权的例外"，参见汤宗舜：《专利法教程》（第三版），法律出版社2003年版，第185页。又如"专利权的限制"，参见郑成思：《知识产权法》，法律出版社1997年版，第165页。

75 条、第 77 条列举出了权利用尽、在先使用、临时过境、科学研究和实验、医药行政审批等实施专利的合理事由。上述抗辩事由通过立法的形式得以确定,其根本出发点是降低社会成本并维护公共利益,以法定形式对原本应当承当侵权责任的行为人进行有条件的豁免,使得公共利益能够得以保障;同时,每一种抗辩事由都需要满足特定的条件,谨慎依照法律的明确规定进行解释和适用,以免产生对个人私权利的不合理限缩。但由于科技进步与实际情况的复杂多样,我国《专利法》中明确规定的不构成侵权的情形在实践中依然存在解释和使用的疑难点。

我国《专利法》中明确规定的"不视为侵犯专利权"的抗辩事由包括权利穷竭、在先使用、临时过境、科学研究和实验、博拉例外五种,对其进行类型化,可将其划分为狭义的抗辩或事实抗辩(权利穷竭)与抗辩权(在先使用、临时过境、科学研究和实验)。本部分将对"专利侵权例外"的法定情形展开研究和梳理,以探索不同抗辩事由背后的逻辑与合理的范围,结合专利制度中的利益衡量,希冀对现行抗辩规则作出合理的解释与完善建议。

第一节 先用权抗辩:独立性及价值基础的研究

先用权抗辩是为了保护在权利人提出专利申请之前,已经采用专利中的技术方案进行生产活动的主体的利益。[1]目前,世界上很多国家,包括美国、日本等,都将在先使用作为专利侵权抗辩的一种情形。专利权具有排除他人使用专利技术方案

---

〔1〕 徐申民:《中国专利侵权诉讼实务》,知识产权出版社 2017 年版,第 190 页。

的效力，而先用权制度赋予在先发明者一定程度的豁免，在先使用者满足特定条件的专利实施行为不会被视为侵权。

虽然承认先用权的制度合理性为世界多国所广泛接受，但先用权本身的权利属性与效力却存在鲜明差异。先用权制度规则上的差异，主要有先用权是否可以作为一项独立的权利而存在、先用权人的权利范围大小等问题。先用权独立说主张先用权属于一种独立权利，即先用权人可以独立支配的权利，不仅不依赖专利权，而且对权利的确认与实施等影响较大。[1]在先用权独立说中，先用权的正当性来源于在先的发明和使用，先用权是在先发明人自然拥有的一项权利。这一理念与曾采取先发明制的美国专利制度相一致，都强调对最先进行发明创造的先驱者、首创者的激励与回馈。但在采先申请制的国家可能会发生行政授权的专利权与在先使用的权利相冲突的情形，如果以先用权属于一项独立的权利作为出发点，专利权的存在实际上是对先用权的限制，先用权人除对抗专利权效力之外，还可以主动实施其他权利，比如转让或者许可他人使用等。

我国专利法采取"抗辩权"理论，规定"在原有范围内继续制造、使用"的行为不视为侵害专利权，从法律条文上看，先用权仅具有对抗专利权人侵权主张的被动性效力。正如尹新天教授所述，"先用权并不是一种独立存在的权利，而仅仅是一种对抗专利侵权指控的抗辩权"。[2]被动性理论认为先用权并不具有独立性，因为先用权人不能对其他人提出权利主张，也不能将先用权转让或许可给他人，其唯一权能就是对抗专利权人的请求权。

---

〔1〕张峣：“论专利权与专利先用权的冲突与协调”，载《知识产权》2017年第9期。

〔2〕尹新天：《专利权的保护》（第2版），知识产权出版社2005年版，第31页。

作为对抗性的权利，先用权的制度价值和目标就体现在对专利权的消极对抗上，其能够发挥对专利权的限制功能。在专利先申请制规则下，专利权的获得以申请授权的时间为标准，先用权抗辩具有合理性和可行性。除了先申请制，专利授权制度还有先发明制，即以专利技术方案实际投入使用的时间为授权标准。目前，世界上大部分国家都采用了先申请制，美国和菲律宾曾采用先发明制，但美国在2011年颁布《发明人法案》后，也改采先申请制。这是因为在先发明制规则下，专利权人需要清楚、充分地证明其"先发明"的事实存在，公权力机关在确定权属时比较麻烦和困难，且先发明制下的专利权效力更加不确定，因为究竟谁是最先发明的主体，可能存在认定的事后性。先发明制并不有利于鼓励技术方案的尽快公开，不利于社会公众较早获知技术信息并进行后续改进，还可能产生重复研究的问题。

基于此，先申请制以提交申请的时间作为授权标准，能够鼓励发明人尽早将技术方案申请专利，予以公开，也减少了确定权利归属时的麻烦与困扰。但先申请制也有其自身的缺点，可能会导致专利申请的功利化。在"申请有效"的影响下，发明人往往急于申请专利，以尽早获得技术方案的专有权，从而形成本领域的竞争优势。这可能导致发明人针对稍有瑕疵或仍有改进空间，甚至实际可操作性仍有待验证或自身能力尚不足以充分实施的技术方案，提出专利申请，此时专利赋权结果或许并不是社会整体效益最大化的最优选择，不利于专利完成实际转化与应用。目前，我国仅有不足20%的专利投入了应用，绝大多数成为"沉睡"的专利，或不具有应用条件，或难以应用。[1]在这样的情势下，先用权抗辩能够很好地弥补先申请制

---

[1] 张峣：《专利先用权研究》，知识产权出版社2017年版，第4页。

的不足。允许先完成发明之人在原有范围内继续使用技术方案，能够在一定程度上应对先申请制造成的资源浪费问题。

法国关于先用权的规定，更偏向于将先用权视为一种独立的民事权利，而非依赖于专利权的存在。在法国，先用权人享有范围更广的行为自由与选择，法律条文并没有对先用权人实施在先权利的范围和方式进行约束，且在满足一定条件时，先用权可以转让，其不仅具有了对抗专利权人侵权诉讼主张与请求的权能，还具有了使用、转让等权能。这与法国重视专利的商业性转化紧密相关。《法国专利法》具有促进发明创新得到使用或转化的目标，《法国知识产权法典》在第 L.613-11 条规定了自授予专利起满三年，或自专利申请之日起满四年，如专利权所有者或其权利继承人存在以下情况，并且在被要求时无法提供合理的理由，任何公共法人或私人法人均可以按该法规定的条件获得该专利的强制许可：①在欧盟成员国或欧共体国家领土上，专利权所有者或其权利继承人未开始实施或未实际有效地准备实施专利发明；②专利权所有者或其权利继承人未在法国销售足够数量的专利产品。[1]这与我国《专利法》第53条规定的强制许可十分相似，但更加具体细化，能够更加有力、直接地指引权利人的行为，促进专利转化与实施。

除基于公共卫生的需要进行强制许可以外，法国负责工业产权的部长为满足国民经济的需要还可以敦促任何专利所有者实施其发明，若效果不佳或可能严重损害经济发展和公共利益，行政部门可以发放专利许可证。同样，为了促进技术改进活动的有效开展，《法国专利法》中针对"阻碍专利"（Blocking Patents）进行了专门规定，即如果专利权人无法在不侵犯第三方

---

[1]《十二国专利法》翻译组译：《十二国专利法》，清华大学出版社2013年版，第87页。

在先专利的情况下实施自己的发明，只要该发明对于在先专利构成重大基础进步并具有相当的经济效益，大审法院即可授予其为实施自己拥有的专利所必需的对在先专利的许可证。[1]上述规定能够帮助创新累积效应较强的领域清除技术进步的障碍，避免专利成为"绊脚石"而影响社会整体效率提升与科技发展。结合上述规则，可以认为，法国对于先用权可以构成一项单独权利的态度，带有促进专利及时有效转化的目的，甚至宁愿牺牲部分专利权人的利益，也希望借助先用权制度促使专利实施和转化。

虽然先用权能够给先发明者提供一定的优势地位和自由，但我国对其态度依然偏保守，并规定先用权无法转让或许可，先用权目前还是作为一项对抗性的被动权利而存在。先用权的权利范围和性质，需要结合先用权抗辩制度所追求的价值目标来解读。在促进专利实施，避免专利资源浪费的社会趋势下，我国不妨尝试赋予先用权人更多的自由空间，比如在专利权人无合理理由而未及时有效实施专利或未许可他人实施专利的情况下，先用权人可以转让其技术或许可他人实施，从而敦促专利权人将专利技术方案投入实际生产和运营，避免专利资源的浪费。在特定情况下扩大先用权人的权利范围，能够为专利权人提供行为指引，反向促进专利权人积极地将专利实施或转化，充分发挥专利的功能与价值，避免资源闲置。

第二节 临时过境：降低国际贸易的负担与阻碍

从价值目标和制度功能的多维度出发，在私人层面，知识

---

[1]《十二国专利法》翻译组译：《十二国专利法》，清华大学出版社2013年版，第88页。

产权是知识财产私有的权利形态；在国家层面，知识产权是政府公共政策的制度选择；在国际层面，知识产权是贸易体制的基本规则。[1]专利侵权抗辩规则的设置也受到国内政策与国际形势的动态影响。我国专利法中规定的临时过境抗辩，就是在专利权保护中融入了国际贸易与经济发展的因素，从而作出的对权利保护的让步。在临时过境规则下，一国可以通过牺牲专利权人有限的权益，换取国际贸易与运输等公共利益。通过临时过境限制专利权，目的在于促进和发展国际贸易，避免其受到专利权的妨碍。[2]根据我国《专利法》的规定，临时过境是指临时通过中国领陆、领水、领空的外国运输工具，依照其所属国同中国签订的协议或者共同参加的国际条约，或者依照互惠原则，为运输工具自身需要而在其装置和设备中使用有关专利的，不视为侵犯专利权。《保护工业产权巴黎公约》第5条之三规定了临时过境这一专利侵权抗辩事由。可以认为，临时过境抗辩规则不仅仅是从国内立法政策的角度进行的规则设置，更多是从国际经济与贸易发展的整体视角作出的制度安排和选择。

  临时过境的规则最早通过美国1857年的布朗诉达志公司案得以确立。在该案中，专利权人拥有在帆船护板上的改进发明，并在美国获得授权。被告是一家法国公司，其驾驶一辆在法国建造的轮船"Alcyon"经过波士顿，基于使用该轮船的合理需求，被告在波士顿实施了原告的技术方案。美国联邦最高法院在该案判决中主张，专利权虽然是通过美国宪法确立的一项个人权利，但国会可基于公共利益和国家利益的考量对这一权利

---

[1] 吴汉东："知识产权本质的多维度解读"，载《中国法学》2006年第5期。
[2] 罗军：《专利权限制研究》，知识产权出版社2015年版，第156页。

进行"征用"（eminent domain）。[1]专利法作为一个国家法律制度中的部分内容，与其他可能存在不同立法目标的法律共存，在不同的制度目标中需要作出必要的取舍，以追求整体效益的最大化。

在国际贸易发展面前，法律规则在私权保护上作出让步，带有"成本-收益"的分析与考量。临时过境抗辩，对专利权人的利益其实并不会造成太大损害，因为"临时性"的要求就是交通工具偶然、短暂地经过，而不会长期停留；此规则能便利国际贸易的发展，因为责任豁免的范围仅限于"使用"专利技术，以满足交通运输工具整体运行的目标，并不包含制造、许诺销售、销售、进口等行为。我国关于临时过境抗辩的争议很少，目前司法界也尚未出现有关这一规则的实际案例。在其他国家，虽有相关案例出现，但基本上是从不同的角度去论证临时过境抗辩规则存在的必要性和合理性。此外，由于运输工具进入其他国家的时间通常十分短暂，对其使用专利的行为提出专利侵权指控，在实践中很难实现，[2]还会产生不合理的时间与经济成本。因此，临时过境抗辩规则能够促使专利法实现提高社会经济效率的目标，并带来交易安全与稳定，在不实质性损害权利人利益的情况下实现价值最大化。

第三节 非生产经营目的与科学研究和实验

一、非生产经营目的不构成侵权的正当性

我国对于非商业目的使用专利的行为，态度较为宽容，任

---

[1] Brown v. Duchesne, 60 U. S. 183（1856），197-198.
[2] 彭玉勇：《专利法原论》，法律出版社2019年版，第313页。

何单位或个人非生产经营目的制造、使用、进口专利产品的，不构成侵犯专利权，[1]因此，被诉侵权人可以在诉讼中以使用或者实施行为不具有"生产经营目的"对抗原告的侵权诉讼主张。非生产经营目的的使用可以构成抗辩的规则，具有国际普遍性。从比较法看，《欧洲共同体专利公约》(Community Patent Convention, CPC) 第 27 条、《英国专利法》第 60 条第 5 款、《法国知识产权法典》第 L. 613-5 条、《德国专利法》第 11 条均规定，"非商业目的的私人使用或私下和非商业性使用"的行为，即使未经专利权人许可而实施，仍不会被认定为侵权行为，其包括两方面的条件：一是以私人方式进行，二是非商业目的。[2]针对如何认定"私人方式"与是否属于"非商业目的"的问题，需要结合案件被告方的身份、行为目的、行为结果等多个因素作出综合判断。

《欧洲共同体专利公约》第 31 条（a）项规定，欧共体内专利权不应当延及私下进行且具有非商业用途的行为，即将非商业性的私人使用行为排除在专利侵权范围之外。真正的私人行为很难被专利权人发现而告上法庭，欧盟通过为数不多的相关判例，确立起私人使用行为的认定标准。私人行为这一表达并不简单地意味着"秘密地"或"保密地"，判断的关键在于被诉侵权行为是否是为了个人使用而完成。我国的规定与此并不完全一样，但尚无相应的司法解释，围绕是否具有"生产经营目的"的判断标准，依然存在一些争议焦点，比如使用者的主体身份或性质是否应当作为重要的判断因素，市场参与者或经

---

[1] 北京市高级人民法院《专利侵权判定指南》第 118 条。
[2] 参见祝建军："专利纠纷中'非生产经营目的'免责抗辩成立的条件"，载《人民法院报》2014 年 7 月 23 日，第 7 版；毛金生等：《海外专利侵权诉讼》，知识产权出版社 2012 年版，第 285 页。

营者私下使用专利产品的行为是否仍会构成生产经营目的的实施等。

　　首先，被诉侵权人的主体性质对于是否具有"生产经营目的"的判断会产生一定影响。我国法院曾经将侵权主体简单地划分为个人和单位，只有个人进行非生产经营目的的制造、使用才不构成侵权，单位则不可以。[1]但之后，这一主体划分标准在北京市高级人民法院2013年的《专利侵权判定指南》中被舍弃，单位也可以非生产经营目的作为侵权抗辩。对于自然人个人而言，个人使用或者消费往往会被认为不具有生产经营目的，但是如何认定单位的使用行为是否具有生产经营目的成为新的难题。在司法实践中，法院依然采取类型化的标准，一般会认为政府机关或其他非营利机构使用专利产品的行为不属于生产经营目的的实施行为，从而否认侵权行为的成立，因为这些主体实施专利的行为，主要是为了实现公众利益或群体性利益，例如为进行基础设施建设。但仅通过主体性质去推断该主体所有活动的目的较为片面和绝对，行政机关、事业单位的身份并不能代表实施专利的行为性质，因此还需要结合其他的客观要件（比如实施行为的性质）来作出判断。公权力主体的身份不应天然豁免其实施专利的行为，否则将导致专利权保护存在缺口，专利权人无法有效保护自身权利，甚至会导致公权力当然地侵犯专利权而无所顾忌，违背专利立法的初衷。被控侵权人的主体身份只能构成非生产经营目的抗辩的考量因素，而非充分条件。

　　其次，法院还会考察使用专利技术方案的目的。一般而言，

---

〔1〕 参见2001年北京市高级人民法院关于《专利侵权判定若干问题的意见（试行）》的通知；2003年最高人民法院《关于处理专利侵权纠纷案件有关问题解决方案草稿（征求意见稿）》。

如果是纯粹基于公共利益，比如公共设施的建设、公共安全的维护等，则会认为不属于生产经营范畴。广东省高级人民法院在李宪奎案中主张，"国家批准拱北海关建设海关业务技术综合楼，目的是保障其更好地履行法定职责……不是进行工农业生产和从事商业活动，拱北海关的行为没有生产经营目的。"[1]政府与非营利机构的很多行为，尤其是发挥公共职能的行为，都属于不具有生产经营目的的范畴，因此法院否认其构成侵权的可能性更大。而单纯从字面意义理解，非生产经营目的的使用范围比基于公共利益而使用的范围更广，后者仅仅属于非生产经营目的使用中的一种情形。比如在莫文彩诉贵州棋院侵犯专利权纠纷案中，一审法院主张，"生产经营目的"是使用的行为与其生产和经营的目的有直接联系，贵州棋院使用避雷设备不是为生产经营，故不构成专利侵权。二审法院则主张，作为事业单位法人，贵州棋院对该避雷设备的使用系为保护建筑物的安全，并非将其用于生产经营，因而不构成侵权。

还有一类特殊的情形是，使用者在使用之前与使用当时并不具有生产经营目的，但使用效果给他带来事实上的收益，或专利的实施给被诉侵权行为人带来的并非直接利益，而是间接利益，此时对"生产经营目的"的解释范围大小成为问题关键。最具代表性的就是企业消费性使用专利这一情形，比如商家在广告牌中使用了他人的专利，虽然该商家并没有直接通过使用专利的行为获利，但广告牌能够给商家带来宣传效应，专利的使用可能会促进宣传效应的实现，从而给商家带来利益。如果对法律条文进行文义上的直接理解和适用，上述情形应属于非生产经营目的，专利实施者并没有利用专利从事生产或者经营

---

[1] 广东省高级人民法院（2004）粤高法民三终字第288号民事判决书。

活动，仅仅是为个人目的而使用。但是从利益衡量的角度来看，未经专利权人同意就使用专利，在使用者获得利益的同时，专利权人却不能从中收回对价。与我国的法条规定不同，德国专利法中采用"商业性使用"这一用语，并对商业性使用作广义解释，不仅包括直接利用专利技术获得商业性利益的行为，还包括利用专利技术获得间接收益的行为。比如在外科诊室使用受专利保护的台灯时，由于外科诊室从事具有营利目的的经营活动，而使用台灯的行为服务于这一营利活动，因而使用受专利保护的台灯构成商业性使用。类似地，在英国的史克制药公司案（Smith Kline & French）中，除是否存在商业目的之外，法官还需考察使用行为是否带来了商业利益，只要满足其中之一，"私人使用"行为的抗辩就不能获得支持。这样的规定似乎更为周延，更为有力地避免了潜在使用人通过间接方式规避法律责任而获得不当利益，也使得专利权人能更加有力地控制其权利并获得合理对价。

在上述判断要素的争议和判断标准的区别中，找到一条相对统一且符合专利制度逻辑的路径对于处理实践中的侵权纠纷十分重要。在判断具体的衡量标准之时，需要先对非生产经营目的抗辩规则的旨趣进行探讨。

专利权属于私权，但权利人在获得保护的同时也会受到一定的限制。如果专利权过度介入个人领域，易对私人活动的自由造成过大的限制。[1]如果要求所有实施和使用专利技术方案的行为都需要经过专利权人的许可，将会给潜在使用者带来较大的负担，使用人需要付出专利检索与谈判成本，并支付许可使用费。而发生在个人领域中的使用活动很难为专利权人所发

---

〔1〕 丁文杰："《专利法》中的'生产经营目的'要件及解释——莫文彩诉贵阳棋院等侵犯专利权纠纷上诉案"，载《中国发明与专利》2018年第12期。

现，在证据收集上存在困难，因此潜在使用者可能会选择"铤而走险"，自行使用专利技术方案。规则安排需考虑现实可行性与可操作性，也要考虑可能带来的社会成本。从对专利权人造成的影响来看，私人使用或实施并不会对专利权人的利益造成实质损害，且专利的使用人能够获得较大的便利。非生产经营目的抗辩的规则设置，体现了对整体经济效率最大化的要求，也是在权利人个人利益与社会公共利益的博弈局面中的一个折中选择。

非生产经营目的能够成为抗辩事由具有一定的合理性，但对所豁免的行为范围作何种控制，应当谨慎且理性思考。公共利益和私人行为不应当成为专利侵权绝对的豁免事由，需要将专利制度蕴含的价值考量作为理性基础，结合案件事实中的具体因素作出综合判断。反思我国专利法的立法目的，之所以为生产经营目的实施专利的行为会被认定为侵权，原因在于这一行为会对专利权人获得专利收益、实现权利产生实质的影响，不应为保护私权的专利法所容忍。如果被控侵权人实施了会对专利权人的经济利益产生实质影响的行为，即使不属于生产经营目的，基于专利法的保护理念，也应当认定构成侵权。对被诉侵权行为本质的理解，与是否构成商业性的使用紧密相关。在司法实践当中，考虑到专利权人利益保护和使用人的行为自由、公共利益的维护等多个方面，还需要考察使用行为给相关当事方带来的利益影响，避免损害专利权人的利益，挫伤潜在创造者的积极性，甚至人为地、错误地干扰市场竞争秩序，导致不公。[1]对于以生产经营目的使用专利的行为进行豁免，需要结合专利制度的对价理论进行理解和适用，避免抗辩规则的适用造成权利人与社会公众之间的对价关系被不合理破坏，从

---

[1] 黄细江："专利侵权行为'生产经营目的'的存与废"，载《晟典律师评论》2018年。

而影响专利制度的良性运转。

二、科学研究和实验抗辩的正当性

科学研究和实验这一侵权抗辩事由，最早源自美国判例法。1813 年由约瑟夫·斯托里（Joseph Story）法官审理的"Whittemore v. Cutter"案，是实验使用侵权例外原则的起源，[1]其主张，"仅为科学理念或基于确定机器能否充分实现所描述的效果的目的，而建造该机器的人"不应当受到法律的处罚。[2]目前，科学研究和实验性使用已经成为世界上很多国家专利侵权抗辩的法定情形之一，《欧洲共同体专利公约》分别针对实验性使用和医疗使用作为专利侵权抗辩事由进行了规定。我国 1984 年颁布的《专利法》也规定了科学研究和实验作为专利侵权行为的例外：专为科学研究和实验而使用有关专利的行为，不构成专利侵权。在此抗辩情形背后，是两类竞争性的目标："通过授予专利垄断权以激励技术进步"和"许可自由接触在先技术以促进科学研究"。[3]这一例外性规则如何理解和适用，存在实践中的争议与难点，比如：如何认定行为是否属于科学研究和实验？从事科学研究和实验的主体身份或性质是否会产生影响？科学研究和实验与非生产经营目的使用之间是何种关系？在司法实践中如何掌握被控侵权行为的本质与目的？

首先，在各国相关的司法实践中，美国法院对实验性使用的目的、方式进行了严格的限制，对适用这一抗辩规则的要求

---

[1] 范晓波、孟凡星："专利实验使用侵权例外研究"，载《知识产权》2011 年第 2 期。

[2] Whittemore v. Cutter, 29 F. Cas., 1120, 1121 (C. C. D. Mass 1813).

[3] Rebecca S. Eisenberg, "Patents and the Progress of Science: Exclusive Rights and Experimental Use", 56 *The University of Chicago Law Review* 3, 1989. 转引自崔国斌：《专利法：原理与案例》（第二版），北京大学出版社 2016 年版，第 677 页。

也比较高，被告提出实验性使用抗辩获得美国法院支持的案例并不多见。例如在 2002 年的曼莱诉杜克大学案中，法院就对该抗辩规则的适用采取了较高标准。本案中，原告曼莱是斯坦福大学的一名研究员，其在斯坦福大学负责一个激光研究项目，该项目受到科学协会的高度评价。之后，曼莱从斯坦福大学跳槽到杜克大学继续从事学术研究，并将之前在斯坦福大学运营的"自由电子激光"（FEL）实验设备迁移至杜克大学，在杜克大学建起新的实验室。之后，曼莱从杜克大学辞职，但杜克大学依然继续使用 FEL 实验设备。由于该设备涉及曼莱的若干项专利，曼莱状告杜克大学构成专利侵权，要求其承担法律责任。本案的争议焦点就在于，杜克大学对 FEL 实验室设备的使用行为，是否构成专利侵权抗辩中的科学研究和实验。地区法院在本案中对实验性使用（experimental use）抗辩作狭义理解，主张其仅适用于"单纯为研究、学术或者实验性目的"，且该情形中的使用行为应当基于非营利目的。法院还进一步指出，该抗辩情形中的专利应用，应当仅限于"为了娱乐，或者单纯基于好奇，或者基于严格意义上的哲学探究"的情形。在本案中，杜克大学对原告专利技术的使用，间接上会促进研究机构商业目标的实现，包括教育学生、鼓励项目参与活动等。因此，科学研究和实验局限于直接以该专利为研究对象，例如验证技术真伪、检验技术效果等，不能将该专利作为科学研究和实验的手段或工具。

其次，科学研究和实验与非生产经营目的使用之间的关系也一直饱受争议，是需要应对的重要问题。一种观点认为，科学研究和实验属于非生产经营目的使用的一种情形。对知识产权进行这样的限制，是因为知识产品带有很强的社会公共产品的属性。知识产品是创造者个人创造性的劳动成果，但其通常不是孤立产生的，其创造往往离不开对已有的知识产品的借鉴和吸收。[1]而新的知识产品最终也将归入公有领域，专利权、著作权的保护期限都是法定的，权利人无法永久主张对该知识产品的排他性独占利益。对私人使用专利或私人复制作品等行为的宽容，一方面是因为这些非生产经营目的的使用行为并不会对权利人的权益造成实质损害，另一方面也是个人私权利向公共利益的一种妥协。但另一种相反的观点则认为，一项行为具有生产经营目的，才有必要进一步判断其是否属于专利法意义上的"专为科学研究和实验而使用"。[2]本身就不带有生产经营目的的科学研究和实验，并不满足专利侵权要件，并不需要法律进行专门规定，将其排除在侵权行为之外。按照对专利法的体系性理解，似乎这一种观点更加合乎逻辑。

最后，行为人的主体性质也会对科学研究和实验的判断产生影响。科学研究和实验带有一定的社会公益属性，在中国，科研机构和高等院校进行的研究开发工作尤其如此。科技进步伴随着累积性的创新，科研工作的顺利进行需要利用已有的研究成果，该抗辩规则使得进行科研的主体能够免于承担侵权责任，能够减轻科研工作者开展研究工作的成本和负担，促进科技进步与技术发展。然而，在强调"产学研"合作的背景下，科研机构和高等院校的研究和实验工作不再属于纯科学研究，而是会带有一定的商业色彩。很多实验室的负责人可能同时也是科技公司的成员之一，因此，不能再简单地认为，发生在科研机构和高等院校的实验与研究当然地属于侵权例外，而是需

---

[1] 沈成燕：《知识产权司法与公共利益原则实务研究》，汕头大学出版社2019年版，第12—13页。

[2] 崔国斌：《专利法：原理与案例》（第二版），北京大学出版社2016年版，第678页。

要考察行为人实施专利的具体目标是什么。对于科学研究和实验使用的例外规定，目的在于给予科学家和研究人员足够的科研自由，以获得科技进步和技术创新，但并不意味着这种自由可以被肆意使用，造成专利权人合法利益受损。

另一类主体是本身就带有生产经营目的的企业或个体经营者，他们可能会出于生产经营目的，进行关于检验专利技术方案是否可行以及寻找改进方案的科学研究和实验。依据《欧洲共同体专利公约》第27条（b）的理解，专利法上的科学研究和实验应当是指针对专利的技术本身进行的科学研究和实验，可能包括研究专利技术的可行性、确定专利技术的最佳实施方案、研究改进专利等。[1] 专利法蕴含的政策目标应当是允许社会公众广泛加入检验和完善技术方案的过程中。为促进科技创新和发展进步，这些行为的实施主体不应受到严格限制，即使是带有生产经营目的的企业，也可能满足抗辩的条件，从而获得责任豁免。

综上所述，科学研究和实验的专利侵权抗辩事由，需要结合多种因素作出判断，包括使用行为的目的、方式和性质，使用主体的性质等，综合考量再得出是否需要承担法律责任的结论。在不同政策指引下，可能会出现适用范围、解读维度上的差异，如果基于鼓励专利技术的科学研究应用的目的，可以适当放宽抗辩规则的适用条件；若强调对专利权的强保护，则可以提高抗辩规则的适用门槛，避免专利权的专用性对科学研究开展造成阻碍。

---

[1] 尹新天：《专利权的保护》（第2版），知识产权出版社2005年版，第128页。

第四节　博拉例外：公共健康与安全

博拉例外，是指药品生产商向药品行政部门申请新药上市时，为了履行行政审批手续而使用他人专利权的行为不构成侵权行为。这一获得专利侵权豁免的情形，与科学研究和实验存在着紧密的联系，常被视为对科学研究和实验抗辩的拓宽解释与应用。这两种专利侵权例外的法律规定背后，是促进技术创新与科技进步的考量，是公共利益与个人利益、专利权人与其他市场参与者等不同群体利益博弈的结果，也是基于专利制度促进原创发明和后续创新的"双重激励"的利益平衡的选择。

一、博拉例外的制度渊源及内涵

博拉例外源自20世纪80年代美国罗氏公司与博拉公司之间的专利侵权纠纷案。作为关系人类生命安全与身体健康的特殊物品，药品进入市场需要经过美国食品药品监督管理局（FDA）的批准，审查时间或可长达两年。为节省时间，抢占市场先机，博拉公司在罗氏公司的专利尚未到期时，就从国外购买一定数量的药品用于临床试验，为审查批准收集数据。[1]美国联邦巡回上诉法院在该案二审中对博拉公司提出的实验性使用（experimental use）抗辩持否定态度，因而驳回了不构成侵权的一审判决。该案之后，美国的仿制药商联名提出抗议，不断向国会施压，主张该案二审判决有损仿制药商的利益。为激励创新、实现技术进步、促进竞争、维护公共利益，国会在1984年通过了《Hatch-Waxman法案》，又叫作《药品价格竞争与专利期补偿法

---

[1] 冯晓青、马翔主编：《知识产权法热点问题研究》（第3卷），中国政法大学出版社2015年版，第431页。

案》，扩展了专利侵权抗辩事由中"实验性使用"的情形，仿制药商申请新药上市的过程中使用专利的行为不再构成专利侵权，即博拉例外。

博拉例外入法之前，我国已经通过对科学研究和实验的扩张解释，为行政审批中使用专利的行为提供抗辩依据。如在2006年的三共株式会社等诉北京万生药业有限责任公司（以下简称"万生公司"）侵犯专利权纠纷案中，终审法院认为，"两原告指控被告万生公司侵权的涉案药品'奥美沙坦酯片'尚处于药品注册审批阶段，虽然被告万生公司为实现进行临床试验和申请生产许可的目的使用涉案专利方法制造了涉案药品，但其制造行为是为了满足国家相关部门对于药品注册行政审批的需要，以检验其生产的涉案药品的安全性和有效性。"[1]紧随着本案的判决，2008年《专利法》第三次修改时就正式将博拉例外列为专利侵权抗辩的情形之一。

博拉例外拓宽了美国司法实践对实验性使用抗辩规则的应用范围，美国联邦最高法院将其解释为属于实验性使用的延伸或扩张使用。在此规则下，依照《美国联邦食品、药品和化妆品法案》（FDCA）的规定，与产品的研发和信息提交具有合理相关性的专利使用行为，包括并不属于药品上市申请流程的临床前测试环节，不再构成专利侵权。[2]依照这一认定标准，美国联邦巡回上诉法院与联邦地区法院纷纷对《美国专利法》第271条（e）（1）项进行广泛而活跃的解释，比如美国联邦巡回上诉法院主张，只要专利使用行为与美国食品药品监督管理局的行政审批合理相关，无需考察使用行为的目的和预期效果，

---

[1] 北京市第二中级人民法院（2006）二中民初字第04134号民事判决书。

[2] Merck KGaA v. Integra Lifesciences I, Ltd., 545 U.S. 193; 125 s. Ct. 2372; 162 L. Ed. 2d 160; 2005 U.S. LEXIS 4840 (2005).

抗辩主张即可获得支持。某联邦地区法院则主张，如果被告的使用行为与美国食品药品监督管理局的审批程序相关，无论该使用行为是否为审批程序所必需（即使没有使用该专利，被告仍可获得美国食品药品监督管理局审批许可的情形），其抗辩主张都可获得支持。[1]甚至在获得美国食品药品监督管理局审批许可之后，如果事后进行的相关研究对满足美国食品药品监督管理局在审批流程中的相关要求具有实质性影响，该研究也能够通过博拉例外获得责任豁免。[2]

但博拉例外作为对实验性使用抗辩的拓展，也不应过于宽泛地进行理解和适用，为避免对专利权人利益的不当影响，应当严格地将其限制适用于需要获得行政审批的情形。比如当仿制药商为了研发自己的专利药品而使用他人专利时，该行为本质上属于商业使用，不属于能够获得责任豁免的情形。同时，也需要谨防博拉例外对科学研究和实验抗辩的不合理扩张。科学研究和实验带有很强的公共利益色彩，且其不具有商业营利目的，不会对专利权人造成实质性损害。申请药品上市的行政审批虽然最终服务于商业目的的实现，但由于审批流程与专利制度交叉作用之下专利权保护实际延期的成本问题，需要通过法律的明确规定来修补原有规则的不足。法律若无明文规定，对于突破科学研究和实验范围的抗辩主张应谨慎对待。

二、公共健康与药品可及性

虽然博拉例外起初作为对科学研究和实验抗辩的扩展适用

---

[1] Amgen, Inc. v. Hoechst Marion Roussel, Inc., 3 F. Supp. 2d 104, 106 (D. Mass 1998).

[2] Momenta Pharms., Inc. v. Amphastar Pharms., Inc., 686 F. 3d 1348, 1359-60 (Fed. Cir. 2012).

而存在，但在后续的发展中，博拉例外延伸到科学研究和实验抗辩的范围以外，逐渐发展出自己独立的价值基础和规则体系。因此，我国在专利法中对博拉例外与科学研究和实验进行区分。在实践中，药品专利的问题常常引发人们的关注和争论，因为药品对于人类生存和发展具有重要意义，且技术发展水平较高的发达国家与相对落后的发展中国家、专利权人与消费者总会在专利保护的问题上存在一定的利益冲突。[1]有学者提出，药品专利的保护，就是在不断地寻求患者利益与专利权人利益之间的平衡。[2]但其实药品专利的保护还涉及仿制药，构成了患者、仿制药商、原研药商的三角关系。药品专利引发的社会公众与权利人个人、原研药商与仿制药商、药品生产者与患者等的利益冲突问题给有关药品专利的法律法规与政策等的制定带来困难。公共健康是涉及全人类的重要议题，而药品可及性（access to drug），即患者可以合理的价格获得其需要的药品，[3]是促进公共健康的重要条件之一。药品研发者可以通过药品专利收回成本，获得收益，从而获得技术创新的激励，药品专利的存在导致专利权人拥有相关领域的优势地位和定价能力，为争取在有限的专利有效期内收回成本，专利药品的价格一般较高，给药品可及性带来障碍。基于促进公共健康的目的，一方面需要促进原研药商积极进行创新活动，从而不断攻克医药难题，解决疑难病症；但另一方面，高昂的专利药品费用会导致众多患者无力购买该药品而失去治愈良机。

---

〔1〕 李冬梅、陈泽宇："从'诺华案'分析印度对'专利常青化'的限制"，载《中国发明与专利》2017年第2期。

〔2〕 韦贵红：《药品专利保护与公共健康》，知识产权出版社2013年版，第233页。

〔3〕 刘银良：《国际知识产权政治问题研究》，知识产权出版社2014年版，第132页。

因为药品与公共安全和生命健康等重大利益紧密相关,世界各国基本上都要求药品上市需履行严格的审批手续,需要满足一定的条件才能投放市场,未经主管部门批准,新药无法获得上市资格。药品主管部门出于安全性、合法性甚至伦理性等诸多因素的考量,建立起审批药品上市的一套复杂流程和手续。药品生产商为获得批准,需要完成复杂的审查手续,还要提交必要的审查样本和相关材料。仿制药商往往是学习或复制原研药商的专利药品,进行仿制药的生产,其研发成本大大低于原研药,因而市场售价也大大低于原研药,给患者带来很大的福利。如果仿制药商为申请药品上市审批不能使用原研药商的药品专利方案,必须等药品专利到期之后才能使用,则在其完成行政审批的整个过程中,仿制药依然处于等待上市而不能上市的阶段,此时原研药商依然能获得事实上的垄断性权利,市场上能够存在的依然只有原研药。这种事实上延长专利权保护期的结果,会导致仿制药延迟上市、仿制药企发展受抑、患者利益无法更好实现等不利影响。博拉例外的存在有助于缓解仿制药因行政审批导致的上述成本问题,从而避免药品专利有效期的实质延长。

第四章 对权利人的约束：基于滥用行为的抗辩

在强调加强知识产权保护的社会背景下，专利权受到尊重和保护，但与此同时，专利权的强垄断性导致其容易成为寻求不正当利益的工具。一些权利人不能正确行使权利，不合理地解读专利权范围，由此滋生专利滥用的现象。专利滥用覆盖的范围十分广泛，既包括恶意诉讼[1]、怠于行使专利权、不正当行为等程序性规则或权利的滥用，又包括不合理扩张专利权保护范围，如回授条款、搭售协议与收取过期专利许可费等对实体性权利的滥用，给社会公共利益带来不利影响，引发诸多争议。专利权实体性权利滥用和程序性权利滥用之间存在一定的共通性，滥用行为都带有不正当性，破坏了专利制度中的对价机制。我国《专利法》2020年修改时新增了"禁止滥用专利权"条款，强调对滥用行为的规制，但并没有明确专利滥用能否作为侵权抗辩的事由。司法实践先行一步，专利滥用行为已经逐渐成为一种新型的专利侵权抗辩事由，被告可主张原告的不合理、不公正行为构成专利滥用，请求法院不予保护。

被告是否可以就原告违法或行为不正当进行抗辩，进而减

---

[1] 姚兵兵："侵权诉讼中专利权正当行使与滥用的实证研究——兼评专利法第三次修改的部分条款"，载《科技与法律》2009年第5期。

轻甚至免除责任的问题在我国受到的关注不多,[1]实践中依然缺乏对专利滥用中各种概念及其现象的清晰梳理,[2]导致对于专利滥用问题认知不一致,司法审判中的实际做法也并不统一。[3]甚至"知识产权滥用"的概念本身也被"滥用",或出现了各种"滥用"概念混淆不清、理解混乱的问题,或否定禁止知识产权滥用的意义,认为大多数知识产权类型基本上不存在滥用的可能性。[4]为更好地理解专利滥用的含义与相应规则,本章将首先对专利滥用的相关概念进行界定,对滥用行为进行类型化的分析,根据专利权人滥用的手段和方式、滥用行为侵犯的法益不同,将专利滥用行为首先进行制度滥用和权利滥用的一级分类,在一级分类的基础上,将权利滥用进一步划分为程序性权利的滥用和实体性权利的滥用,并对涉及专利的滥用行为进行对比分析与梳理,挖掘出限制不同滥用行为的理论与价值,从而构建出专利侵权抗辩中的专利滥用抗辩的体系与合理、严密的思考逻辑。

第一节 滥用专利制度的行为

一、制度滥用与权利滥用

首先需要明确的一组概念,是权利滥用与制度滥用。根据

---

[1] 黄忠:"作为抗辩事由的原告违法:概念、体系及中国化",载《法学评论》2018年第3期。

[2] 易继明:"禁止权利滥用原则在知识产权领域中的适用",载《中国法学》2013年第4期。

[3] 姚兵兵:"侵权诉讼中专利权正当行使与滥用的实证研究——兼评专利法第三次修改的部分条款",载《科技与法律》2009年第5期。

[4] 参见李琛:"禁止知识产权滥用的若干基本问题研究",载《电子知识产权》2007年第12期。

权利人滥用的对象和行为性质的不同,滥用行为可以进行上述划分。对专利权利的滥用是超出专利权合理范围所采取的不正当行为;对专利制度的滥用并没有超出法授权利的范围,而是借助制度机制,达成违反制度目标的其他不合理目标,以此攫取利益。滥用专利制度的典型行为之一就是专利海盗(或称为专利蟑螂,patent troll)。专利海盗是对一种专利权人(通常是小公司)的贬称,其获取专利并不是为了实施或转化,而是通过诉讼威胁来获取极高的专利许可使用费。由于导致滥用的原因不同,应对问题专利或者坏专利"滥用"的措施不是规范权利行使的行为,而是通过完善专利制度来提高专利授权的质量,减少问题专利或坏专利的数量。[1]

是否构成专利制度滥用,难以单纯从专利权人行使权利本身去孤立判断,而需要结合专利权人的主体身份、商业模式、盈利方式、申请专利的目的、专利实施状况、行使专利权产生的外部效应等众多要素进行综合考量。在专利侵权抗辩中,"滥用抗辩"背后蕴藏的是制度利益的考量和对私权利的限制,是基于不同层级利益保护的需要进行的规则设置。专利制度的滥用行为区别于专利权本身的滥用。限制专利制度的滥用是为维护专利制度本身的目标而提出的对合法行为的限制;而限制专利权滥用行为,是对本身就可能不合理、不合法、违反权利滥用原则的行为进行约束。

制度设立往往带有立法者赋予的预期目标,即制度目标。制度目标包含最根本、最主要的目标和围绕这一主要目标展开的一些次要目标或子目标。专利制度设立的最主要目标就是促进科技进步与技术发展,为实现全人类共同福利作贡献,这在

---

[1] 张伟君、单晓光:"滥用专利权与滥用专利制度之辨析——从日本'专利滥用'的理论与实践谈起",载《知识产权》2006年第6期。

我国《专利法》第1条与已经加入的 TRIPS 协议中都有所体现。其他国家涉及专利制度也颇为强调发挥该制度鼓励发明、促进创新的作用，如《美国宪法》第1条第8款通过赋予国会授予专利的权力，促进科学和有用的技术进步。围绕这一主要制度目标，专利制度还有很多其他的子目标，比如保护个人财产，当发明符合专利保护要件时，他人不得未经专利权人同意就实施该专利，否则需承担侵权责任；追求利益平衡，专利权人行使专利权不得造成对他人利益的不当侵犯，同时还会受到公共利益的限制，如强制许可、专利权的时间性要求等。专利制度还有促进交易的目的，在交易中，专利能够最大限度地发挥其价值，及时、高效地进行转化，因此，"专利权人自专利权被授予之日起满三年，且自提出专利申请之日起满四年，无正当理由未实施或者未充分实施其专利的"，专利就有被强制许可的可能。虽然我国实践中尚未发生一例专利强制许可的案例，但专利法对授予强制许可的条件的规定，对专利权人及时有效地实施专利或许可他人实施专利，以实现商业转化与交易，能够产生鼓励与推动的作用。

专利制度的利益体现在促进科技创新和技术进步上，体现在对社会经济发挥推动上。专利制度通过将个人发现或发明私有化，将劳动成果从公有领域中划分出去，产权化后的专利权赋予权利人专有的排他性权利，从而获得超越其他竞争对手的优势地位，也能够通过实施专利方案或许可他人实施获得经济收益，以此激励创新活动。但专利制度的时间性只允许权利人享有一定时期内的专有排他权，专利一旦过期就归于公有领域，他人可以自由免费使用，大大丰富了社会公共资源，而后续的改进发明人能够继续获得其改进发明的专利权，专利制度继而可以继续发挥对创新的激励作用。但是，专利范围的模糊性和非实体特征导致专利制度的实施可能会产生背离其设计初衷的结果，并引发更多社会成本。在与专利有关的滥用行为中，对专利制度本身的滥用就会造成专利制度利益受损，社会成本增加。

二、限制滥用制度行为的正当性

不同于著作权"仅保护表达，不保护思想"的有限保护，专利权保护的是技术方案中的构思、想法和创意。因此，专利权具有极强的垄断性和专有性。技术创新呈现典型的"累积性"效应，后续创新大多数需要"站在巨人的肩膀上"，因此，一旦一项专利属于后续创新的基础性技术，其专利权人在专利有效期内就拥有了绝对的定价优势，除非政府或法院等公权力机关强行介入。基础性专利为后续累进发明奠定基础，但也有可能因为专利权人不同意授权或对授权条件不满意而谈判破裂，导致后续创新无法合法、顺利地展开，从而抑制后续发明人的创新动力。此时，基础性专利实际上就成了"阻碍性"专利。专利授权的先申请制度催生了专利申请人希望尽快尽早获得授权的功利心，导致专利申请数量和授权数量攀升，一些专利权人获得专利授权之后很可能仍不具备实施专利的条件和能力，有的甚至并不以专利实施或转化作为目标。滥用专利制度的主体往往是合法专利的权利人，但他并不直接实施专利或通过许可、转让实现专利价值，而是通过谈判策略、专利布局等，单纯地借助自己持有"阻碍性"专利的优势地位，攫取高额的许可使用费，很容易对市场竞争秩序和效率造成不利影响。

欧盟的专利滥用行为划分为滥用专利权和滥用专利制度两种，滥用专利权建立在权利人拥有合法有效的专利权的基础上，具体可参见前文关于专利权滥用作为侵权抗辩事由的部分。滥用专利制度是指专利权人借助专利的杠杆效应,达到非专利制度所预期的其他目标,尤其是通过专利"寻租"。法国专利法专门针对滥用专利制度中相关规则的行为进行限制,在专利无效诉讼中,如果一方对其专利进行数次限制以拖延并滥用其权利,将面临最高 3000 欧元的民事罚金,但不影响原告追索损失赔偿。

2005 年的阿斯利康(AstraZeneca)案是欧盟约束滥用专利制度行为的典型案例,此案体现了欧盟在限制与专利有关的滥用行为时所考虑的因素和出发点。在该案中,欧盟委员会认为阿斯利康公司存在滥用专利制度和药品上市流程以阻碍或延迟通用药商竞争者进入市场,应处罚款。[1]欧盟委员会主张,阿斯利康公司存在两种滥用行为:第一种是该公司在欧盟多个国家的专利局提交具有误导性的信息,以通过专利补充保护认定程序(Supplementary Protection Certificates, SPCs)获得洛赛克(Losec)药品(治疗胃溃疡药物)专利的延长保护;第二种是欧盟范围内仿制药的市场准入,需要满足该仿制药对应的原研药本身仍存在上市授权的条件,阿斯利康公司将洛赛克原研药从胶囊换成药片的行为,会阻碍或者延迟仿制药商和其他竞争者进入市场。

在本案中,欧洲法院认为,利用市场支配地位维护自身商业利益的行为受到一定的限制:在非为维护竞争中的合法利益,或缺乏合理理由的情况下,专利权人不能利用行政审批流程使得市场中其他竞争者进入市场更加困难。[2]专利制度的原始目标就在于通过授予专利权人保护范围内的排他使用权,使得其

---

[1] European Commission, Press Release IP/05/737 of 15 June 2005. P. Van Malleghem and W. Devroe, "Astrazeneca: Court of Justice Upholds First Decision Finding Abuse of Dominant Position in Pharmaceutical Sector", 4 *Journal of European Competition Law & Practice* 3, 2013, pp. 229-230.

[2] AstraZeneca v. Commission, Case T-321/05.

享有独特的竞争优势。但是，在现实中，获取专利权的行为本身就可能违反竞争法，即当占有市场支配地位的公司违反专利法和竞争法在促进创新方面共同的政策目标而申请专利授权时，可以认为其违反竞争法。如果没有迹象表明专利权人仍将使用或商业转化相关专利，或为其他基础创新提供支持，或追求进一步的合法利益，专利权人享有专利权的唯一目的就在于阻止其他公司的发展，即可认为专利权人获取专利本身就是一种滥用行为。

对滥用行为进行约束是利益衡量的结果。在利益衡量的过程中，会涉及当事人具体利益、群体利益、制度利益和社会公共利益四个不同层次的利益。[1]其中，最具特殊性的是制度利益，它并不代表"人"的利益，而是指实在的法或法律体系所体现和保护的制度化的价值。[2]某一法律制度本身所追求的或者所凝固的制度利益是其核心价值，深刻地影响着该制度的生存和发展。[3]专利制度所预期追求的状态和目标，就是专利制度的利益体现。当前，专利制度本质的利益追求在于"基于全人类共同福祉，促进科技进步与技术发展"，违背这一制度目标采取的行为就很可能导致专利制度利益受到损失。当制度实施过程中遇到很多威胁制度利益的行为或现象时，就需要采取必要的措施，发挥法律制度规范和调整的功能，使得专利制度未来的发展能够回归合理轨道。

三、限制滥用制度行为的司法应对

专利侵权诉讼制度作为一种维护专利制度促进技术创新功

---

〔1〕 参见梁上上："制度利益衡量的逻辑"，载《中国法学》2012年第4期。
〔2〕 参见舒国滢：《法哲学沉思录》，北京大学出版社2010年版，第257页。
〔3〕 参见梁上上："制度利益衡量的逻辑"，载《中国法学》2012年第4期。

能的纠偏机制,近年来日益被异化为攫取不当利益、打击竞争对手的工具。[1]对专利制度的滥用就属于这一现象引发的结果。对专利制度的滥用,从表面上看属于合法行为,比如非专利实施主体(NPE)对涉嫌侵权行为人发出侵权警告或提起诉讼。专利权人请求法院进行司法救济是其当然享有的权利,在 NPE 自己不实施专利,也尚未许可他人实施专利的情况下,并没有专利权滥用行为的存在,基于合法有效的专利权提出侵权诉讼也没有超出专利权的行使边界,因此专利制度本身难以对 NPE 进行直接的抑制或打击。

但实质上,NPE 所采取的商业模式,若以起诉他人、警告他人侵权为主要内容,会造成很大的资源浪费。NPE 的诉讼干扰策略给专利创新系统带来了巨大的经济成本,阻碍了研发的投入,给社会带来了巨大的危害。[2]NPE 自己不实施,会使处于个人领域的技术方案长久处于搁置状态,具有实施能力和实施需求的主体则可能因该专利的存在而掉入"陷阱",一旦使用该专利,就会面临侵犯他人权利的困境,而 NPE 却可能借机提高要价,或待使用人正式投入使用之后,提出侵权警告或以起诉相威胁,进一步提高自己的定价能力。面临这种局面,侵权行为人或放弃使用该专利,继续寻找其他替代物,或直接放弃本身的研究开发计划,造成之前付出成本的流失。无论哪一种结果,都会产生附加的社会成本,不利于专利以最有效的方式投入生产、运营或商业转化,也会对后续创新者产生阻碍,从而造成专利制度利益受损。

---

〔1〕 朱雪忠、彭祥飞:"论专利侵权诉讼的失范现象及其治理",载《政法论丛》2018 年第 2 期。

〔2〕 易继明:"遏制专利蟑螂——评美国专利新政及其对中国的启示",载《法律科学(西北政法大学学报)》2014 年第 2 期。

专利制度利益存在于各个具体环节，对专利制度利益的具体实现方式可以继续进行类型化的分析，从而使得在每一个环节中，专利制度利益都能够得到充分保障。在专利侵权抗辩中，专利制度利益得以维护的重要途径就是借助原被告双方的对抗机制，通过支持被告提出的侵权抗辩对原告的主张进行否认或削弱，抑制原告不合理地利用专利制度造成社会资源的浪费和制度利益受损。针对损害专利制度利益的制度滥用行为，侵权行为人不妨借助我国司法实践中对停止侵权救济的限制适用规则予以应对。本书将在第五章"专利侵权责任的抗辩"中，对停止侵权救济限制适用的现实意义、司法实践与相关问题展开更为详细的探讨。

第二节　程序性权利滥用的抗辩

私有权利的存在及其保护具有正当性，但实践中会出现原告不合理、不正当地获取并行使专利权，试图利用专利权的保护和救济途径来博取一定的好处，或损害被告正当利益的现象。专利权人的不正当申请专利和不正当行使诉权的行为，都会造成他人利益乃至社会公共利益被侵害。申请专利和提起侵权诉讼，均属于程序性的权利。对程序性权利滥用行为进行规制，既符合利益平衡的要求，也是对专利领域程序规则的异化现象进行矫正的需要。

一、不正当申请抗辩

不正当申请，是指通过不正当的方式，以欺诈等手段获得本不应当授权的专利，不正当的行为发生在申请专利的过程中。不正当申请属于专利体系中不正当行为的一种表现类型，而广义的不正当行为则在专利权授予、行使、保护和救济整个过程中，专利权人所从事的不正当行为，包括但不限于专利权垄断、恶意诉讼、拖延诉讼等。在专利诉讼中，"不正当行为"也可以作为被控侵权人对抗专利权人主张的依据。"不正当行为"实际指代的行为类型与其名称并不完全一致，实践中很多对专利权的不正当行使行为都没有被这一术语包含在内，"不正当行为"仅仅指专利权人通过不正当手段获得专利，更为确切地讲，此处的"不正当行为"专指"不正当获取专利并寻求权利保护的行为"。为了更好地区别广义的不正当行为和专利申请过程中的不正当行为，本书采用"不正当申请"指代后者。

不正当申请抗辩源自英美法中"不洁之手（unclean hand）"原则，该原则反对任何欺诈或不诚信行为，并拒绝向那些实施欺诈或者不诚信行为的主体提供禁令或公平救济。[1]"不洁之手"原则通过司法判例得以不断健全与发展。美国司法实践中已经确立起较为成熟的"不正当行为抗辩原则"（inequitable conduct doctrine），以矫正专利权授权过程中的错误。在该原则下，如果被控侵权人能够通过明确的证据证明专利申请人带有欺骗专利局的主观故意，且在申请专利时作虚假陈述或遗漏实质性信息，那么该情形可以作为专利侵权抗辩的事由存在。[2]在构成要件上，不正当申请抗辩需要满足主观恶意和客观欺骗两个要素，由于专利权人申请时存在的不正当行为，专利权丧失其合法存在的正当性依据，被控侵权人自然而然不再需要承担侵权责任。对专利权所涉及的技术最为精通者，除专利权人本身之外，就是同行业竞争者。不正当申请抗辩规则从授予被

---

[1] 徐棣枫："不正当行为抗辩制度之移植可行性及设计构想——基于《专利法》第四次修改中的'诚实信用原则'"，载《东方法学》2018年第6期。

[2] See Therasense, Inc. v. Becton-Dickinson, Inc., 649 F. 3d 1276 (Fed. Cir. 2011).

控侵权人广泛的抗辩权利入手，激励社会公众更为广泛地投入监督专利权人申请授权、权利行使的过程当中。

（一）我国针对不正当申请专利行为的规定与实践

目前，我国针对不正当申请行为，已经建立起相应的规则约束，北京市高级人民法院的《专利侵权判定指南（2017）》第126条第1款规定了构成"滥用专利权抗辩"的行为："被诉侵权人提供证据证明涉案专利为专利权人恶意取得的，可以判决驳回原告的诉讼请求。"其中对恶意取得专利权在第127条进行了具体规定。恶意取得专利权，是指将明知不应当获得专利保护的发明创造申请专利并获得了专利权的行为，包括五种情形：①将申请日前专利权人明确知悉的国家标准、行业标准等技术标准中的技术方案申请专利并取得专利权的；②国家标准、行业标准等技术标准的制定参与人，将在上述标准的起草、制定等过程中明确知悉的他人技术方案申请专利并取得专利权的；③将明知为某一地区广为制造或使用的产品申请专利并取得专利权的；④采用编造实验数据、虚构技术效果等手段使涉案专利满足专利法的授权条件并取得专利权的；⑤将域外公开的专利申请文件所披露的技术方案在中国申请并获得专利权的。

《专利侵权判定指南（2017）》明确将"滥用专利权"作为专利侵权抗辩事由之一。该指南将专利申请中的恶意行为定性为"滥用专利权"似乎失之偏颇，因为"滥用专利权"是指对合法存在的专利权进行滥用的行为，而当专利申请中存在恶意行为时，专利权是否合法存在已经存疑，且恶意取得专利权行为实际上发生在申请程序中，而非"使用"或"行使"专利权的过程中，因此，本书将《专利侵权判定指南（2017）》中规定的"不正当申请专利行为"与"滥用专利权行为"相区别，进行不同的抗辩事由分析和探讨。该指南仅规定了"恶意取得专利权"这一种专利权滥用的情形，且将"专利无效"排除在滥用专利权范围之外。在权利人恶意取得专利权的情况下，法院可认定其属于滥用专利权，从而驳回原告的诉讼请求。但实际上，将恶意取得专利权的情形认定为滥用专利权，存在概念上的误读与混淆。专利申请人基于主观上的"恶意"，在客观上采取不正当手段获取的专利授权应当被否认，该权利基础自始就不应当存在。专利权的"滥用"，是指专利权人在既有的合法专利权的基础上，采取不正当的手段，以"滥用"的方式行使该权利。或者说，权利基础的合理合法存在，是专利权滥用的基础要素之一，缺乏权利基础的情况下，是"无权"行为，而非对权利的"滥用"行为。

因此，《专利侵权判定指南（2017）》仍存在待商榷和修改完善的地方。专利权滥用与恶意取得专利权的角度不同，不应混为一谈。专利权的滥用建立在权利人享有合法有效的专利权基础上，而恶意取得专利权的情形会对专利权效力产生直接影响。恶意获取专利与衡平法中"不正当行为"更为相似，在其他国家的司法实践中，"不正当行为"是作为独立于专利权滥用的规则而单独存在的抗辩事由。"不正当行为"更多强调的是对已授权专利的事后矫正，而限制非专利权人行使专利权的后续行为；而"禁止专利权滥用"则建立在既得专利权合法有效的基础上，对专利权人实施的超出专利权正当范围的行为进行约束。二者的实施前提与制度目标本身就存在差异。

我国专利数量很多，但专利质量不高，需要强化专利申请人对现有技术的披露义务，方便专利审查员检索相关技术，以提高专利审查质量、引导技术开发人员确定研究方向、促进专利技术的使用与优化。[1]我国司法实践中针对恶意取得专利权行为的新规定,体现了通过增强专利权人义务提升专利标准的目标,具有积极意义。但是通过列举式的规定对恶意取得专利权的行为进行解释,又可能遗漏实践中的一些新情形。上述五种恶意取得专利权的行为表现,主要还是指故意将现有技术作为专利方案进行申请和欺诈两种情形,并没有明确提出加强专利申请人的披露义务。因此,在实践中,有关专利权人义务的规定,尤其是有关诚实信用、合理披露义务的规定,亟待加强与补充。

我国在司法实践中认定构成恶意取得专利权的情形并不常见,但主要涉及的行为包括:①所申请的专利技术方案来源不正当。如北京乐智林教育科技有限公司(以下简称"乐智林公司")与北京七色花教育科技发展有限公司(以下简称"七色花公司")侵害外观设计专利权纠纷案,乐智林公司认为,七色花公司申请专利的样品本身就是购买的乐智林公司的产品,其是恶意抢先取得专利权且滥用专利权提起侵权诉讼。[2]②恶意利用我国专利审查程序获得授权。比如在安吉县雪强竹木制品有限公司与许赟有其他侵权纠纷案中,生产和销售竹产品的被申请人许赟有在知情的情况下,仍在 2001 年申请了涉案外观设计专利,利用我国对外观设计专利不进行实质审查的制度,恶意取得专利权,进而打击申请再审人,其主观恶意明显。[3]又如美的公司作为空调产业领域的龙头企业,明确知悉本领域内的惯常设计和公知常识,但仍将明知属于公有领域且已被广

---

[1] 柳福东、黄运康:"专利权宣告无效程序质量控制研究",载《电子知识产权》2018 年第 11 期。

[2] 北京市高级人民法院(2015)高民(知)终字第 3072 号民事判决书。

[3] 最高人民法院(2008)民申字第 762 号民事裁定书。

泛制造、使用的技术申请为专利，恶意取得专利权，并基于该专利在多处提起多起专利侵权诉讼，以实现其恶意垄断市场、打压竞争对手的目的。[1]

恶意取得专利权或不正当申请专利的行为，从字面意义上理解，比《专利侵权判定指南（2017）》中所列举的五种情形更广泛，也更加具有包容性。比如，通过不正当手段获得发明并申请专利的行为，实际上也存在主观"恶意"，即恶意谎称自己是技术方案的发明者而主张获得授权。国家设立专利制度的目的在于鼓励发明创造，保护发明创造者的合法权益。在未经他人同意的情况下，以他人的发明申请专利，违反了当事人在民事活动中应遵循的诚实信用原则。我国《专利法》在第四次修改过程中，也补充了关于诚实信用原则的要求，增加了"申请专利和行使专利权应当遵循诚实信用原则"的规定。限制恶意取得专利权的行为属于践行诚实信用理念的一项重要内容，但我国已有的限制恶意取得专利权的规则不够周延，也难以全面、充分地实现诚实信用原则。

对恶意取得专利权的抗辩目前只规定于北京市高级人民法院发布的《专利侵权判定指南（2017）》中，对于其他地区不具有法律约束力。实践中，也的确出现过被告在诉讼中提出恶意取得专利权的抗辩，但法院在判决理由中并未予以讨论的情形。[2]受影响于大陆法系对成文法的权威性、统一性的强调和重视，我国法院大多数倾向于保守地参照既有法律规定，严格按照法律推理"大前提—小前提—结论"的逻辑进行案件审理与判决的演绎。因此，在缺乏可适用于全国范围的恶意取得专利权抗辩的统一法律制度时，我国尚缺乏足够的关于限制恶意

---

[1] 广州知识产权法院（2017）粤73民初2588号民事裁定书。
[2] 广东省广州市中级人民法院（2014）穗中法知民初字第526号民事判决书。

取得专利权抗辩的实践经验，通过比较研究其他国家相对成熟、长久的司法经验，并结合我国既有的立法背景与实践基础，能够获得理解、适用和改善这一制度的有益启示及对比反思。

(二) 不正当申请行为的判断要素

在不正当申请抗辩制度下，若专利权人在向专利局进行申请的过程中存在不当行为，法院应拒绝支持该专利权的行使和救济。该规则要求专利权人在申请专利的时候遵循诚实信用原则，履行充分信息披露义务，不得故意隐瞒会影响所申请技术方案可专利性的重要信息。[1]这是因为对信息披露义务的履行，可能与专利申请人的个人利益相悖，信息的充分披露可能使专利审查员了解到之前所不了解的信息，或专利局由于其信息来源、专利审查员的时间和精力的有限性，如果专利申请人不进行披露，几乎不太可能了解到这些信息。一旦这些信息被知晓，申请人的技术方案很有可能就不会被授权。为了避免专利申请人为了个人利益而选择隐瞒重要信息，造成公有领域被侵占、个人私权扩大，世界上许多国家和地区，如美国、欧盟等，均选择对违反信息披露义务的申请人进行严格的"惩罚"，一旦发现专利申请人违反上述规定，已被授权的专利就不再具有可实施性，这一制度因而被称为专利法中的"自动炸弹"（automatic bomb）。[2]这一制度对于约束专利申请人、提升专利申请质量具有重要意义，避免了一些本不应授权的技术方案获得授权，损害公共利益。

虽然对于不正当申请专利的行为进行遏制是很多国家和地

---

〔1〕 Janice M. Mueller, *Patent Law*, Fifth Edition, Wolters Kluwer, 2016, pp. 774-775.

〔2〕 See Therasense, Inc. v. Becton, Dickinson and Co., 649 F. 3d 1288 (Fed. Cir. 2011).

区选择的态度,但是在具体认定不正当申请行为时,不同国家和地区又存在着认定标准的差异。以美国和欧盟为例,美国司法实践中采用"主观+客观"的认定标准,要求不正当申请抗辩成立的条件为专利权人申请时存在主观恶意,而欧盟则仅采用"客观"标准,并不要求专利权人在申请时存在故意欺骗或隐瞒重要信息等主观恶意。两种认定标准会导致不正当申请行为证明要求、范围大小方面的差异,从而对专利申请人的选择、行为产生不同的约束和调整作用。

在美国专利法中,专利权人应基于"坦诚与善意"(Candor and Good Faith),提出专利申请。[1]专利申请人的欺诈或不公正行为会阻碍其技术方案获得授权,如果已经被授权,则会导致所有的权利要求不具有可实施性(unenforceable),而不仅限于那些违反诚实信用原则的特定权利要求。这一原则与美国专利法中的禁止权利滥用原则存在共通之处,即都是因专利权人存在不正当行为,导致专利权丧失了可实施性。这些理念都植根于普通法受衡平理念影响的实践当中。美国主要是通过法院的判例发展出认定不正当申请抗辩的要素,提出这一抗辩的被告需要通过明确、充足的证据证明:①在对于判断技术方案的可专利性具有实质性意义(materiality)的参考信息上存在欺诈;②专利申请人具有欺骗美国专利商标局的故意(intent to deceive the USP-TO)。[2]以下将详细分析这两个要素在实践中如何具体判断。

在对于判断技术方案的可专利性具有实质性意义的参考信息上存在欺诈的行为,在实践中有三种具体的表现形式:未能向美国专利商标局披露专利申请人已知的对于可专利性的判断

---

〔1〕 Peter S. Menell, Mark A. Lemley and Robert P. Merges, *Intellectual Property in the New Technological Age*: 2018, Clause 8 Publishing, 2018, p.505.

〔2〕 Dippin' Dots, Inc. v. Mosey, 476 F. 3d 1337, 1345 (Fed. Cir. 2007).

具有实质影响的信息；向美国专利商标局提交对于可专利性的判断具有实质影响的错误信息；向美国专利商标局所作错误陈述对于可专利性的判断具有实质影响。专利申请人对此项规定的违反可以以作为的方式，也可以以不作为的方式进行。在具体判断哪些信息属于对于可专利性的判断具有实质影响的信息时，司法审判中采用了"若非-则不"（but-for）标准，[1]即如果没有隐瞒相关信息或对该信息作错误陈述，美国专利商标局就不会授予该专利权。该标准存在一定的例外情形，当专利申请人存在故意的不端行为且性质恶劣时，比如故意提交存在明显错误的专利申请宣誓书，该行为本身就会被认为产生了对可专利性的实质影响。[2]

斯尔森（Therasense）案的适用标准和解释具有启发性。该案涉及雅培（Abbott）在美国获得授权的5820551号专利，该专利涉及糖尿病患者使用的一次性血糖试纸。贝克顿-迪金森（Becton-Dickinson）公司提起诉讼，要求宣告该专利无效。雅培为获得美国专利授权，针对该技术方案的说明与其在欧洲专利局申请专利授权时的说明相反，造成美国专利商标局对技术方案的错误理解。美国联邦巡回上诉法院在判决中主张，专利权人雅培在申请专利时，故意提供错误信息，导致美国专利商标局对技术方案产生错误解读而授权的行为，构成了"不正当行为"（inequitable conduct），因此对于该专利拒绝提供保护。原告在专利申请时的不正当行为可以作为被告的一项有力抗辩，以对抗原告的侵权主张。

专利申请人具有欺骗美国专利商标局的故意这一要素，体现出美国专利法规则设置对专利权人的约束，同时也体现出对

---

[1] See Therasense, Inc. v. Becton, Dickinson and Co., 649 F. 3d 1305–1306.

[2] See Therasense, Inc. v. Becton, Dickinson and Co., 649 F. 3d 1292.

"无辜"犯错者的宽容。不正当申请抗辩的成立，要求被控侵权人能够通过充分、明显的证据证明，权利人在申请专利的时候，主观上明知相关信息可能会对授权结果产生影响，而作错误陈述或隐瞒。美国联邦巡回上诉法院在"Kingsdown Med. Consultants v. Hollister"案中确立起对主观故意要件的基本解释规则，即"重大过失"或"行政流程的错误"不满足"不正当行为"抗辩中主观故意的标准。[1]因此，不正当申请抗辩中，申请人的主观状态必须是"知晓"，而不包括"应当知晓"。美国联邦巡回上诉法院在2008年审理的星科公司（Star Scientific）案可以帮助理解"故意"要素认定标准。在该案中，专利权人星科公司在申请第649号专利期间，更换了原先的专利代理所，而原本的专利代理所曾声称其掌握了可能会对申请人获得专利授权不利的信件。美国联邦巡回上诉法院在审理该案时发现，在更换专利代理所之前，星科公司并不知晓该信件中的具体内容，也不知道该信件是否真的会导致其专利申请被驳回，因此，被告提供的证据不足以证明星科公司更换专利代理所带有误导美国专利商标局以获得专利授权的目的，二者之间不具有直接的因果关系。[2]因此被告对星科公司构成不正当申请专利的主张未被支持。

之所以对原告主观故意状态的认定采取严格标准，是考虑到专利申请过程中存在谬误的合理性与制度的衡平色彩。申请者在申请专利之前，需要付出大量的检索成本，去验证其技术方案是否具有新颖性和创造性。随着技术不断进步，越来越多

---

[1] Kingsdown Med. Consultants, Ltd. v. Hollister, Inc., 863 F. 2d 867 (Fed. Cir. 1988).

[2] Star Scientific, Inc., v. R. J. Reynolds Tobacco Co., 537 F. 3d 1357, 1366 (Fed. Cir. 2008).

的发明或发现需要建立在既有的科技成果的基础上，如果对发明人苛以严格的检索、审查和检验义务，会使得发明人殚于付出过高成本而放弃发明创造。尤其是当申请者不具有主观恶意而仅存在一些谬误、疏忽之时，规则的宽容可以为专利申请人提供适度的自由空间，发挥专利制度激励创新的功能。

在认定抗辩是否成立时，法院也需要结合原被告双方的主观状态作出衡平的决定，考察双方是否符合善意的标准。[1]抗辩作为被告对抗原告诉讼主张的手段，既是对原告的限制，也是对被告的"宽容"，抗辩规则的设置带有约束专利权人不正当行为的色彩，但也需要谨防被告滥用规则，对原告权益造成不合理的负面影响。与美国相比，欧盟对于专利申请人的义务要求更高，无需证明申请人的主观状态，也可能认定不正当申请行为成立。欧盟采用的这一严苛标准也饱受争议，被认为对申请人施加过多负担，会造成申请人成本增加，不利于发挥专利制度激励创新和公开发明的作用。欧盟对于不正当申请行为进行限制的规则设置与其对待专利法和竞争法的态度密不可分。欧盟从竞争政策的视角，对专利制度的运行进行调整，矫正传统专利授权模式下，可能会对市场竞争和秩序造成的不利影响。

二、滥用诉权的抗辩

滥用诉权的现象不仅出现在专利保护中，其实在很多民事诉讼案件中都可能存在。从行为类型上看，滥用诉权属于滥用程序性权利，而非滥用实体性权利。这也是滥用诉权与滥用专利权行为的区别所在。对专利权的滥用，是实体性权利的滥用，是对专利权的不正当行使，是对专利权范围的扩张。因此，基

---

[1] Janice M. Mueller, *Patent Law*, Fifth Edition, Wolters Kluwer, 2016, p.789.

于对专利权进行限制的研究视角，有必要将专利权滥用行为和不正当诉讼这一滥用诉权的行为进行区别，以免在研究中出现概念的误解和混乱。专利权人针对侵权行为人提起的专利侵权诉讼，本是对权利人合法利益的一种救济途径，但在现实中可能演变为专利权人借机损害他人正当利益的工具。一般情况下，不正当诉讼中的原告或带有"赌博"的心态，明知自己可能缺乏诉讼的权利基础，依然想作出尝试，"敲诈"被告以获得收益；或"醉翁之意不在酒"，原告可能并不在意自己的诉讼最终是否能够成功，而是将诉讼作为竞争手段，通过提起侵权之诉，达到损害对方商誉、影响对方市场前景或拖延时间等目的。总体而言，对专利诉讼的滥用，可以划分为恶意诉讼和拖延诉讼两种情形。

（一）恶意诉讼

我国针对实践中可能出现的恶意诉讼的情形，采取了相应的预防性机制，《最高人民法院关于审理侵犯专利权纠纷案件应用法律若干问题的解释》第18条赋予了受到侵权警告的主体提出"确认不侵权"之诉的权利，[1] 从而督促专利权人及时行使权利，也防止专利权人胡乱提出侵权之诉，损害他人合法权益。但是从2003年我国审理知识产权恶意诉讼第一案，到2015年《专利法》的第四次修改进程的开启，我国始终没有形成规制不当运用专利侵权诉讼行为的有效机制。[2]

---

[1] 《最高人民法院关于审理侵犯专利权纠纷案件应用法律若干问题的解释》第18条规定："权利人向他人发出侵犯专利权的警告，被警告人或者利害关系人经书面催告权利人行使诉权，自权利人收到该书面催告之日起一个月内或者自书面催告发出之日起二个月内，权利人不撤回警告也不提起诉讼，被警告人或者利害关系人向人民法院提起请求确认其行为不侵犯专利权的诉讼的，人民法院应当受理。"

[2] 朱雪忠、彭祥飞："论专利侵权诉讼滥用的规制：价值与模式"，载《西北大学学报（哲学社会科学版）》2019年第4期。

无独有偶，关于恶意诉讼的域外经验，也展现出应对这一行为的必要性。美国司法实践中使用"虚假诉讼（Sham Litigation）"或"恶意诉讼（Malicious Prosecution）"来指代缺乏正当性、不应获得支持的诉讼行为。其中，对虚假诉讼的约束成为规范竞争秩序的一部分。虚假诉讼是指缺乏客观基础，且提起诉讼的主体带有利用诉讼程序直接干扰竞争者商业经营关系的目的，而无论案件实际结果如何的起诉。[1]存在于专利领域的恶意诉讼，则是指原告在缺乏合法或合理理由的情况下，依然故意起诉被告，以获得不正当的利益，导致对被告合法利益的损害。在专利权中，实体性权利滥用和程序性权利滥用均具有不正当性，是依法应被遏制甚至惩罚的行为。

　　对专利权程序性权利的滥用，并非专利权特有的现象，在一般民事权利的行使与保护之中，也可能会滋生滥用民事诉权等程序性权利的问题。对程序性权利的滥用，实践中可以构成被告方提出"反诉"的事由，区别于被告针对原告的侵权主张提出抗辩的依据。但由于专利权区别于一般的民事权利，专利权需要通过行政授权程序获得，而非自然产生，专利权的范围和解释存在不确定性和模糊性，专利诉权的滥用在当下尤其受到关注。

　　随着科技进步和技术发展，专利权人在诉讼中主张专利保护，要求获得救济，都是对诉权的使用。但很多专利权人试图从专利制度中"寻租"，申请专利之后，并不通过实施专利或将专利变现来获得收益，而是通过提出侵权诉讼，利用专利市场中的信息不对称达到攫取利益的目的。日本判例将提起侵权诉讼本身属于违法行为解释为："明知欠缺事实上、法律上的根

---

　　〔1〕 See Professional Real Estate Investors, Inc. v. Columbia Pictures Industries, Inc., 508 U.S. 49 (1993).

据，或者普通人容易知道明显欠缺事实或法律上的根据，还是提起了诉讼等，参照裁判制度的趣旨，权利人提起诉讼被认为明显不妥当。"〔1〕主张专利侵权诉讼本身存在违法性，是被告可采取的更加积极的对抗手段。

从限制专利权行使的角度来看，专利权人对程序性权利的滥用，与对实体性权利的滥用，存在若干差别：其一，从发生阶段来看，对程序性权利的滥用存在于权利申请、保护和救济等过程中，而非基于已授权的专利基础；其二，从行为结果来看，滥用程序性权利并不必然导致专利权范围的扩大，而滥用实体性权利则造成了专利权范围的实际扩张；其三，从制度目标上看，对滥用程序性权利的规制，目的是避免一些法律程序成为提起诉讼的主体攫取不正当利益的途径，是对程序规则的矫正与完善，而对滥用实体性权利的规制，着眼点主要在于限制专利权的行使，避免权利行使的方式破坏专利制度的正当性。理清专利权滥用和专利诉权滥用的概念，能够在理论上明确禁止专利侵权诉讼滥用的法律制度之目的，规范和保障行为主体对专利诉讼的合理使用，禁止和惩罚滥用专利侵权诉讼的行为。〔2〕因此，在对权利滥用抗辩进行讨论和分析的时候，需要将程序性权利的滥用和实体性权利的滥用进行区分，以更好地把握抗辩规则背后的逻辑体系与价值理念。

（二）拖延诉讼

拖延诉讼，可以划分为起诉前和起诉后两种情形。起诉前的拖延诉讼，即谓"懈怠"（laches），是指专利权人自知道或应

---

〔1〕 参见［日］增井和夫、田村善之：《日本专利案例指南》（原书第4版），李扬等译，知识产权出版社2016年版，第351页。

〔2〕 参见朱雪忠、彭祥飞："论专利侵权诉讼滥用的规制：价值与模式"，载《西北大学学报（哲学社会科学版）》2019年第4期。

当知道专利侵权行为之日起,出于某种特定的目的,不合理地迟延提起诉讼。司法上创设出这样一种制度:当权利人在不合理迟延或者作出不起诉的错误陈述后不公正起诉之时,被控侵权人能够限制或者忽视其责任。[1]起诉后的拖延诉讼,是指在诉讼开展的过程中,当事人通过一系列行为,阻碍诉讼进程,比如反复多次提起专利权无效宣告请求,甚至还进入中止诉讼程序,随意提起管辖权异议、回避申请或者轻率地申请诉前临时禁令等。[2]拖延诉讼行为会带来额外的社会成本,使侵权纠纷不能得到及时解决,违背了诉讼经济理念,浪费了司法资源;而权利人"放水养鱼"式地怠于行使权利,不利于市场交易的安全和稳定,影响了社会整体的经济效率。

专利侵权的判定与行为人的主观过错无关,只要行为人未经专利权人的许可,客观实施了侵害专利权的行为,无论其主观上是否具有过错,其行为均构成侵权。因此,权利人是否存在懈怠与侵权行为是否成立无关,争论的关键在于懈怠能否阻却禁令救济——责令停止侵权行为和金钱救济——赔偿专利权人的损失。法律不保护在权利上睡觉的人。我国《专利法》第74条关于诉讼时效的规定,能够督促专利权人及时行使权利,避免懈怠行为,即侵犯专利权的诉讼时效为三年,自专利权人或者利害关系人知道或者应当知道侵权行为以及侵权人之日起计算。发明专利申请公布后至专利权授予前使用该发明未支付适当使用费的,专利权人要求支付使用费的诉讼时效为三年,自专利权人知道或者应当知道他人使用其发明之日起计算,但

---

[1] [美]罗杰·谢科特、约翰·托马斯:《专利法原理》(第2版),余仲儒组织翻译,知识产权出版社2016年版,第279页。

[2] 朱雪忠、彭祥飞:"论专利侵权诉讼滥用的规制:价值与模式",载《西北大学学报(哲学社会科学版)》2019年第4期。

是，专利权人于专利权授予之日前即已知道或者应当知道的，自专利权授予之日起计算。

普通法下的懈怠抗辩规则存在已久，具有独立于诉讼时效规则的意义和价值。当原告不合理地迟延提起诉讼，并且该迟延对于被告构成实质损害时，不得起诉。[1]这一规则的独立性体现在，被告可以通过证明原告存在懈怠行为以及自身因此遭受损失，而获得损害赔偿。在诉讼时效规则下，原告息于提起诉讼最多意味着其获得的损害赔偿数额受到限制。懈怠规则是衡平法系统追求利益平衡与重视整体效率的体现，避免了原告不积极行使权利的行为损害市场环境中的信赖与安全。

懈怠抗辩规则的独立设置，对我国完善禁止拖延诉讼行为的规则具有参考价值。我国对诉讼之前及过程中的拖延或懈怠行为，并没有设置针对性的具体规则，而是在具有关联性的规则当中进行分散式规定。比如，2001年最高人民法院要求申请诉前禁令的当事人应当提供担保，否则驳回申请；[2]之后设置技术调查官制度，以提高法院审理的专业性和效率。但是这些规则的设置都忽略了对被告受损利益的补偿，不利于实现专利制度的利益平衡目标。当事人在作出行为选择时，受到"成本-收益"分析的影响，会基于理性而选择最有利于自身利益的方式。当规则设置缺乏对不正当行为的有力约束时，其实就是对不正当行为的宽容。权利人之所以选择拖延诉讼，是因为这一行为比及时有效地制止侵权行为给其带来更大的利益。因此，为了有效约束拖延诉讼行为，可以在侵权诉讼中允许被告作出抗辩，参考普通法中的懈怠抗辩规则，要求原告对其造成的损

---

[1] A. C. Aukerman Co. v. R. L. Chaides Const. Co., 960 F. 2d 1020 (1992).
[2] 参见2001年《最高人民法院关于对诉前停止侵犯专利权行为适用法律问题的若干规定》第6条。

害承担赔偿责任，促进专利诉讼的有效开展和权利的正当行使。

第三节　实体性权利滥用的抗辩

在专利侵权诉讼中，被告提出的抗辩主张可以用来对抗原告的诉讼请求，法院对被告抗辩主张的支持，就是对原告诉讼请求的部分否定或全部否定，抗辩事由从而可以实现限制或约束原告利益范围的实际作用，其中也包含了对专利权滥用这一行为的影响。在我国，对专利权滥用的定义尚未达成普遍一致的认知，且我国《专利法》中也没有将权利人滥用专利权的行为作为法定侵权抗辩事由之一。但在司法实践中，学者们已经逐渐意识到这一事由存在的合理性和必要性，学术探讨中也出现了将专利权滥用作为抗辩事由的呼声，并将禁止权利滥用和诚实信用原则作为该规则设置的理论基础，主张应当对权利人滥用专利权的行为进行约束和限制。《布莱克法律词典》将"禁止专利权滥用原则"（Patent Misuse Doctrine）解释为"衡平法上的一项原则，它要求专利权人不得在行使专利权时有效地扩大专利垄断权的范围，以至于限制贸易或损害公共利益"。[1]我国有学者也将专利权滥用的行为界定为超出专利权合理边界或范围的行为。[2]本书将采用主流观点，以"超出专利权的合理边界或范围"作为对"专利权滥用"的含义解释，在此概念的基础上，探讨抗辩规则在约束专利权滥用行为方面的作用与具体设置。

---

〔1〕 Bryan A. Garner（Editor in Chief），*Black's Law Dictionary*，Eighth Edtion，Thomson West，2004，p. 1162. 转引自张以标：《专利权滥用法律问题研究》，中国政法大学出版社 2018 年版，第 26 页。

〔2〕 参见彭礼堂：《公共利益论域中的知识产权限制》，知识产权出版社 2008 年版，第 81 页。

一、专利权滥用与垄断行为的关系之厘清

随着科技新兴领域的不断突破、商业贸易往来的日益频繁，专利权在技术经济中扮演的角色、发挥的作用也逐渐丰富多样。专利似乎是一个多面体，折射出技术经济发展过程中各种不同的样态。专利最原始、最基本的样态，是作为一项私有权利而存在，专利权人能够获得法授权利及相应的保护和救济，但伴随着市场竞争和技术竞赛的日趋激烈，专利也发挥着竞争"武器"的作用，既可以作为进攻性的武器，为专利权人夺得市场竞争中的一席之地，又可以作为防御性的武器，即使专利权人不将专利方案投入生产等实际运用，专利权人也可以排除他人对特定技术方案的使用，避免他人抢占市场先机。目前，专利囤积、非专利实施主体、"专利蟑螂"等现象的出现，也展现了专利运营的不同样态，如果对专利权行使行为不加以限制和约束、不加以正确引导和规范，容易诱发利用专利制度"寻租"的现象，违背通过专利制度促进经济发展、技术创新的初衷。专利权滥用抗辩可以阻止专利权人以违反公共利益的方式行使其专利权，但这样的界定过于模糊，既未对专利权人行为进行足够的指引，也难以为执法、司法机关的活动提供具体参照。实践中，很多行使专利权的行为是否构成滥用，依然是个案认定的结果。为了厘清专利权滥用的含义和范围，首先需要明确这一概念与违法垄断行为之间的关系。

专利权滥用行为具有复合性、交叉性，行为样态中既有民事违法行为，又有不正当竞争行为、限制竞争行为。[1] 由于专利权本身就属于垄断性的权利，很容易产生权利滥用、垄断等

---

[1] 宁立志："规制专利权滥用的法律范式论纲"，载《社会科学辑刊》2018年第1期。

行为。专利权人在相关市场中享有市场支配地位，再利用拥有专利的独家优势，其权利行使行为很有可能既属于权利滥用，又属于市场垄断，比如回授条款、不合理的搭售行为等。因此，对专利权滥用与违法垄断行为之间的关系，需要辩证看待，对于专利权滥用行为的性质也需要结合其产生的后续影响、行为人的市场地位、专利权本身的权利范围、行为人的具体行为模式等要素，进行综合性的判断和衡量。

诚然，在调整与规范竞争关系的过程中，知识产权与反垄断法形成了一种和谐的互动状态，[1]且由于专利权滥用与违法垄断行为之间可能会存在交叉重合，很多学者在学术研究中将二者混糅在一起进行探讨。但从专利法和反垄断法的法律逻辑与宗旨上看，二者并不是包含的关系，各自独立程度较高，反垄断法主要由行政机关完成执法工作，针对违法垄断行为进行查处，专利法则采取行政和司法双重救济的二元模式，民事诉讼中也可能会涉及一部分专利权滥用行为的纠纷和审理。基于这样的法律实践，如果在学理讨论和规则设置中，不能充分厘清专利法和反垄断法在应对专利权滥用问题上的界限与视角，可能会导致实施时的混乱与低效，也会弱化法律规则对社会公众的行为指导功能。

禁止专利权滥用原则区别于一般的反垄断原则，前者主要针对超出法授专利权范围的行为，而后者主要衡量特定行为对市场造成的影响。[2]禁止专利权滥用和反垄断原则在制度目标上存在共同点，例如《中华人民共和国反垄断法》（以下简称

---

[1] 时建中、陈鸣："技术标准化过程中的利益平衡"，载段瑞春主编：《创新与法治——新常态、新视野、新探索》，中国政法大学出版社2016年版。

[2] See Richard Calkins, "Patent Law: The Impact of the 1988 Patent Misuse Reform Act and Noerr-Pennington Doctrine on Misuse Defenses and Antitrust Counterclaims", 38 *Drake L. Rev.* 2, 1989.

《反垄断法》）在 2022 年修正时加入了"鼓励创新"的立法目的，相当于在反垄断审查过程中会考虑到对创新行为的影响。但二者针对的行为对象又存在一定差异，实践中一些行使专利权的方式超出了合理范围，但由于专利权人在相关市场中并不具有优势地位，比如存在可替代技术方案等，其滥用权利的行为并不会造成排除、限制竞争的效果；而有些借助专利权达成垄断目的的行为，可能并没有超越权利的合理范围，比如与同行业达成横向垄断协议、与产品下游经营者达成纵向垄断协议等，但这些行为造成了垄断性的效果，应受到反垄断法的规制。

与专利权滥用行为的认定不同，反垄断调查还涉及特定行为对产业的影响，比如在审查独家交易时，法院会考量市场结构、产品的可替代性等相关因素。与之形成鲜明对比，专利法几乎并不关心与专利价值和专利行为的效应有关的市场因素，对专利权的"干预"主要体现在行政授权程序中，一旦授权完成，专利法几乎不再衡量权利的存在或行使会对竞争产生何种影响。因此，专利制度的政策性要比反垄断法更低。

对专利权滥用行为的规制，主要是从权利正当性的角度出发，结合对专利权范围的理解，避免权利被不正当地扩张。违法垄断行为则主要是破坏市场竞争秩序，具有排除、限制竞争效果的不正当行为，可能是"合法"地自由行使个人私权利，并没有超出权利范围，但由于对市场竞争和经济秩序造成不良影响，被反垄断法及相关规章制度规制。对垄断行为的规制带有社会利益经济分析的色彩，比如实践中对专利回授、搭售、独家许可等行为的限制，都是从社会公共利益与整体经济效率的角度进行综合衡量作出的价值选择，而不是基于防止专利权人超出权利范围行使权利的考量。

基于反垄断法和专利法之间的复杂关系，在解读与适用

"禁止专利权滥用"这一原则性条款时,需要十分谨慎,避免引发更多的混乱与困惑。在相关配套制度,如对法律后果的规定当中,也需要融入对该行为背后法理精神与法价值的思考,对滥用行为带来的实际影响进行类型化分析。

二、专利权滥用作为抗辩事由的合理性与必要性

(一)以反垄断法规制权利滥用的不足与困境

我国目前针对专利权滥用行为,主要还是从行政层面进行规制。我国《反垄断法》第68条规定,经营者滥用知识产权,排除、限制竞争的行为,适用该法的规定。专利权人滥用知识产权的行为被反垄断机构认定构成《反垄断法》规定的经营者达成垄断协议、经营者滥用市场支配地位以及具有或者可能具有排除限制竞争效果的经营者集中这三种垄断行为之一的,应当受到《反垄断法》制裁。

但以行政执法为主的专利权滥用规制存在局限和不足。在国务院机构改革之前,我国反垄断执法职能由多个机关拥有,其中,国务院反垄断委员会负责研究拟订有关竞争政策、制定发布反垄断指南、协调反垄断行政执法工作;国家工商行政管理总局负责垄断协议、滥用市场支配地位、滥用行政权力排除限制竞争方面的反垄断执法工作(价格垄断行为除外);国家发展和改革委员会负责拟订并组织实施价格政策,监督检查价格政策的执行;商务部则依法对经营者集中行为进行反垄断审查等。[1]

---

[1] 参见《国务院办公厅关于国务院反垄断委员会主要职责和组成人员的通知》(国办发〔2008〕104号);《国务院办公厅关于印发国家工商行政管理总局主要职责内设机构和人员编制规定的通知》(国办发〔2008〕88号);《国务院办公厅关于印发国家发展和改革委员会主要职责内设机构和人员编制规定的通知》(国办发〔2008〕102号)。

为了统一执法、统一标准、规范执法，根据国务院机构改革方案，国家市场监督管理总局承担反垄断的统一执法职能，设立了反垄断局，反垄断的职能主要集中在反垄断局。但即便如此，仅仅依靠行政手段遏制专利权垄断行为，依然存在局限。由于垄断行为认定的复杂性和调查难度大，以及反垄断执法人员不足，大部分垄断案件的调查期限在12个月至24个月，漫长的调查期间更涉及多方利益的博弈。[1]而且在实践中，由于专利权涉及技术方案、商业运营等经营者内部信息，很多发生在合同关系中的垄断行为，通过民事诉讼途径解决的诉讼成本可能更低，也更有利于纠纷的快速处理。

随着实践中对专利权的不正当、不合理、不适度使用行为越来越多，学界与实务界均表现出对这一现象的担忧，并开始探索解决专利成本问题的可行路径。这些行为在广泛的讨论之中被泛称为"专利权滥用"，似乎"权利滥用"是所有不正当、不合理、不适度行使权利行为的代名词。其实通过对比可以发现，很多行为虽然与专利权有关，但并不适合全部归入"滥用"行为进行同质化的探讨与应对，而是应当结合相关行为的主体身份、产生原因、行为动机、具体样态进行类型化的分析。专利权滥用作为侵权抗辩事由的理论基础究竟是保护竞争秩序，还是维护诚实信用原则，以及如何协调涉及规范专利权滥用行为的不同部门法之间的关系，尚待探讨和厘清。这些问题，都等待着法学界的进一步研究和实践规则的不断探索，需要从反思限制专利权滥用行为的法理基础入手，建立起更加健全的专利权行使行为规范体系。

反垄断法通过规制不当行为维护市场竞争秩序，并确立起

---

[1] 林文、甘蜜：《中国反垄断行政执法和司法报告》(2016)，知识产权出版社2017年版，第42页。

一套对市场结构、市场份额、分配机制等的经济学意义上的统计调查方法，以尽可能客观地得出涉案行为是否排除、限制竞争的结论，需要耗费较大的人力、物力与时间成本。法院通过对专利权行使行为的个案审查，基于专利权范围审查范式，可以简单、直接地得出该专利权人是否滥用专利权的个案结论，处理较为快捷、迅速，一方面可以及时避免被控侵权人因专利权滥用行为继续受损，另一方面也可以及时发挥警示专利权人的作用。司法机关和行政机关可以在专利权滥用的问题上协同应对，从不同的视角和维度，适用禁止专利权滥用原则，对权利行使行为进行引导和规制。

（二）专利权滥用作为侵权抗辩的法理基础

与著作权相比，专利权的保护趋向于给专利权人带来更大的价值。区别于著作权法只保护表达不保护思想，专利法保护的是潜在的具有巨大商业应用价值的思想，而非仅仅对属于公有领域的思想所作的某种特定文字、听觉或者视觉展现，发明人也因此能够在收回该发明的固定成本之外获得更高的收益。正因为专利保护宽度较广而保护期限较短，才更容易诱发"专利埋伏""专利蟑螂"等现象。发明人通过付出研发成本，获得技术方案，如果公开不能换得任何回报，无法收回其付出的成本，将会削弱发明人的创新动力；而如果发明人能够在20年或10年这一相对较短的时间内收回研发成本，其代价则为公开技术方案，以供竞争者参考和有效期满后的公众使用，那么从一般理性人的角度来看，在专利有效期内尽可能多地收回成本、获得更多收益将是最佳选择。专利权人能够从专利制度中获取的收益越多，就越有动力进行发明创造活动，从而推动科技整体进步。但专利权保护范围和专利带来的社会整体效益之间存在边际关系。专利制度的边际效应要求对专利的保护应当在合理的范围之内，超过合理限度，专利制度将会阻碍社会整体利益的增长，产生负面效应。理想的专利立法政策应该在不影响专利权人创新积极性的前提下，尽可能地降低代价，超出这一底线，社会就没有必要让权利人获得超额利益回报。[1]当权利人的滥用行为使得其获取了超出合理范围的利益时，权利人主张获得救济的请求不应获得支持，从而避免社会对权利人的过度回报。

首先，私法中的禁止权利滥用原则对专利权进行约束。权利的行使必有一定的界限，超过正当的界限而行使权利，即为权利滥用，法学理论关于权利滥用概念的一般分析完全适用于知识产权，适用于作为私权的专利权。[2]专利法强调禁止权利滥用，这实际上也源自对私权进行限制的要求。与不正当行为抗辩相同，专利权滥用也植根于"不洁之手"这一衡平法原则。[3]在衡平法的实践中，缺乏正当性基础的权利主张不应当获得相应的保护，以避免滋生权利不正当行使的空间，损害公共利益。我国《专利法》2020年第四次修改时增加了禁止专利权滥用原则。这一原则，与《民法典》中的禁止权利滥用原则存在价值观念上的耦合，《民法典》第132条规定："民事主体不得滥用民事权利损害国家利益、社会公共利益或者他人合法权益。"权利不得滥用原则是对民事主体行使民事权利的一定限制，通过规定民事主体不得滥用权利损害国家利益、社会公共利益或者他人合法权益达到民事权利与国家利益、社会公共利

---

[1] 崔国斌：《专利法：原理与案例》（第二版），北京大学出版社2016年版，第682页。

[2] 参见彭礼堂：《公共利益论域中的知识产权限制》，知识产权出版社2008年版，第80页。

[3] B. Braun Med., Inc. v. Abbott Lab., 124 F. 3d 1419, 1427 (Fed. Cir. 1997); See Motion Picture Co. v. Universal Film Manufacturing Co., 243 U. S. 502 (1917).

益、他人合法权益的平衡。[1]专利权作为私权的一种，也会受到这一原则的约束和规范。

其次，禁止专利权滥用也符合专利制度运行正当性的要求，对专利权进行限制是权利体系的内在需要。专利侵权抗辩有助于合理确定专利权的保护范围，准确判断被控行为是否构成侵权，平衡保护专利权人和社会公众，并合理确定侵权责任。[2]在权利特点上，知识产权是一种私权，但并不是绝对化的私权。与其他民事权利相比，知识产权表现出有条件的独占性、有限制的排他性与有限定的时间性等特点。[3]这与美国学者墨杰斯论证知识产权的正当性时的观点不谋而合，即私权是"private right"，而不是"selfish right"，即"私有的"并不意味着"自私的"。[4]知识产权具有很强的公共利益的属性，比如版权保护与公共教育、文化传播，商标保护中的消费者利益，专利保护与技术进步等，都是需要在制定法律时考虑的因素，这也是知识产权受到限制的重要原因。

专利权诞生伊始，就是作为市场经营活动中的一种"垄断权"而存在。即使很多经济学家、法学家在漫长的历史进程中不断强调并论证了"垄断的存在导致市场效率的低下"这一观点，专利权依然作为一项合法的"垄断权"而长期存在。"专利"的概念本身似乎就与反垄断法所追求的目标格格不入。就目前的专利制度而言，专利权保护的是合理范围内的垄断权利与相关利益，专利本身并不是反垄断法规制的对象，但经营者

---

〔1〕 参见李适时主编：《中华人民共和国民法总则释义》，法律出版社 2017 年版，第 407 页。
〔2〕 李勇主编：《专利侵权与诉讼》，知识产权出版社 2013 年版，第 130 页。
〔3〕 李修臣："谈知识产权的法律属性"，载《前沿》2013 年第 3 期。
〔4〕 See Robert P. Merges, *Justifying Intellectual Property*, Harvard University Press, 2011, p. 23.

借助专利特权，很有可能且很容易将专利之臂延长到合理范围以外，构成对专利权的滥用。为避免权利人滥用私权损害他人利益或社会公共利益，民法将禁止权利滥用作为一项原则进行规定。禁止权利滥用与民法上的诚实信用原则相对应，依附于传统私法理论，也符合近代社会的转化，而这一原则曾经历了由较为被动的抗辩事由向具有主动性的诉因之转化。[1]发展到今天，禁止权利滥用作为被动抗辩事由的特征已经渐渐被弱化，以反垄断法、反不正当竞争法为代表的立法更加注重对权利滥用行为的主动约束，而专利法以抗辩为视角对权利滥用行为的规定存在缺失。

（三）专利权滥用作为抗辩事由的"成本–收益"分析

根据科斯定理，在交易成本为零的理想状态下，市场各主体之间能够通过自主谈判与交换最大效率地实现产权分配。实践中，由于政治环境、意识形态、信息不对称、经济制度等多重要素的综合作用，交易成本不可能为零。为了使市场环境持续活跃，生产要素能够得到充分交换、流动和合理分配，世界上许多国家在制定其法律制度或经济政策的时候，都会带有降低交易成本的目标，以最大限度调动市场活力为导向。

将专利权滥用作为抗辩事由，是从责任规则对专利制度财产规则的修正。法律制度的一项重要功能就是平衡不同群体之间的利益关系，法律中一旦进行初始赋权，就形成了市场交易与经济效率产生、发展与演变的基础，市场中后续建立起来的利益关系、产生的利益冲突，都会受到法律原始赋权的很大影响。基于此，美国经济学家卡拉布雷西和梅拉米德提出了财产规则、责任规则和不可让渡性规则的概念体系。其中，财产规

---

[1] 易继明："禁止权利滥用原则在知识产权领域中的适用"，载《中国法学》2013年第4期。

则保护下的法定权利是指权利人可以自行通过协商的方式,在自愿交易、双方合意的基础上完成权利的转移,这一规则下国家干预力度最小;责任规则保护下的法定权利是指,如果一方愿意补偿一项初始的法定权利客观确定的价值,则可以消灭这项法定权利带给原始权利人的利益,这一规则涉及一定的国家干预,权利受保护,且补偿的价值大小由国家决定;不可让渡性规则保护下的法定权利是指这一权利不可以在自愿的买卖双方之间进行转让,国家干预的力度最大。[1]

不同的规则选择,需要结合规则对社会经济整体效率造成的影响来进行。市场运作和经济活动并非一成不变,而是一个不断发展、变迁的动态过程,在不同阶段,对经济效率产生影响的因素、各种因素影响大小都可能存在差异。这也就要求与市场经济有关的法律制度应当是一个动态、灵活的体系。但由于成文法的稳定性和修法成本之高,专利法在实施过程中会发生法律实践效果与预期效果偏离的现象,以鼓励创新为目标的专利制度却成为技术进步的阻碍之一,专利流氓、专利滥用等现实问题使公众不得不对专利制度的安排与实施产生怀疑和反思。

我国的专利制度主要还是建立在财产规则的基础上,注重对专利权进行赋权与权利保护,对专利权的救济是以将权利状态恢复至未侵权时为主导。[2]以恢复原状作为主导理念的救济规则,是围绕着财产规则进行的。在财产规则下,禁令救济成为专利权人应得的一项"天然"的权利,专利权人"理所应当"享有允许或禁止他人使用自己专利的控制权,但侵权行为

---

[1] Guido Calabresi and A. Douglas Melamed, "Property Rules, Liability Rules, and Inalienability: One View of the Cathedral", 85 *Harv. L. Rev.* 6, 1972, pp. 1098-1093.

[2] 我国《专利法》损害赔偿数额的计算规则存在优先顺序,以"填平原则"为主导原则,弥补损失、侵权获利、法定赔偿之间存在先后适用顺序。

是对自己这一控制权的破坏，如果不对侵权行为实施禁令，专利权中控制性的权能就会受到大大的损害，而专利权人一旦失去对专利的控制，就会导致专利制度的激励效应下降。

但是，随着科技进步与经济发展，专利的社会性效应日益凸显，专利权不再是一项纯粹的私人权利，更多时候会受到其社会属性的约束。尤其是专利制度带来的日益严重的社会成本问题，更加使人们反思专利本身存在的意义和预期前进的方向。但专利制度的正当性并不因社会成本问题的出现而被完全否定。无论是基于对智力劳动者的尊重和激励，还是将专利作为经济政策的杠杆工具，专利在人类生活中的意义是经过长期的历史检验和不同国家与地区的实践探索而得以证明的。[1]专利制度的诸多问题，可以通过自身的矫正和调整得到改善，可以通过责任规则弥补过度依赖财产规则主框架的专利制度的内在缺陷和问题。

在责任规则框架下，权利及相关利益归属于原权利人不再成为当然结果，即在专利权领域，专利权人并不当然享有基于专利权的权能与收益，这一部分财产性权益会因为某些特定情形的发生而转移给其他人。以美国专利侵权救济规则为例，自2006年的eBay案之后，专利权人在侵权救济中获得禁令救济不再具有当然性，法院会根据具体的情况，判定是否要求被告停止被诉侵权行为。美国法院采用"四要素"测试法，否定了禁令救济的当然性，[2]充分体现了专利制度中的责任规则。在此举措背后，是美国法院对专利制度的成本考量与促进社会整体

---

〔1〕 在专利制度发展历史中，荷兰曾于1869年7月废除了专利系统，停止授予专利，一直到1910年，荷兰都顽固地坚持无专利系统。参见［美］亚当·杰夫、乔希·勒纳：《创新及其不满：专利体系对创新与进步的危害及对策》，罗建平、兰花译，中国人民大学出版社2007年版，第82页。

〔2〕 eBay Inc. v. MercExchange, L. L. C., 547 U. S. 388 (2006).

效益最大化的初衷。

在侵权抗辩事由中，责任规则也可以帮助解决专利权滥用引发的成本问题。专利权人总有能够设定专利价格的能力，无论专利的强度或价值如何。[1]在技术经济与市场竞争环境中，专利权的价值不仅仅体现在专利权人可以通过排除他人的使用来获得竞争优势，更重要的是通过定价能力赢得更多利益，这也是专利"杠杆性"的体现。如果能够合理地利用专利杠杆，按照"社会契约"的精神，实现专利权人和社会公众的"双赢"，自然是立法者和执法人最希望看到的结果，但如果专利权人突破了原本的合理比例，不合理地滥用专利权，造成社会利益受损，专利权人就应当为此受到惩戒，以避免滋生专利制度"寻租"行为。在侵权诉讼中，对专利权人不合理、不正当的权利主张的否认，就是对权利人最大的警示。侵权诉讼中的责任规则可以由此发挥促进社会经济效率提升的效用。

三、专利权滥用作为抗辩事由的国际经验与路径选择

"他山之石，可以攻玉"。当今我国立法和司法实践，或多或少受到其他国家和地区价值选择和制度安排的影响。对专利权滥用行为的规制，其他国家和地区的制度与实践的差异性和趋同性并存。[2]因此，对我国法律制度的反思，需要结合当下不同国家和地区针对专利权滥用司法救济的不同做法，进行对比分析，从中获得启示并学习借鉴。在美国、欧盟和日本专利侵权诉讼中，均存在将专利权滥用作为抗辩事由的情形。其中，

---

[1] See Herbert Hovenkamp, "The Rule of Reason and the Scope of the Patent", 52 *San Diego Law Review* 3, 2015, p. 527.

[2] 李浩成、王立武："欧、美、日知识产权滥用反垄断立法规制比较与借鉴"，载《山东社会科学》2015年第6期。

美国的相关实践更加普遍，无论是针对过期专利收费的行为，还是专利不合理捆绑销售条款，都在判例中得到及时的调整或约束。欧盟和日本则相对保守，欧洲法院虽然已经承认可以将专利权滥用作为侵权抗辩的一项事由，但实践中相关的案例并不常见；日本则将专利无效抗辩纳入禁止专利权滥用原则，从而对专利权进行限缩和控制。

（一）《美国专利法》第 282 条（b）（1）项：专利权因滥用而不具有可实施性

美国联邦最高法院在长期的司法实践中，将专利权滥用认定为"超越专利范围"的行为，以专利法的立法宗旨和目标作为该原则的解释和适用基础。由于专利法和反垄断法在价值理念上存在不同之处，法院对专利权人滥用专利权行为的规制与"竞争法""反托拉斯法"中对违法垄断行为的规制相区别、相独立。[1]当存在专利权滥用行为时，被控侵权人可以依据《美国专利法》第 282 条（b）（1）项的规定，以专利权不具有可实施性（enforceability）为由提出抗辩。这一抗辩事由关注的重点在于对专利权人行使专利权的行为进行约束，以限制专利权滥用行为。[2]美国涉及专利权滥用的案件具有行为类型化的特征，主要包括搭售与收取过期专利许可使用费两种情形。

在 1917 年之前，将专利权滥用作为专利侵权诉讼中的抗辩事由并没有得到美国法院的承认，专利权的范围不断扩张并延伸至不受专利保护的产品当中。[3]直到 1917 年的 "Morton Salt Co. v. G. S. Suppiger Co."案，美国法院才首次确立了应对专利权

---

〔1〕 See Herbert Hovenkamp, "The Rule of Reason and the Scope of the Patent", 52 *San Diego Law Review* 3, 2015, pp. 515-518.

〔2〕 B. Braun Med., Inc. v. Abbott Lab., 124 F. 3d 1419, 1426 (Fed. Cir. 1997).

〔3〕 宁立志："规制专利权滥用的法律范式论纲"，载《社会科学辑刊》2018 年第 1 期。

滥用行为的基本原则。[1]在该案中，专利权人拥有一项将盐片存储进食物罐的专利设备，进行专利许可的条件是，被许可人需同时购买专利权人生产的无专利保护的盐片。这构成典型的"搭售"行为，即将未获得专利保护的产品捆绑至专利产品上，被许可人若要获得专利产品的许可使用权，需同时购买该未获专利保护的通用产品（即市场上可以找到其他替代供应商）。在该案中，美国联邦最高法院认为原告进行捆绑销售的行为构成专利权滥用，但原告并不一定就违反了反垄断法，因为没有证据能够证明专利权人的许可行为"本质上限制竞争或试图在盐片市场造成垄断"。专利权仅给予专利权人特定范围的垄断性特权，专利权人将专利产品与其他非专利产品捆绑，实际上是扩大了专利权的物理范围，被许可人被迫为非专利产品的使用支付对价。在这个过程中，专利权人通过公开技术方案换取的垄断特权的范围在事实上超越了授权范围，对价平衡机制被破坏，社会公共利益受损。即便被控侵权人没有主动提出专利权滥用的抗辩主张，在该案中，美国联邦最高法院也从公共利益出发，提出应拒绝给予专利权人保护，因为超出专利权范围的行为与公共利益相悖，也与专利制度本身的目标背道而驰。

这一判定规则发展到今天也发生了一些变化。在2010年的"Princo Corp v. ITC"案中，美国联邦巡回上诉法院主张，专利权滥用原则应当进行狭义的解释，避免"法官造法"对专利权的实现产生阻碍。在该案中，飞利浦和索尼均享有在电子存储可录可读性光盘技术方面的专利技术，并将相关专利组合起来形成许可包进行"一揽子"许可，普菱柯（Princo）作为被许可方，需要支付整个技术包的许可使用费，无论其使用其中的

---

〔1〕 See Morton Salt Co. v. G. S. Suppiger Co., 314 U. S. 488 (1942).

全部还是部分技术方案。之后，普菱柯拒绝继续支付许可使用费，故飞利浦向美国国际贸易委员会（ITC）提出普菱柯违反贸易法的申诉，因为普菱柯在未经飞利浦许可的情况下，使用其专利并向美国进口相关专利产品。普菱柯则提出专利权滥用的抗辩，主张飞利浦以许可包括该专利在内的关键专利为条件，不当地迫使普菱柯（以及其他被许可人）支付其他专利的许可使用费，同时还造成了反竞争的效果，因为被许可人可能不会再选择该许可包中其他专利的替代技术。美国联邦巡回上诉法院驳回了该专利权滥用主张，认为，即使飞利浦和索尼达成了横向限制获取索尼专利的协议，索尼专利是一个完全不同的专利方案，且该专利方案并没有被普菱柯侵权。限制索尼技术获取途径的横向协议，并不会构成对飞利浦专利的滥用，因为这样的协议实际上并没有从物理上或者时间上扩张专利权的范围。这实际上构成对禁止专利权滥用原则的约束。除此之外，《美国专利法》第271条（d）还规定了专利权滥用的避风港规则，即如果专利权人在所捆绑的产品（tying product）的相关市场中没有市场支配力，那么仅进行搭售将不构成专利权滥用或对专利权的扩张。通过综合考量被捆绑产品的性质、市场特征，法院期待作出更加理性、衡平多种因素的决定。

  针对第二种专利权滥用行为——收取过期专利许可使用费，美国的司法实践见证了本身违法原则和合理原则两种路径的分歧与争论。早先，在"Brulotte v. Thys Co."案中，美国联邦最高法院采取本身违法原则规制专利过期还继续收取专利许可使用费的行为，主张该行为本身就属于违反专利法宗旨的权利滥用行为，应予以禁止。在该案中，蒂斯公司（Thys Co.）拥有啤酒花采摘的专利设备。布鲁洛特（Brulotte）和另一名农民从蒂斯公司处大量购买了该设备，同时达成了使用该机器的许可协议。该设备中所涉专利在 1957 年到期,但是许可协议要求被许可方在专利到期之后继续支付许可使用费。当被许可人拒绝支付时,蒂斯公司提起了专利侵权诉讼,被告以原告收取过期专利许可使用费的行为构成专利权滥用提出侵权抗辩。本案上诉至美国联邦最高法院,法院认为,原告将专利权有效期进行扩张的行为本身就违法,是借助许可实现其超出专利权有效期的垄断权。[1]专利到期之后就是公共产品,属于公有领域,任何人不应当从中再攫取利益。在合同订立过程中,当事人之间的意思自治虽然应获尊重,但也需警惕专利权人借助合同外壳,达到实际上延长专利权有效期、扩张专利权权利范围的效果。

本案之后几十年的司法实践中,基本上一直沿用本身违法原则,尽管该原则遭到了很多批判。比如,美国第三巡回上诉法院在"Scheiber v. Dolby Laboratories, Inc."案中认为,专利过期之后,被许可人依然需要向专利权人支付许可使用费的合约,往往还发挥着在专利权人和被许可人之间分配利益的作用,从契约自由的理念出发,专利权人和被许可人可以自由地决定支付价款的形式,或在短期的专利有效期内支付较高的许可使用费,或在超出专利有效期的较长时间范围内支付较低的许可使用费,无论何种定价形式,本质上并没有超过专利垄断的范围。[2]而在 2015 年"Kimble v. Marvel Entertainment, LLC"案中,美国联邦最高法院再次重申,收取过期专利许可使用费的行为构成专利权滥用,应当被禁止。本案中,漫威公司与专利权人金布尔(Kimble)达成了专利许可协议,但并未阐明许可

---

〔1〕 Brulotte v. Thys Co., 379 U.S. 29, 31, 32 (1964).

〔2〕 Scheiber v. Dolby Laboratories, Inc., 293 F. 3d 1014 (2002). 该案最终并未否定由"Brulotte v. Thys Co."案确立的先例,但在遵循先例的基础上,法官对"Brulotte v. Thys Co."案确立的规则进行了反思和评判。

费支付的时限；漫威公司向法院提起确认诉讼，主张一旦专利到期，漫威公司就无需再支付许可费用。金布尔反驳"Brulotte v. Thys Co."案采取的本身违法原则，主张在经济学的意义上，专利权人针对过期专利收取费用的行为不具有反竞争的效果，专利权人有选择收取许可费用模式的自由，且本身违法原则与促进创新的专利政策相悖，导致对专利权人的保护力受到削弱。[1]为了更加合理地平衡专利权人的利益和社会公共利益，法院应当采取合理原则去判断专利权人的行为是否实际造成不利后果，从而使专利权人的行为标准更加灵活和具有弹性。美国联邦最高法院在该案中对究竟从专利法的视角还是反垄断法的视角出发去处理专利权滥用行为进行再次分析，主张：如果从反垄断法的视角针对专利权滥用行为进行再判断，会导致法律规则的低效率，因为需要对相关市场、市场支配力大小等要素进行分析，破坏判例确定的本身违法原则，还会造成较高的诉讼成本和不确定性。其背后的逻辑在于诉讼经济理论，即当现有的制度已经能够很好地解决争议问题时，没有必要再引入一个成本更高的制度或规则。再者，采用本身违法原则，是与专利立法的价值取向相一致的，专利一旦到期即进入公有领域，任何人不得限制其被自由使用。

虽然美国法院针对专利权滥用和专利垄断行为采用不同的分析与解决路径，但禁止专利权滥用原则的发展和成熟又伴随着美国反垄断制度的发展。[2]从美国的司法实践中可以看出，美国法院处理专利权滥用行为之时，主要依据专利法立法目标和宗旨进行判断，采取的是与反垄断法不同的路径，《美国专利法》第282条（b）并没有将垄断作为侵权抗辩的事由之一。因

---

[1] Kimble v. Marvel Entertainment, LLC, 576 U. S. 446 (2015).
[2] See USM Corp. v. SPS Tech., Inc., 694 F. 2d 505, 511 (7th Cir. 1982).

此，专利权人违反反垄断法并不是被控侵权人能够明确提出的抗辩。但可以将其作为反诉的事由之一（counterclaim），因为被诉侵权人指控的专利权人垄断行为并不会实际削弱或限缩权利人主张的权利效力，专利权没有因"滥用"而突破权利边界，因而依然具有可实施性。反垄断反诉主要是依据《谢尔曼法》第2条提出的，其禁止通过反竞争行为获取或维持在相关市场中的垄断力量（市场支配力）。专利被视为"垄断"的一种，因而在一些情形下，被控侵权人会主张专利权人对其"垄断性"权利的行使违反了反垄断法。仅仅主张专利权并不会违反反垄断法；主张专利权人违反《谢尔曼法》第2条的当事人必须证明：①专利权人在相关市场中有支配力；②专利权人以反竞争的方式获取或维持该市场支配力。这些要素与专利权滥用中权利的物理范围或时间范围被扩张的标准是不相同的，尽管可能会存在交叉，但并不意味着二者的路径完全一致，司法实践中应当予以明确。

美国对专利权滥用行为提供了民事诉讼的矫正途径，使得不构成反垄断违法行为的权利滥用行为也能够在实践中受到约束和限制。被控侵权人在诉讼过程中可以原告存在专利权滥用提出侵权抗辩。在此路径下，社会公众也参与到垄断行为的监督过程中，同时，专利权滥用的抗辩事由一旦成立，被控侵权人则可以免于承担侵权责任，也是激励专利的潜在使用人挑战专利权人的权利行使方式，避免专利权的滥用给社会利益造成损害。专利权滥用抗辩规则是在专利法体系下的一种应对路径。在我国2020年《专利法》中，虽然明确规定了禁止专利权滥用原则，但尚未规定违反这一原则的法律后果。在之后的司法适用中，不妨引入专利权滥用抗辩规则，在司法程序中限制专利权人的权利范围与行使方式，对滥用权利的专利权人不予救济或限制救济。

(二) 欧盟基于保护市场竞争的相关政策与实践

欧盟对专利权滥用行为的规制,带有保护市场竞争的色彩。《建立欧洲共同体条约》集中体现了有关知识产权滥用的反垄断法规制的实体规范,并通过240/96号规章对知识产权条款进行类型化安排,区分其是否适用反垄断豁免。[1]欧洲法院在实践中逐渐发展出协调专利权和市场竞争秩序的一套体系,其主张专利权作为一项垄断性权利,会使得权利人拥有技术方面的先天优势,也会促使权利人获得相关市场的支配地位,容易引发市场支配地位的滥用,继而对市场竞争产生危害。

以德国的司法实践为代表,橘皮书案中明确了专利权人对市场支配地位的滥用可以构成专利侵权的一项抗辩事由,其采用较为严格的认定标准,提出了被告可以主张原告构成专利权滥用的条件和要求,该标准被称为橘皮书标准。[2]基于善意原则,德国联邦最高法院要求被告证明:其以获得许可的意图而向专利权人提出无附加条件且全面的要约,专利权人只要不违反反垄断法的规则,就不会反对这一要约;如果被告已经使用了该发明,按照前述许可协议履行其义务(即以价款或订金作为适当的许可费,并提供日常的许可费用报告)。

橘皮书标准确立了专利权人滥用市场支配地位会构成侵权抗辩事由的规则,意味着市场支配地位会给专利权人的权利行使带来一定的限制。橘皮书标准对于德国和欧盟其他成员国应对专利侵权与专利权滥用等问题具有重要的参考价值。比如,

---

[1] 李浩成、王立武:"欧、美、日知识产权滥用反垄断立法规制比较与借鉴",载《山东社会科学》2015年第6期。

[2] Orange-Book-Standard, BGH GRUD 2009, 694. Thomas Kühnen, *Patent Litigation Proceedings in Germany*, translated by Frank D. Peterreins, Heymanns Carl, 2015, note 1421.

欧盟委员会处理摩托罗拉和苹果的纠纷时，就采用了橘皮书标准，认为该案中的要约满足了橘皮书标准，专利权人的滥用行为应当成立。[1]在海牙（Hague）地区法院审理的 ZTE/Vringo 案中，专利权人作出 FRAND（公平、合理、无歧视）承诺并且基于专利权扣押侵权产品。侵权行为人请求解除扣押令，援引橘皮书标准进行声辩。但是法院并不认同本案中的要约满足了橘皮书标准。

近期，在华为诉中兴（C-170/13 号）案中，欧洲法院处理关于标准必要专利实施中违反反垄断法的问题时，却采用了与橘皮书标准不相同的规则。在华为诉中兴案中，欧洲法院在 2015 年发布判决，主张作出 FRAND 承诺的标准必要专利权利人在诉讼之前寻求禁令救济的行为并不构成《建立欧洲共同体条约》第 102 条中的滥用市场支配地位，只要：专利权人指明相关专利与被控侵权行为，警告被控侵权人构成侵权；在被控侵权人明确表示出基于 FRAND 条款获得许可的意愿之后，专利权人向侵权者发出了 FRAND 许可的具体、书面要约，特别指明了许可使用费及其计算方式。欧洲法院还主张，被控侵权人（如果其继续使用 SEP）必须及时回应专利权人提出的遵循商业惯例与善意标准的许可要约，不应拖延。如果被控侵权人拒绝该要约，他必须：提出 FRAND 反要约；如果反要约被专利权人拒绝，考虑到过去的使用行为，通过银行担保或抵押的形式，提供合适的保险。

欧盟在认定是否构成专利权滥用的时候，的确会首先考虑专利权人是否拥有市场支配地位。虽然专利权人可以借助对某一项技术的独占垄断特权，阻止他人未经许可对技术方案的使

---

[1] European Commission 29 April 2014, case AT. 39985.

用，从而享有一定的市场竞争优势，但并不意味着拥有一项专利权就必然拥有了在相关市场中的支配地位，很多时候还需要结合市场整体结构来进行综合判断，比如专利权人占有的市场份额大小、市场中是否存在对该专利的替代性方案、是否会对未来竞争者的扩张和新竞争者的进入产生威胁、该权利人面对消费者时的谈判能力等。特殊的是，在涉及标准必要专利的时候，享有特定专利权可能就会导致市场支配地位的形成。这也就导致了欧盟需要针对标准必要专利进行专门的反垄断规则安排，从而有效解决专利权人和潜在使用者之间的利益冲突。

与橘皮书标准相比，华为诉中兴案所采用规则对侵权人的要求更加严格。专利权人应当通知侵权人其行为构成侵权并提出 FRAND 要约，在要约中需要包括所有的一般和通用的条件，包括许可使用费的数量和计算方式。侵权人需要以正式、具体的方式尽快作出答复，同时对不同意的地方还应当作出反要约，这一标准更有利于侵权人。如果专利权人在提出专利侵权诉讼的同时尚未提出正式、实际的许可要约，将被视为滥用市场地位。专利权滥用在欧盟作为专利侵权抗辩事由，对于约束专利权的行使方式具有积极意义，也是对突破仅仅依靠反垄断法规制专利权滥用行为的尝试。但欧盟对专利权滥用抗辩规则的设置总体较为保守，仅明确规定了专利权人"滥用市场支配地位"这一特定情形下，可以支持被诉侵权人提出抗辩，依然服务于维护市场竞争秩序、规范竞争行为的经济政策目标，对于专利制度本身存在的局限和面临的问题，缺乏更为广阔和深层的探究。

（三）日本将禁止专利权滥用原则融入专利侵权抗辩体系的趋势

日本对禁止专利权滥用原则采用广义的理解。一方面，超出合理范围行使专利权的行为构成权利滥用；另一方面，专利权无效或效力明显存在问题时，权利人行使专利权的行为也可能被法院认定为权利滥用。但是禁止专利权滥用原则在专利侵权抗辩实践中的适用范围偏窄，目前主要见于"专利无效抗辩"这一情形，对此可参见本书第二章关于日本专利无效抗辩规则的内容。日本专利侵权诉讼中的专利无效抗辩并不会影响专利权的对世效力，因此专利权依然是有效的。但是允许专利权人依据明显无效的专利权进行诉讼、主张权利有违公平，违背专利制度的宗旨，因而应认定其属于专利权滥用。[1]日本广泛地运用专利权滥用的概念，希冀对实践中出现的违背专利制度价值目标的行为进行约束。但是，日本的"滥用专利权"抗辩和美国的"滥用专利权"抗辩是没有关联的两个不同的概念，无论是从历史起源还是从实际内容来看，都是完全不同的。[2]这也是我们在比较其他国家的禁止专利权滥用相关制度时需要明确的一点。

由于知识产权带有天生的垄断性，权利人很容易借此攫取更多的竞争利益，从而对市场竞争秩序产生冲击，可能会受到反垄断法的规制。因此，在处理相关事件的过程中，厘清反垄断法的规则安排、制度目标和适用条件，厘清专利法和反垄断法在价值目标上的异同，十分重要。持有专利权的主体实施的滥用行为，可能是对专利权本身的滥用（专利权范围超出了合理的物理和时间边界），也可能是对专利规则的滥用（利用专利权的垄断性攫取不正当的竞争优势，从而达到排除、限制竞争的效果）。目前反垄断规则的设置主要是针对后者，避免社会公众因垄断行为而受损，而前者，即可能不属于反垄断法规制范畴

---

[1] 毛金生等：《海外专利侵权诉讼》，知识产权出版社2012年版，第292页。

[2] 张伟君、单晓光："滥用专利权与滥用专利制度之辨析——从日本'专利滥用'的理论与实践谈起"，载《知识产权》2006年第6期。

的行为,缺乏相应的约束机制,专利权行使的正当性受到挑战。

四、专利权滥用抗辩在我国的制度设想

在与科技相关的竞争市场中,专利作为很多经营者获得竞争优势的有力武器,其相关的法律制度及具体规则,对市场秩序的维持、竞争环境的营造存在现实影响。专利的生命是有限的,因此专利权人希望在有限的时间内,能够最大限度地换取回报,这一点无可厚非。但当专利权人行使权利的方式超出了法律可以"容忍"的限度时,就应该采取相应措施,避免因专利权人的贪婪导致社会资源的浪费。理想的专利立法政策应该在不影响专利权人创新积极性的前提下,尽可能地降低社会代价,超出这一底线,社会就没有必要让权利人获得超出范围的利益回报。[1] 专利权的范围是有限的,这也就决定了专利权人通过专利权换取的收益与回报也是有限的,不可能无限制、失衡性地增长,如果滥用专利权的行为无法在实践中被否认和及时制止,可能就会导致结果的失衡和制度公正性被破坏。因此,在专利侵权诉讼中,如果原告存在滥用专利权的行为,其权利主张的正当性会受到减损,被告若可以专利权滥用作为抗辩事由,则可以据此否定或削减权利人的救济主张,从而变相要求专利权人正当行使权利。我国尚未将专利权滥用作为一项抗辩事由,但基于这一规则的正当性和必要性,可以在相关程序的协同作用及规则设置上进行合理安排。

(一)民事诉讼与行政执法的协同作用

目前,专利权滥用的问题已经引发了世界各国家和地区乃至国际合作层面的关注,美国、欧盟、日本等纷纷出台专门对

---

[1] 崔国斌:《专利法:原理与案例》(第二版),北京大学出版社2016年版,第682页。

专利权滥用进行约束和规范的法律条文或制度规则。[1]我国国务院反垄断委员会在2017年发布了《关于滥用知识产权的反垄断指南（征求意见稿）》，对排除、限制竞争的滥用专利权行为进行规制。但上述指南主要是对实践中违反反垄断法的知识产权行为进行约束，对属于一般的专利权滥用行为但又尚未违反反垄断法的行为缺乏足够的规制。

对专利权滥用行为的约束可以从专利法与反垄断法两个维度入手。专利法和反垄断法对待专利权滥用行为的法律后果还是存在差别的，[2]即使专利权人违反了反垄断法，该行为也不一定就构成对专利权的滥用[3]，因为专利权滥用原则规制的是超出专利权范围的行为，而反垄断法规制的是垄断性的市场行为。虽然禁止专利权滥用原则与反垄断法追求的价值目标不同，但二者对特定行为的规范存在交叉与重合。我国《反垄断法》赋予行政机关职权，对专利权行使行为作主动性审查和规范；通过专利权滥用抗辩规则的设置，则可以使司法机关在个案中对专利权行使的正当性作被动性审查和规范。行政机关与司法机关互相独立又互为补充，通过双重方式对专利权滥用行为进行全面的约束和限制。

在我国既有法律规范基础上，反垄断法与专利法的协同作用可以对专利权滥用行为进行约束。在涉及反垄断的专利权滥用行为规制中，我国已经发展出行政执法和民事诉讼并行的约束机制。为规范民事诉讼中涉及反垄断问题的司法实践，最高

---

[1] 日本2007年颁布、2016年修订《知识产权利用指南》，建立起与美国《知识产权许可的反垄断指南》相近的大而全的知识产权反垄断制度。参见张以标：《专利权滥用法律问题研究》，中国政法大学出版社2018年版，第261页。

[2] 张以标：《专利权滥用法律问题研究》，中国政法大学出版社2018年版，第40页。

[3] Princo Corp. v. International Trade Commission, 616 F. 3d at 1329.

人民法院在 2012 年 5 月公布了《关于审理因垄断行为引发的民事纠纷案件应用法律若干问题的规定》，这是我国反垄断审判领域第一部司法解释，确立了我国反垄断民事诉讼的基本框架和制度规则。[1]因专利权人的垄断行为遭受损失的当事人可以主张损害赔偿。早在 2006 年，就已经出现了涉及反垄断的司法实践，比如四川德先科技有限公司在上海市第一中级人民法院对上海索广电子有限公司和索尼株式会社提起的民事诉讼。[2]上述规则与实践，仅仅是针对存在违法垄断的行为，对于滥用专利权的行为，尚未建立起专门的制度规则，当滥用专利权但尚未达到垄断行为的认定标准时，就存在规则的遗漏和空白。

其实《反垄断法》确立了行政执法和民事诉讼并行的执法体系，实践中，人民法院受理和审结的反垄断民事诉讼案件数量呈显著增长趋势，截至 2017 年底，全国法院新收反垄断民事诉讼一审案件 700 件，审结 630 件，案件涉及交通、保险、医药、食品等多个行业领域。[3]然而实践中依然会存在仅有行政执法而无民事诉讼的现象，需重视因垄断行为或权利滥用而导致的民事利益受损现象。轰动一时的"高通案"在国家行政机关对高通实施巨额罚款之后落下帷幕，却鲜有人去探讨因高通的违法垄断行为造成的损失如何弥补。

在专利侵权诉讼中，可以借助侵权抗辩规则的完善，对滥用专利权的行为进行约束，并为因滥用行为而遭受损失的一方提供救济。专利权的滥用是相对于专利权的正当行使而言的，

---

[1] 朱理："反垄断民事诉讼十年：回顾与展望"，载《中国知识产权报》2018 年 8 月 24 日，第 8 版。
[2] 林文、甘蜜：《中国反垄断行政执法和司法报告》（2016），知识产权出版社 2017 年版，第 122 页。
[3] 朱理："反垄断民事诉讼十年：回顾与展望"，载《中国知识产权报》2018 年 8 月 24 日，第 8 版。

是专利权人超出法律所赋予的权利范围不正当地行使专利权的行为，其并不导致专利权无效，也并不必然违反反垄断法和构成不正当竞争。为了维护专利法确立的促进技术进步、鼓励技术创新的公共政策，在专利侵权和合同诉讼中，专利权人如果构成专利权滥用，就不得强制执行其专利权，即无法获得权利使用费和损害赔偿，除非专利权人停止其滥用行为。对被告而言，专利权滥用是对原告提起的侵权或违约之诉的抗辩理由，但专利权滥用本身并非可以起诉的侵权行为。如果专利权滥用行为同时违反了反垄断法，则按反垄断法的规定，可对其进行反垄断民事诉讼和行政处罚；如果同时构成不正当竞争，则按反不正当竞争法的规定，可对其进行反不正当竞争民事救济和行政处罚。

(二) 完善专利权滥用抗辩的体系与规则

专利权滥用行为造成的社会成本问题已成为专利制度按照预期目标运行下去的阻力之一，基于对其他国家和地区禁止专利权滥用制度的考察，我国司法实践中也应当对专利权滥用的问题作出现实回应。对专利侵权抗辩，法院应主要依据《专利法》的侵权判定规则与抗辩事由进行审理和判断。当专利权被滥用时，由于缺乏正当性基础，法院不应当支持该专利权继续获得保护。但专利权行使的正当性本身就不是法定用语，存在概念模糊、边界不够清晰等固有问题。如何在司法实践中，通过逻辑化、体系化的标准、规则，认定是否构成专利权滥用、是否可以此支持被告的诉讼抗辩，对于专利权人及潜在使用人、社会公众都具有重要的意义。

早在 2001 年，北京市高级人民法院在《专利侵权判定若干问题的意见（试行）》中就已经规定了滥用专利权可构成侵权抗辩事由的若干种情形，这是我国最早的将专利权滥用纳入侵权抗辩体系的一次尝试。[1]这一文件虽然目前已经失效，但仍具有较大的参考价值。目前，在北京市高级人民法院发布的《专利侵权判定指南（2017）》中，第 126 条和第 127 条专门针对专利权滥用行为进行了规定，但对专利权滥用行为的界定存在问题，其所规定的几种情形都属于不正当获取专利的行为，权利本身存在瑕疵，将其认定为独立于专利权滥用的不正当行为可能更准确。但不可否认的是，该指南的出台表明我国法院已经作出将专利权滥用纳入侵权抗辩事由的初步尝试。

目前，我国针对专利权滥用行为的规制，尚未形成独立的理论体系，也缺少具有指导意义的案例实践。我国对涉及知识产权滥用的行为虽发布了相应的规制指南，但仍未脱离反垄断法的规则框架。然而，反垄断法不能完全替代专利权滥用规范，[2]仅仅依靠反垄断法，难以对专利权滥用行为进行全面的约束，当滥用行为未违反反垄断法时，就出现了规则上的空白，滥用者可以借机对权利范围进行扩张，那么损害的不仅仅是合理使用者的利益，更是广大社会公众的利益。可行的做法是在专利

---

[1] "88、被告以原告的专利权已经超过保护期、已经被权利人放弃、已经被中国专利局撤销或者已经被专利复审委员会宣告无效进行抗辩的，应当提供相应的证据。

89、被告以原告的专利权不符合专利性条件或者其它法律规定，应当被宣告无效的，其无效宣告请求应当向专利复审委员会提出。

90、被告以原告恶意取得专利权，并滥用专利权进行侵权诉讼的，应当提供相关的证据。

恶意取得专利权，是指将明知不应当获得专利保护的发明创造，故意采取规避法律或者不正当手段获得了专利权，其目的在于获得不正当利益或制止他人的正当实施行为。

91、被告证明自己也获得与原告相同的有效的发明或者实用新型专利权的，经过审理，当法院可以认定两个专利的技术内容相同时，应当根据保护在先权利的原则作出判决。"

[2] 张玉敏主编：《专利法》，厦门大学出版社 2017 年版，第 227 页。

法上专门对专利权滥用行为作出规定，可以采取原则性条款与具体列举相结合的方法。[1]增加专利权滥用这一抗辩事由，可以在一定程度上应对之前的制度缺陷，也可鼓励潜在的专利使用人参与进来，规范行使专利权的行为，避免专利权人利用专利权来"寻租"，造成社会资源的浪费和经济效率的低下。

同时，需要警惕对专利权滥用行为过度规制产生的其他问题。专利权滥用导致的社会成本问题引发关注，但遏制专利权滥用行为，要避免过犹不及，剑走偏锋。近年来，专利维权缺乏合理依据、恶意主张专利侵权的行为，除面临恶意诉讼的指责之外，还有可能被定性为"敲诈勒索罪"。2018年，上海的李亮、孙强储备了六七百项专利，待合适的拟上市企业出现后，再借专利诉讼之名敲诈勒索，被公安机关立案调查；[2]2019年，上海市浦东新区人民法院判决李某等人构成敲诈勒索共同犯罪[3]。虽然行政执法机关与法院对恶意行使专利权进行及时制止的态度值得肯定，但对此采取的应对方式、惩罚力度是否合理，引发广泛争论。[4]如何在遏制专利权滥用上寻找到合理的处理方式，既可有效约束滥用行为，又不会对维权者产生过大的负担，成为目前需要解决的问题之一。

实践当中，关于是否构成专利权滥用的决定建立在范围较小的具体行为模式的判断上，通常发生在专利许可的过程当

---

[1] 崔国斌：《专利法：原理与案例》（第二版），北京大学出版社2016年版，第367页。

[2] 李佳蔚、王宇澄、陈帅奇："上海破获敲诈拟上市公司案：囤数百'专利'再借诉讼之名勒索"，载https://m.thepaper.cn/newsDetail_forward_2282197?from=timeline&isappinstalled=0，最后访问日期：2019年12月5日。

[3] 上海市浦东新区人民法院（2018）沪0115刑初3339号刑事判决书。

[4] 参见李春晖："专利恶意诉讼之认定标准及法律责任"，载《知识产权》2019年第4期。

中。[1]关键的判断标准在于，专利权人是否通过施加额外条件，"未经许可地扩大了专利权的物理范围和时间范围并造成了反竞争的效果"。[2]专利权滥用规制被广泛地界定为阻止专利权人以违反公共利益的方式使用其专利的行为，但这样的原则性描述带有较大的不确定性，以至于难以为专利权人提供行为指引。在现有的专利法框架下，我国不妨通过对专利权滥用行为的规制采取一般规定加典型列举的方式，在专利法中作出专门规定。对专利权滥用规制的关键是对专利权滥用的界定，本书建议以一般条款明确界定专利权滥用行为，并具体列举出典型的行为类型，从而促使专利权人在法律规定的权利范围内正当行使其专利权，要求其不得损害他人合法权益和社会公共利益，不得滥用专利权。

专利权滥用抗辩条款应独立于现行《专利法》第75条"不视为侵犯专利权"的规定，因为"不视为侵犯专利权"条款重在强调侵权行为的合理性和正当性，而专利权滥用抗辩规则应凸显对不正当行使专利权之行为的否定与遏制。对行为所产生的法律后果，立法中也应当予以明确，若滥用行为违反反垄断法，将面临行政责任与民事责任，而尚未违反反垄断法的滥用行为则因滥用而丧失了可获救济之基础，导致权利人无法获得行政机关或者法院的保护与执行。在抗辩效力上，专利权滥用

---

[1] See 6-19 Donald S. Chisum, Chisum on Patents Section 19.04 [3] (2008). 美国司法部提供了专利许可过程中的相关文件，即《知识产权许可的反垄断指南》(Antitrust Guidelines for the Licensing of Intellectual Property) (1995).

[2] "反竞争的效果"是在"Windsurfing International Inc. v. Tabur Marine (Great Britain) Ltd."案件中，美国联邦巡回上诉法院后加的；其之前的判决先例"Blonder-Tongue Labs., Inc. v. Univ. of Ill. Found."(1971)未考虑是否存在"反竞争的效果"，而仅仅是引用"Morton Salt Co. v. G. S. Suppiger Co."案中的"超出物理和时间范围"构成专利权垄断的标准。

会因为权利人行为得到纠正而灭失，这一点也显著区别于"不视为侵犯专利权"的情形。权利滥用并不当然意味着专利权永久地失去可执行力，专利权人若及时停止滥用行为，回归到合理行使权利的轨道上，阻碍权利获得保护的"瑕疵"就不复存在，权利人依然可以主张获得保护与救济。这样能够有效促进权利人正当、合理地行使权利，实现专利制度的价值目标。

第五章
专利侵权责任的抗辩

伴随着科技经济的日益复杂和商业模式的多样化，专利权的社会属性、经济效应愈发凸显，劳动价值论等传统的知识产权制度正当性的理论基础面临挑战。在强调对知识产权提供强保护的理念同时，警惕知识产权的过度保护也成为大众关注的话题之一。专利侵权抗辩可以在防止专利权的过度保护、避免社会成本上升、维护公共利益等方面发挥独特的作用，而专利侵权抗辩实现这一功能的路径，除专利侵权行为的抗辩之外，还包括专利侵权责任的抗辩。专利侵权责任的抗辩，是指在专利侵权诉讼中，被告据以对抗原告提出的具体救济请求，以免于承担或者减少民事责任的抗辩。专利侵权责任的抗辩是诉讼过程中被告对抗原告诉讼请求的最后环节。

在专利侵权诉讼中，要求被告承担侵权责任，是原告起诉的最终目标，其或要求对方停止侵权，或主张获得经济赔偿，试图将权利状态恢复到侵权行为发生之前。通常讨论的侵权抗辩事由是指是否构成侵权行为的抗辩，专门作为责任抗辩的情形较少。然而，专利权兼具个人属性和社会属性，且专利权利范围与公有领域之间经常界限模糊，专利权的形式、保护或救济会对他人利益和社会公共利益产生较大影响。因此，除专利侵权行为的抗辩之外，专利侵权责任的抗辩也成为利益衡量与价值选择的重要工具，对促进专利制度目标的最终实现发挥着不可替代的作用。本章将首先探讨专利侵权责任抗辩的法理基础，基于法教义学的逻辑梳理与分析，再结合司法实践，从停止侵权和损害赔偿两种主要的专利侵权救济方式入手，探讨专利侵权责任抗辩的规则内涵与制度价值。

第一节　债与责任的分离：专利侵权责任抗辩的法理基础

专利侵权行为的成立与专利侵权责任的承担，是两个不同的问题。专利侵权行为抗辩与侵权责任抗辩的二分，源自债与责任的分离。我国民法学中的法律责任概念继受于大陆法系民法理论，在民法法律责任的形式构造方面形成了债和责任分离的主流学说。[1]在专利侵权诉讼中，债与责任相分离的具体表现为：即使专利权人的侵权主张成立，被告行为构成侵权，也不一定会承担侵权责任，比如我国专利法对于损害赔偿责任采取过错责任原则，即当被告不存在主观恶意时，不承担损害赔偿责任；此外，对于标准必要专利侵权救济的限制适用也是对侵权之债与侵权责任承担分离的充分论证。在债与责任分离的语境下，何时应当支持被告的侵权责任抗辩、限制原告权利的实现，成为侵权诉讼中当事人双方所共同关注的重要问题。

专利权作为一项被动性的权利，主要体现在权利人能够排除他人对专利技术的使用，以实现对专利的控制和支配。当他人存在侵犯专利权的行为时，专利权人可以依据专利法和民法等法律规定主张停止侵权、赔偿损失等救济，以恢复侵权行为

---

〔1〕参见魏振瀛："论民法典中的民事责任体系：我国民法典应建立新的民事责任体系"，载《中外法学杂志》2001年第3期。

发生之前的权利状态。我国民法将责任与债分离，建立民事责任体系。权利、义务和责任是法律的基本概念，同理，民事权利、民事义务和民事责任是民法的基本概念。民事责任与民事义务、债务的性质不同、功能不同、拘束力不同。[1]魏振瀛先生在《民事责任与债分离研究》一书中，在"民事权利-民事义务-民事责任"体系下建构了新的请求权体系，[2]同时指出，在技术上，物权、知识产权、人格权等绝对权的请求权会随着侵权行为的发生而衍生出侵权责任请求权。[3]所以，权利人在寻求法律保护的过程中，所使用的权利并不是单一或者静止的，而是一系列相互关联的链条式权利：前面的权利随着特定的法律事实，尤其是侵权行为以及违约行为转化为后面的权利——这一系列相互关联的权利根据其逻辑顺序可以分为原权与救济权。权利人在最初拥有的物权、知识产权、人格权等绝对权属于原权；当原权受到侵犯时，权利人基于侵权行为之债主张获得救济的权利属于救济权。救济权实现意味着侵权人需承担相应的民事责任，而原权合法有效的存在，是诉讼中原告能够提出并实现救济权的前提。但是，原权的合法有效并不意味着救济权当然能够得以实现，原告除证明侵权行为的存在之外，还需要有足够的正当性基础才能获得救济。

侵权责任的承担意味着权利人救济的实现，也是权利人提出侵权诉讼所追求的目标：及时制止侵权行为，避免损失再扩大，将权利状态恢复至侵权行为发生之前。专利权人主张获得

---

[1] 魏振瀛："债与民事责任的起源及其相互关系"，载《法学家》2013年第1期。

[2] 魏振瀛：《民事责任与债分离研究》，北京大学出版社2016年版，第54页。

[3] 易继明："中国民事责任理论的创新——评魏振瀛新著《民事责任与债分离研究》"，载《私法》2016年第2期。

救济的过程中,需要享有并行使一系列链条式权利:专利权需不存在无效事由,以作为权利链条中的基础性权利;继而原告再证明被告行为满足侵权行为构成要件,且不存在法定豁免事由,以此作为侵权之诉中的请求权基础;在请求权基础建立后,原告方可主张获得救济。但是请求权基础的成立,并不意味着救济主张当然能够获得支持。专利权带有较强的社会属性,对专利权提供的救济与保护需以不损害社会公共利益为前提,否则将不利于实现专利制度对社会整体发展的推动作用。因此,公共利益要素会成为侵权诉讼中请求权基础与救济权实现之间的阻碍,在原告享有请求权基础的情况下,法官对公共利益的衡量可能会导致专利权的救济受到一定程度的限制。

长期以来,专利权一直作为一项私权存在于世界各国的法律和国际公约当中,TRIPS协议在序言中明确提出知识产权作为私权而受到保护。[1]在这种性质归属下,侵犯专利权的行为人需要承担相应的民事责任。我国的民事责任承担方式包括停止侵害、排除妨碍、消除影响、返还财产、恢复原状等多种。专利侵权行为主要是破坏了权利人对专利的控制状态,造成了相应的经济损失,因此专利侵权的民事责任承担方式主要包括停止侵权和损害赔偿两种。侵权责任的承担需要以侵权行为的成立作为前提,但侵权行为的成立并不意味着被告一定会承担侵权责任——侵权之债到民事责任之间的链条会因特定因素的存在而被阻断。在专利侵权诉讼中,侵权救济方式的限制适用,能够产生约束或限制专利权、平衡各方利益的效应。因此,在责任与债分离的框架下,对侵权行为是否给予停止侵权、损害

---

〔1〕 TRIPS协议序言:Recognizing that intellectual property rights are private rights(认识到知识产权为私权)。

赔偿等救济，需要对责任承担问题进行独立思考，同时结合专利制度在社会整体环境中的价值、作用和功能，作出综合判断与分析。

第二节　对专利停止侵权救济的限制适用

一、停止侵权救济限制适用的价值基础

对于制止侵权行为我国民法中使用的概念是"停止侵害"，而在《专利法》第 65 条中使用的是"停止侵权"。相较于"停止侵权"而言，"停止侵害"适用的语境和范围更加广泛——不仅针对侵权行为，也涉及侵害利益的行为。专利法中的"停止侵权"更加具有针对性，是指权利人要求侵权行为人停止其所进行的侵权行为，保护的对象是权利，而不涉及更为广泛的利益，其含义等同于英美法系中的"禁令救济"（injunctive relief）。在知识产权属于"准物权"的主流观点下，知识产权是一种绝对权，所以当存在知识产权侵权行为时，原告当然可以请求法院判令被告停止侵权行为。我国主流观点采"停止侵权当然论"，即停止侵权在我国传统的民法理念下，似乎是权利人"天经地义"的一种救济，在权利人要求停止侵权时，只要存在知识产权侵权行为，法院就会支持其请求。[1]值得一提的是，我国著作权法、商标法、专利法中都规定了停止侵权这一救济方式，以阻止侵权行为人继续实施侵权行为，损害专利权人的利益或攫取不当收益。

然而，"停止侵权当然论"的合理性逐渐受到学界和实务界

---

〔1〕 张春艳："我国知识产权停止侵害救济例外的现实困境及突围"，载《当代法学》2017 年第 5 期。

的质疑和挑战。[1]我国的侵权救济规则,尤其是"停止侵权当然论",忽略了在民事请求权体系下,民事责任与民事之债的分离状态。美国率先通过 eBay 案否定了"停止侵权"属于专利权人能够获得的一种"当然"救济。这与《美国专利法》第 283 条的法院应当按照衡平原则颁布禁令的规定相契合。eBay 案对专利侵权禁令救济"当然性"的否定,使得法院在司法裁判中能够基于利益衡量作出最终裁判,避免因片面强调专利权人对专利的控制权而忽视了社会整体经济效率与公共利益。

法律一旦进行初始赋权,该权利就会成为市场交易与经济运作的基础,市场中后续建立起来的利益关系、产生的利益冲突都会受到法律原始赋权的很大影响。基于此,美国经济学家卡拉布雷西和梅拉米德提出了财产规则、责任规则和不可让渡性规则的概念体系。

在责任规则框架下,权利及相关利益归属于原权利人不再成为当然结果,即在专利权领域,专利权人并不当然可以享有基于专利权的权能与收益,这一部分财产性权益会因某些特定情形的发生而转移给其他人。法律制度的功能并非仅仅保护权利人的利益,更重要的是调和社会关系中的矛盾与冲突;专利制度也并非仅为了保护专利权人的利益,而需要考虑到他人利益与公共利益,考虑制度设置对社会整体经济效率产生的影响。标准必要专利的出现,就是基于提高创新效率、降低社会成本的需要。技术经济的发展对科技的累积性创新提出了新的要求,在某些科技领域,后续的创新需要"站在巨人的肩膀上"。如果

---

[1] 参见黄玉烨、鲁甜:"专利停止侵害请求权限制的司法适用——以专利司法解释(二)第 26 条为视角",载《北京理工大学学报(社会科学版)》2018 年第 3 期。李扬:《知识产权法基本原理(I)——基础理论》(修订版),中国社会科学出版社 2013 年版,第 105—138 页。

某一行业内存在的专利过多,专利数量的膨胀就会催生"专利丛林"现象,不断上升的谈判成本将成为交易达成的绊脚石,权利人借助专利独占权攫取不合理对价等不正当行使专利权的行为最终会导致公共利益受损。

二、限制停止侵权救济的司法实践与设想

(一) 限制停止侵权救济的司法实践

针对专利制度滥用导致社会成本增加的问题,美国有学者曾提出,"专利系统在美国发展的车轮中已经变成了沙子,而不是润滑剂"。[1]为应对这一问题,美国司法实践中不断地进行探索,希冀对非专利实施主体等不合理行使专利权的行为进行遏制与矫正,其主要对策包括限制停止侵权救济、通过无效宣告和无效抗辩等规则提升专利质量等。其中,对停止侵权救济的限制适用是美国司法实践中一大创新之举,其否认了传统的专利权人当然可以禁止他人未经许可使用专利的立场和观念,并进行利益衡量,考虑并纳入了社会整体经济效益最大化等政策因素。

停止侵权救济的限制适用源自美国 2006 年的 eBay 案。在该案中,MercExchange 公司拥有多项专利技术,其中包括一项涉及商业方法的专利,该专利旨在通过建立中央系统来促进市场参与者之间互相信任,从而推动私人之间的商品销售活动。被告 eBay 经营一家网站,允许个人卖家列出其希望拍卖或以固定价格售出的商品。MercExchange 试图与 eBay 进行合作,但最终未达成协议。之后,MercExchange 发现 eBay 涉嫌侵权,故提起专利侵权诉讼。

该案中,美国联邦最高法院指出,专利权人获得禁令救济

---

[1] [美]亚当·杰夫、乔希·勒纳:《创新及其不满:专利体系对创新与进步的危害及对策》,罗建平、兰花译,中国人民大学出版社 2007 年版,第 149 页。

并不是当然合理的,虽然专利权意味着权利人可以排除他人未经许可擅自实施专利的行为,但是禁令救济并非法院"必须(must)"采取的措施,而是"可以(may)"选择的方案。在判断是否判令原告永久禁令救济时应考察以下四个方面:①权利人已经遭受了无法弥补的损害;②法律上既有的救济方法,如损害赔偿,不足以弥补该损害;③在支持原告或被告的困难程度之间进行平衡;④公共利益会因永久禁令而遭受损失。[1]相较而言,美国 eBay 案中的四要素分析法更为具体且更加具有可执行性,对于我国司法实践也具有较大参考价值。另外,从中也可以看出,在对限制停止侵权救济的国外理论研究中,衡平法上的考量成为最主要的理论基础,即采用法社会学的视角,考察专利制度及政策会对社会整体发展与效率产生的影响。

伴随着司法实践的发展与变化,尤其是在美国 eBay 案否认专利侵权案件中的禁令救济的当然性之后,国外学者的理论探讨和研究中产生了两种声音:一方面,学者们肯定了 eBay 案的积极影响,认为 eBay 案确立的规则能够有效地避免专利权保护过当造成的社会资源浪费和社会成本上升,也使得法院在应对日益复杂多变的技术经济纠纷时更加具有灵活性,同时对社会问题的回应更加及时,有利于更好地发挥专利制度激励创新、推动进步、促进竞争的功能。[2]但是,另一方面,也需要警惕 eBay 案规则的随意适用造成专利权人正当利益受损。

eBay 案之后,美国法院在判定是否给予权利人禁令救济之时,带有更加明显的衡平色彩。但美国学者克里斯托弗·B. 希曼

---

[1] eBay Inc. v. MercExchange, L. L. C., 547 U. S. 388 (2006).

[2] Vincenzo Denicolò, et al., "Revisiting Injunctive Relief: Interpreting eBay in High-Tech Industries with Non-Practicing Patent Holders", 4 *Journal of Competition Law & Economics* 3, 2008.

(Christopher B. Seaman) 在一项实证研究中发现，eBay 案虽然为被告的侵权责任抗辩打开了一扇新的大门，但法院在审理时依然较为审慎，以避免 eBay 案规则的滥用造成对权利人利益的不合理剥夺。总体来看，美国地区法院在适用 eBay 案规则时的价值选择，可根据权利人的主体身份或性质而进行类型划分：当权利人与侵权主体构成竞争关系时，法院往往会给予禁令救济；而当权利人属于专利主张实体（Patent Assertion Entity，PAE）或非竞争者时，法院则倾向于不予禁令救济。[1]因为专利主张实体并不实施专利，也不以许可他人实施为主要商业模式，因而难以证明不提供禁令救济会导致权利人遭受难以弥补的损失，且拒绝判予禁令救济能够在一定程度上缓解"专利劫持"（patent holdup）的问题。非竞争关系的权利人亦是如此，侵权使用行为并不会导致权利人必然的损失，通过法院"强制"达成许可协议，既能保证权利人赚取合理许可使用费，又能够提升专利的实际转化效率。

停止侵权作为专利侵权救济的一种重要方式，在我国司法实践中大多数情况下能够获得法院的支持。以上海 2013—2016 年审结的 126 件专利侵权案件为例，认定侵权但未判令停止侵权的案件主要有 4 起，其中 3 起是在终审判决时专利权保护期限届满，已无停止侵权的必要；1 起是由于专利权转让，原告没有停止侵权的权利基础，法院判决无需停止被诉侵权行为。[2]但《最高人民法院关于审理侵犯专利权纠纷案件应用法律若干问题的解释（二）》第 26 条呈现出对停止侵权救济进行限制的

---

[1] Christopher B. Seaman, "Permanent Injunctions in Patent Litigation After eBay: An Empirical Study", 101 *Iowa Law Review*, 2016.

[2] 黄玉烨、鲁甜："专利停止侵害请求权限制的司法适用——以专利司法解释（二）第 26 条为视角"，载《北京理工大学学报（社会科学版）》2018 年第 3 期。

趋势：基于国家利益、公共利益的考量，法院可以不判令被告停止被诉行为，而判令其支付相应的合理费用即可。这一司法解释颁布之后，我国法院在司法实践中不判予停止侵权救济有了明确的法律依据。但是国家利益、公共利益、个人利益的综合衡量标准是什么，在何种情况下需要牺牲专利权人的个人利益来换取国家或公共利益，依旧是比较抽象的问题。鉴于利益衡量的模糊性，法院需要针对具体案件对其内涵进行充分阐述，抽离出对于案件最为恰当的解释。[1]

结合对相关案例的分析与梳理，我国法院在判断是否给予专利权人停止侵权救济之时，考察的角度和因素包括以下两个方面。

第一，对原被告双方利益的衡量。比如，在华为终端有限公司等与福建泉州市华远电讯有限公司等侵害发明专利权纠纷上诉案中，福建省高级人民法院基于"停止使用涉案专利并不会造成双方重大利益失衡"的考量，没有支持上诉人提出的"停止侵权违背法律规定及司法解释精神"的上诉意见。[2]

第二，对于公共利益的衡量，具体包括以下考量因素：停止侵权可能带来的社会资源的浪费、社会需要负担的成本或损失；侵权主体的性质、侵权行为是否带有公共福利的目的等。比如，"被控侵权产品已经安装完毕并投入使用，若对侵权产品进行拆除销毁，势必造成更大的损失，也不符合社会公共利益"，因此，吉林省高级人民法院对金晟公司要求中科公司立即拆除已安装的侵权灯具的诉讼请求不予支持；[3]在长沙市天心区园林管理局被诉侵权一案中，侵权行为的主体是公权力机关，实施专利的目的是进行城市绿化工作，因此法院主张这一行为

---

[1] 梁上上："公共利益与利益衡量"，载《政法论坛》2016年第6期。
[2] 福建省高级人民法院（2017）闽民终501号民事判决书。
[3] 吉林省高级人民法院（2017）吉民终579号民事判决书。

是为了实现公共利益,不应当给予原告停止侵权的救济;[1]"涉案产品被纳入工程设计方案且该工程涉及公共交通,故其实施关系社会公共利益";[2]由于侵权产品已经使用于公共工程,如果停止使用,会对社会资源造成不合理的浪费,同时亦可能对公共电力安全造成影响。[3]这些基于公共利益考量而对专利权人的禁令救济采取的限制,体现出利益衡量在我国司法实践中愈发受到重视。

（二）我国限制停止侵权救济的适用与设想

限制停止侵权救济,有助于促进很多现实问题的解决与矛盾的缓和,在司法实践中存在着巨大的适用空间。在市场经济中,专利制度发挥着重要的政策杠杆作用,政府借助专利制度对市场进行审慎的干预。从工具论的视角来看,专利的价值日益超越了经营管理而上升到企业的战略层次,成为真正意义上的核心竞争力。[4]专利已经从个人权利转变为竞争工具甚或国家战略。[5]基于此,专利制度也逐渐从保护个人权利、促进创新的传统认知中脱离出来,呈现出日益多样的表现形态。

专利权人能够获得私权保护,从而通过自己实施或许可他人实施专利获得收益。但是,目前很多专利权人既不自己实施专利,也不主动许可他人实施,而是等待有使用专利的需求与能力的主体可能实施或已经实施侵权行为之后,通过提出侵权警告或提起侵权诉讼的方式威胁对方,要求支付高额使用费。

---

[1] 湖南省高级人民法院（2017）湘民终393号民事判决书。
[2] 浙江省杭州市中级人民法院（2017）浙01民初399号民事判决书。
[3] 云南省高级人民法院（2017）云民终308号民事判决书。
[4] 袁真富:"核心竞争力:专利价值的深刻体现",载《中国知识产权报》2012年9月21日,第8版。
[5] 王先林:"从个体权利、竞争工具到国家战略——关于知识产权的三维视角",载《上海交通大学学报（哲学社会科学版）》2008年第4期。

目前，很多专利侵权诉讼的提起者不再是传统专利侵权诉讼中的竞争对手，而是并不直接对专利进行商业转化的非专利实施主体或所谓的"专利蟑螂"。[1]非专利实施主体的存在会导致专利技术方案的商业或产业转化受到阻碍，产生更多的谈判成本、诉讼成本等，还可能造成专利技术方案最终无法及时投入实施而引发社会资源的浪费——这并不是专利制度所期望的结果。但是，从表面上看，只要专利申请人在申请专利时满足了新颖性、实用性、创造性等实质要件，也满足充分公开等形式要件，在获得专利授权后就有控制自己专利的自由和权利，他人无权干涉权利人如何利用自己的权利，也无权强迫不实施专利的权利人必须实施该专利。所以，如何从既有的专利制度本身出发，打破非专利实施主体造成的僵局，成为目前很多国家需要考虑的现实问题。如上所述，直接否认对非专利实施主体的专利持有人所持有专利的保护缺乏合理与合法的基础。因为在先申请制下，专利权的授予并不以申请人实际实施该专利或进行商业转化为要件，获得专利授权的非专利实施主体已经满足了授权要件；同时，现行专利制度中并没有对专利权人如何行使权利进行明确规定，专利权人即使从不实施该专利，也不构成权利的滥用[2]或其他违法行为。

在当前专利市场正处于快速转型时期的背景下，限制停止侵权救济的提出与当下专利制度造成的社会成本问题及其背后的利益衡量密不可分。在当前的专利市场中，一些作为专利权

---

[1] E. Patrick Ellisen and Daniel T. McCloskey, "Cost Effective Defense of Patent Infringement Suits Brought by Non-Practicing Entities", 21 *Intellectual Property & Technology Law Journal* 10, 2009.

[2] 美国的司法实践中曾将自己不实施专利且拒绝将专利许可给他人使用认定为专利权滥用，但之后又推翻这一判例规则，认为单纯的"拒绝许可"不构成专利权滥用。

人的公司仅依赖专利许可的商业模式获得盈利，其自身并不实际实施专利。这些公司可能仅拥有某一产品的某一小部件的相关专利技术，却能够利用禁令救济这一手段要求有使用需求的经营者支付高昂的费用——禁令救济成为这些专利权人进行许可谈判时的王牌筹码。在这种情况下，一旦专利的潜在使用人未能就许可使用费的标准与专利权人达成一致，而放弃使用该专利又会给潜在使用人造成较大的经济损失，潜在使用人便可能会选择不经专利权人同意而直接使用专利的侵权方式来解决问题。再者，如果禁令救济成为专利权人能够获得的当然救济，潜在使用人侵权后除需承担损害赔偿责任外，之后也不得再使用该专利，侵权产品也会被扣押、没收、销毁等，这会给潜在使用人造成巨大损失。基于这些担心，潜在使用人可能会在谈判中被迫接受专利权人提出的高昂的专利许可使用费，即使费用与专利本身的价值不成比例。

以"公共利益"抗辩为据，对救济方式进行限制，在保障专利权人利益的同时兼顾社会公共利益，不失为一种解决非专利实施主体等专利制度滥用问题的可选路径。对救济方式进行限制，既没有从根本上否认权利人的专利权效力，又能够变相督促专利权人对专利技术进行有效的实施或转化；既在一定程度上确保了专利权人的法授权利获得保护，又可以在权利人的行为缺乏合理性时对这一保护进行适度限制，避免他人合法利益或公共利益受损。这是一种规制专利制度滥用行为的折中路径，其背后暗藏的价值理念与专利制度整体所追求的目标与利益相通。但是我国法院在判断是否限制救济之时缺乏法定的参考标准，这将导致法院判决的可预测性和一致性相对较低，法院在实践中意见不一和主观性过强等问题。

在 2006 年美国 eBay 案之后，国内法学界逐渐开始理性反思我国的知识产权制度与理论基础。我国学者对专利侵权中限制适用停止侵权救济问题的研究，主要可以划分为两个层面：一是从宏观层面挖掘制度或规则背后的理论基础，试图对其进行正当性和合理性的阐述；二是从微观层面探究在具体实践中如何进行规则设置，以达到专利权人与第三人、社会公众之间的利益平衡。

在宏观层面，目前我国对停止侵权救济进行限制的理论研究主要从利益平衡原则出发，对权利人个人利益、侵权行为人利益、第三方利益、社会公共利益、国家利益等进行综合考量。除保护权利人的合法利益之外，法律制度的另一项重要功能就是平衡不同群体之间的利益，以避免专利权人的权利滥用行为和对其的过度保护造成他人或公共利益遭受损失。微观层面，在利益平衡理念的基础上，我国学者对如何在审判中具体实施限制停止侵权救济的具体规则这一实际问题，强调司法实践的灵活变通与法官的自由裁量，但这一做法缺乏可供参照的具体规则与指引。一些学者则具体列出了不适用停止侵权救济的条件或情形，比如满足下列条件才不适用停止侵权救济，即行为人善意且无过失、权利人具有可责性、产生显失公平的法律后果，[1]或列出不应给予停止侵权救济的情形，即复杂知识产权产品上的单一部件侵权，侵权造成低社会损害，颁发禁令或带来高移除成本，非专利实施主体故意设置陷阱进行敲诈勒索，而被控侵权人出于善意使用涉案技术。[2]但无论如何，倘若不同法院从不同的维度对公共利益作出解释，那么主观性较强的

---

[1] 梁志文："反思知识产权请求权理论——知识产权要挟策略与知识产权请求权的限制"，载《清华法学》2008年第4期。

[2] 陈武："权利不确定性与知识产权停止侵害请求权之限制"，载《中外法学》2011年第2期。

缺陷就不可避免。所以当前仍需要在立法中对公共利益的理解与适用进行原则化、要素式的规定，从而为司法实践的判断与衡量提炼出统一标准。

三、标准必要专利限制适用禁令救济的思考

（一）标准必要专利获得保护与救济的特殊性

除了针对一般专利普遍适用的停止侵权救济限制规则，2008年，最高人民法院还发布了专门针对标准必要专利的保护进行一定限制的文件，即《关于朝阳兴诺公司按照建设部颁发的行业标准〈复合载体夯扩桩设计规程〉设计、施工而实施标准中专利的行为是否构成侵犯专利权问题的函》，其答复为："鉴于目前我国标准制定机关尚未建立有关标准中专利信息的公开披露及使用制度的实际情况，专利权人参与了标准的制定或者经其同意，将专利纳入国家、行业或者地方标准的，视为专利权人许可他人在实施标准的同时实施该专利，他人的有关实施行为不属于专利法第十一条所规定的侵犯专利权的行为。专利权人可以要求实施人支付一定的使用费，但支付的数额应明显低于正常的许可使用费；专利权人承诺放弃专利使用费的，依其承诺处理。"但这一文件的效力因2016年《最高人民法院关于审理侵犯专利权纠纷案件应用法律若干问题的解释（二）》的出台而受到影响。

标准必要专利所负载的降低交易与谈判成本、促进信息共享与交流、推动产业发展与科技进步等社会功能，以及其所影响的产业利益、社会利益乃至国家利益，使得与之相关的制度建设备受关注。标准必要专利的保护力度大小需要在实践中不断探索和推敲，也需要在国际化背景下不断衡量与比较。标准必要专利相关制度的诞生、发展与完善不断印证着专利制度价

值理念的多元化趋势。标准必要专利制度的形成蕴含着多方主体的利益角逐与博弈，权利的行使状态也会对多方主体的利益产生动态的影响。专利权人在参与制定技术标准之时作出的FRAND承诺，对于参与制定标准的其他成员发生效力，其他成员基于FRAND承诺产生相应的信赖利益。

设置标准必要专利的初衷，在于通过统一化的技术标准降低产业发展的整体成本，促进信息交流与分享，但是标准必要专利本身又可能造成自由竞争受阻和成本上升问题。标准的社会性、普适性与专利权的排他性、私有性之间的矛盾，使得在确定关于标准必要专利的专利政策、法律原则之时，必须在公共利益和私权之间、专利权人与标准实施者之间寻找一个平衡点。[1]当标准中纳入某些专利时，这种技术标准将给专利权人带来相较于以往更大的竞争优势，[2]这可能造成标准必要专利权人滥用权利而限制、排除竞争的问题。因此，在标准必要专利实施过程中，有必要对权利人行使权利的行为进行专门的限制和约束，其中就包括对停止侵权救济的限制适用。对侵犯标准必要专利的行为不判令停止侵权的决定带有社会效率、公共利益等经济因素的考量，即避免因侵权行为停止而产生较高的社会成本，造成社会运行的低效率甚至无效率——比如当停止侵权行为会广泛影响第三人利益或者造成巨大资源浪费之时。另外，对于标准必要专利的保护，还需要充分考量商业习惯对于许可谈判中各种行为性质认定的价值，加大商业习惯及诚实

---

〔1〕 王海莹、胡雪莹："标准必要专利的禁令救济原则"，载《人民司法（应用）》2018年第22期。

〔2〕 许清："专利纳入标准后停止侵害请求权的限制——张晶廷与衡水子牙河建筑工程公司侵害发明专利权纠纷案"，载《中国发明与专利》2018年第11期。

信用原则在判定有关行为是否具有合理性时的依据比重。[1]总而言之,为了解决专利制度中加强权利保护、扩张权利范围而产生的社会成本问题,同时为了合理衡量个人利益与社会公共利益并解决其中的冲突与矛盾,对专利权进行适当限制必不可少。

(二)对标准必要专利限制适用停止侵权救济的维度

国际保护知识产权协会(AIPPI)"专利与标准"特殊委员会主席迈克尔·弗罗里希(Michael Fröhlich)指出,在标准必要专利权人是否能够提出停止侵权主张的问题上,存在两种截然不同的立场:反对者认为,禁令救济本身就与 FRAND 承诺的理念相悖,作出 FRAND 的承诺就意味着专利权人的利益局限于公平合理的许可使用费上;支持者则主张,如果否认标准必要专利权人寻求禁令救济的权利,将造成现有协商谈判机制的根本改变,促生机会主义而贬损标准必要专利的商业价值,这将不利于激励创新与开发,最终对行业和社会的整体利益与长远利益造成不利影响。[2]

德国联邦最高法院在 2009 年的"橘皮书"一案中,允许被告将 FRAND 承诺作为对原告提出的禁令救济请求的抗辩事由,主张:如果希望获得专利许可的一方已经提出具有法律约束力的无条件要约,专利权人一旦反对该要约就违反了反垄断法,且如果被告已经使用了该发明,按照前述达成的许可协议履行其义务(即以价款或订金作为适当的许可费,并提供日常的许

---

〔1〕 秦天雄:"标准必要专利规制问题的法理思考及建议——兼评《专利法修订草案(送审稿)》第 85 条",载《北京化工大学学报(社会科学版)》2016 年第 3 期。

〔2〕 Michael Fröhlich, "The Smartphone Patent Wars Saga: Availability of Injunctive Relief for Standard Essential Patents", 9 *Journal of Intellectual Property Law & Practice* 2, 2014.

可费用报告）的情况下，原告仍然提出禁令请求的行为构成市场支配地位的滥用且违反诚信原则。[1]橘皮书标准开启了德国法院在标准必要专利侵权纠纷中以 FRAND 承诺拒绝给予禁令救济的先河。

橘皮书标准的确立为德国和欧盟其他成员国应对专利侵权与专利权滥用等问题提供了重要参考，此案之后，德国其他法院也开始效仿并适用该标准，但在实际操作中，能够顺利适用该标准对抗原告禁令请求的案例并不多见。[2]欧盟对橘皮书标准的合理性和可行性也进行了广泛的探讨。

华为公司与 IDC 公司等不正当竞争纠纷案被称为中国标准必要专利第一案。2014 年 4 月，广东省高级人民法院在判决中主张 IDC 公司违反了中国反垄断法。该案件对于中国确定标准必要专利的许可使用费以及是否批准禁令救济等具有一定的参考价值。但该案不是最高人民法院的判例，更非司法解释，所以无法起到普遍规范标准必要专利相关案件的作用。此案之后，2016 年的《最高人民法院关于审理侵犯专利权纠纷案件应用法律若干问题的解释（二）》针对标准必要专利作出了专门规定，但该规定仅作笼统要求，即仅要求法院在决定是否判予标准必要专利权人以停止侵权救济时需要进行社会利益和国家利益的考量，却没有给出具体的法律规定或分析路径。之后，在西电捷通公司诉索尼中国公司侵害发明专利权纠纷案中，在原告承诺以合理无歧视的期限和条件进行专利许可，但双方对许可条件协商未果的情况下，北京知识产权法院在判断是否应判令停

---

[1] Orange-Book-Standard, BGH GRUD 2009, 694. Thomas Kühnen, *Patent Litigation Proceedings in Germany*, translated by Frank D. Peterreins, Heymanns Carl, 2015, note 1421.

[2] See e. g. LG Mannheim, 27 May 2011, Docket n7 O65/10-Philips v. Sony Ericsson; OLG Karlruhe, GRUR-RR 2012, 124-GPRS Zwangslizenz.

止侵权时考虑了双方在协商过程中的过错：在双方均无过错，或者专利权人有过错，实施人无过错的情况下，不支持停止侵权的诉讼请求；在专利权人无过错，实施人有过错的情况下，支持停止侵权的诉讼请求；在双方均有过错的情况下，则应基于专利权人和实施人的过错大小平衡双方的利益，决定是否支持停止侵权的诉讼请求。[1]这表明在该案的标准必要专利保护过程中，法院试图通过对停止侵权救济适用条件的分析，避免标准必要专利权利人滥用权利，同时约束被许可方"反向劫持"的行为。

第三节 对专利损害赔偿救济的限制适用

一、合法来源抗辩：规范市场交易行为

我国知识产权侵权认定采用的是无过错责任原则，但知识产权损害赔偿责任却适用过错责任原则，以行为人存在过错为要件。[2]之所以有这样的规定，是因为专利权具有抽象性和物理上的非独占性，在保护上存在困难，侵权认定采用无过错责任原则能够给予专利权强有力的保护和事后救济。但专利权的存在有时难以发现或进行验证，如果要求除专利权人以外的第三人在实施生产经营活动时，需要进行充分的专利信息检索与调查，会给实施者带来较大的成本和负担，这不利于生产经营的发展和经济往来的活跃。而且，一些主观善意的实施者可能因为能力或时间等限制，难以知晓自身的行为属于侵权行为。因此，损害赔偿责任适用过错责任原则，能够避免一些在主观

---

[1] 北京知识产权法院（2015）京知民初字第1194号民事判决书。
[2] 参见郑成思：《知识产权论》（第三版），法律出版社2005年版，第272页。

上善意的实施者承担不合理的损害赔偿责任，通过仅要求其停止侵权，可以实现利益上的均衡考量。

合法来源抗辩就是对行为人存在过错的否定，指"为生产经营目的使用、许诺销售或者销售不知道是未经专利权人许可而制造并售出的专利侵权产品，能证明该产品合法来源的，不承担赔偿责任。"在2008年《专利法》修改之前，合法来源抗辩都是与目前第75条规定的五种"不视为侵犯专利权"的情形规定在同一个法律条文中，在2008年修法之后，合法来源抗辩被单列出来而独立存在。这一改变体现出我国立法与司法实践开始对"侵权行为的抗辩"和"侵权责任的抗辩"进行区分对待，前者意味着对构成侵权行为的否定，后者则是对承担赔偿责任主张的否定，二者发生对抗效力的环节和对象存在差异——合法来源抗辩下，被告能够对抗的效力和范围相对有限，只能针对损害赔偿责任的承担提出豁免，而不能否认自身的行为构成了侵权。

合法来源抗辩规则带有降低社会成本和促进整体效率提高的考量。首先，合法来源抗辩规则有助于保护交易安全，平衡各方利益，维持正常交易秩序。[1]提出合法来源抗辩的主体往往需要承担"合法来源"的举证责任，而实践中的"合法来源"往往诞生于市场经济往来活动中。市场经济往来活动的稳定与参与交易的当事方之间的信赖，对于经济发展和贸易往来十分重要。考虑到市场整体的运行效率，如果对于商品已经存在合法来源的买方依然苛以较重的检索义务和预防侵权的负担，将会导致交易成本上升，市场整体活力下降。

其次，合法来源抗辩规则蕴含着这一理念：通过影响行为

---

[1] 北京市第一中级人民法院知识产权庭编著：《侵犯专利权抗辩事由》，知识产权出版社2011年版，第216—217页。

人的收益与成本要素调整相关市场行为,引导市场参与者履行交易前审查义务。在市场经济的环境下,潜在的侵权行为人往往会对实施侵权行为带来的成本与收益进行预估判断,预估判断的结果会对其是否实施侵权行为产生直接影响。市场参与者在经济活动中,按照法律规定或者商业惯例,虽然承担一定的事前审查义务,但对于义务范围与程度仍需进行合理界定。在具体的市场交易环节,合法来源抗辩可以通过给予被告方一定程度上的豁免,促进诚信、合法交易的观念形成,甚至在一定程度上构建出一种"倒逼机制",迫使有关市场主体"警醒"或者"闻者足戒",在以后的日常交易中规范操作,从而实现自身利益的最大化。[1]除了保障市场经济的运行效率,合理来源抗辩规则还有助于减轻知识产权制度运行的成本,推动保护知识产权制度目标的实现。这是因为,合法来源抗辩规则鼓励市场参与者尽到合理程度的事前审查义务,比如要求经销商在与供货商签订合同、进行销售之前,对供货商的身份、商品的权利状态作调查研究,这既能够促使在交易链条中的市场参与者尽到合理注意义务,保护他人的知识产权,也有助于在将来发生纠纷时对产品来源进行追溯与查验,推动纠纷公平有效解决。

二、权利标识及告知义务:降低社会成本

在我国,对专利权及其归属进行标识属于专利权人的一项权利。《专利法》第 16 条规定,专利权人有权在其专利产品或者该产品的包装上标明专利标识。无独有偶,根据美国专利法的规定,专利权人和专利权人的被许可人可以通过在商品上标上"专

---

[1] 王政书、夏永全:"论专利侵权诉讼中制造者与销售者的行为互动——以合法来源抗辩为切入点",载《西华大学学报(哲学社会科学版)》2015 年第 3 期。

利"字样和专利号来向公众和其他竞争者进行专利告知。[1]但是在美国,对专利进行标识和告知,不仅仅是专利权人的一项权利,也是专利权人要获得损害赔偿救济所需要履行的一种变相义务。当专利权人未进行专利标识和告知时,被控侵权人可以此为理由拒绝赔付侵权导致的损害。该政策带有对降低社会公众检索成本、消除市场中的信息不对称等经济因素的考量。

美国通过司法判例确立了专利权人所需履行的"实质性通知"(constructive notice)的义务标准。在"Maxwell v. Baker"案中,麦克斯韦(Maxwell)发明了将一双鞋固定在一起以便商店进行销售的一套技术系统,并在1986年获得专利授权。之后,麦克斯韦授权塔吉特(Target)商店按照《美国专利法》第287(a)条的规定,将使用该专利技术的所有鞋都进行标识,但是塔吉特未能完成所有鞋的标识。上诉法院在该案中认为,如果专利被许可人不遵守专利标识规定,则只要专利权人尽了最大努力确保被许可人符合要求,专利权人仍将能够获得相应的利益保护和救济。

如果未在产品上加上明显的标识,除非专利权人证明侵权人已收到有关侵权的实际通知并继续侵权行为,否则专利权人将无法就侵权行为提出赔偿请求。如果专利权人通过对产品进行标识成功地提供实质性通知,或侵权人收到实际通知,则专利权人有权获得赔偿费用。当专利权人将产品许可给他人使用时,专利权人并不需要自己亲自完成"告知"行为,而只需要存在"实质性"可以构成告知的情形即可。具体而言,当被许可人而非专利权人未正确标识专利产品时,法院可将专利权人为防止他人侵犯专利权而采取的措施纳入考量因素,来作出其

---

[1] 参见《美国专利法》第287(a)条。

是否满足专利实质性通知义务的判决。

美国专利法对于权利人需进行专利标识及告知的义务性要求，与专利权的公示公信效力具有耦合之处。专利权是一项需要他人"配合"才能真正实现权能的权利，他人能够知晓专利权的存在及其保护范围，是专利权人得以行使排他权的重要条件。专利区别于一般有体物，它没有明确的物理边界，所以需要借助公示公信，由国家公权力机关划定权利的保护对象与范围。当社会公众通过公示公信了解专利权保护范围之后，就能够依据其权利要求对自身行为是否侵权进行合理的评估。若公示公信途径缺失，他人很容易因此落入专利权保护范围而不自知，从而需在侵权之后进行补救和谈判。实践中拥有大量专利的企业也意识到复杂的专利系统带来了巨大的竞争风险，即使很有知识产权意识的公司也无法避免侵权。[1]所以，对专利权人规定专利标识或告知义务，不失为解决专利权滥用问题的一种方式：当专利权人需要事先进行标识或告知才能获得损害赔偿时，试图通过起诉他人进行"专利伏击"并攫取收益的非专利实施主体就失去了存续的重要根基——非专利实施主体无法再在他人不知情而使用专利或已为实施该专利做好必要准备时，以提起专利诉讼或发出侵权警告的方式要挟对方支付不合理的高昂许可费用。

我国应对此类问题所采取的方法是，对符合合法来源抗辩的被控侵权行为人进行损害赔偿责任的豁免。合法来源抗辩制度、专利标识与告知规则在本质上都是有关产品来源的制度设置，不同之处仅在于，合法来源抗辩制度下，潜在侵权行为人需要承担避免侵权的事前检验义务，而专利标识与告知规则要

---

〔1〕 吴汉东主编：《知识产权法学》（第六版），北京大学出版社 2014 年版，第 201 页。

求专利权人主动降低他人侵权的风险。合法来源抗辩制度是对潜在侵权行为人提出要求，专利标识与告知规则则向专利权人提出要求。专利标识与告知规则下的专利权人需要为公示公信尽到更多义务，从而避免潜在使用人因不知情或检索成本过高而侵犯专利权，产生纠纷或增加其他社会成本。在合法来源抗辩制度的基础上，我国可以适当效仿美国专利法中对专利权人的专利标识与告知的义务要求，降低权利人滥用专利权的可能，同时进一步加强专利权的公示公信效力。

结 语

专利侵权抗辩的类型化与体系构建

技术经济是一个大的生态系统，专利法、商业秘密制度作为保护技术信息的法律制度，在规则设置和目标安排上具有共生性和互补性；反垄断法、反不正当竞争法则能够为权利人提供利益保护，并规范权利人行使权利的行为；民法领域的基础原则与价值理念，则能够为技术经济发展过程中以意思自治为基础的权利行使提供依据与参照。在这一整个大的生态体系中，专利制度伴随着经济和科技发展不断演变，形成相对独立的生态循环。从单个专利技术的研发与授权，到市场主体或创新主体进行的专利布局，发展至整个行业的标准必要专利或专利联盟，乃至上下游产业之间的专利交叉和组合，专利生态在不同维度呈现出不同的现象和特征。世界知识产权组织提出"2030可持续发展"的知识产权制度目标，以期对整个知识产权生态系统的发展和繁荣发挥推动作用。基于对人类智力劳动的肯定与激励科技创新的需求，当今世界各国普遍实行专利制度，为科技创新成果提供私权保护。科技进步与发展对人类社会整体经济效率的提高、生产运营方式的多样化、生活条件与体验的改善都具有强大的推动作用。

规则的制定、修改与完善需要符合社会经济发展的需求，如果在制度框架下的交易成本、制度成本等社会成本过高，财产权就可能难以对价值转化进行最优安排与调整，因此，在专利侵权抗辩的规则设置上，也需要考虑到社会整体经济效益。社会关系的复杂程度与科技进步的速度往往超越法律制定者在制定法律时的预估，基于列举式规定规则适用难免存在滞后与遗漏之处。因此，希冀通过尽可能全面、周延的法律法规制定来弥补上述抗辩规则存在的不足并不现实。此时，英美衡平法体系对规则的灵活适用、对客观情景的充分分析、对社会效应的前瞻考量能够提供较为合理的思路。在法律没有明确规定的情况下，通过司法上规则的设置，对专利保护进行限制，似乎有"法官造法"的嫌疑。同时，往往是在实践中出现新的问题时，缺乏原则一致的统一立法指引，才会通过司法的途径去弥补。因此，通过专利侵权抗辩事由的学理研究，挖掘背后的逻辑链条与价值选择，能够促使法院在司法实践中更好地处理专利侵权之诉，对专利权的保护范围、行使方式与限制手段进行合理的调整与规制。

一、基于价值基础的专利侵权抗辩类型化

专利制度的价值基础乃至整个知识产权制度的价值基础，与专利侵权抗辩的价值理念具有共通性，贯穿于专利侵权抗辩体系之中。关于知识产权制度正当性的理论复杂多样，主要包括劳动价值论、人格权理论、分配正义理论、激励理论等，而纵览所有支撑知识产权制度正当性的学说，都是从内生价值与外部价值两种视角来论证知识产权制度合理性的。前者主要是从包含知识产权在内的财产权制度本身（intrinsic）的价值与意义上论述，后者则是分析制度安排外在的（extrinsic）的价值与意义，更加重视制度给社会发展带来的影响与发挥的作用。

传统的知识产权制度正当性往往从知识产权本身的价值与

意义入手，主要是洛克的劳动价值论和黑格尔的个人自由主义，在之后的制度发展中，这两种理论的局限性不断暴露，公共政策理论则发挥出重要的修正与补充的作用。通过对专利制度内在与外在价值的理论探索可以发现，二者在知识产权制度中的地位均十分重要，在现代市场经济发展背景下均发挥着重要作用。知识产权法的人本认识观就是一方面要从权利主体的人格和身份两个方面来认识知识产权法对人身权利的确认与实现，另一方面要从人的私利权益保障、人的创造积极性发挥方面来认识知识产权法的制度安排。[1]为促进共同发展与福利，在面对个人利益与公共利益、本国利益与他国利益等多重冲突时，进行相应的政策选择能够为制度建设提供良好的导向。在专利侵权抗辩的类型化过程中，也伴随着对知识产权共同价值基础的论证。

从知识产权制度内在的价值来看，创造者通过智力劳动获得成果，但劳动达到何种标准，才能使得其成果脱离公有领域成为创作者的私有财产，需要国家公权力机关进行审查和认定，如授予专利时需要满足的新颖性、创造性和实用性的实质要件。专利侵权抗辩规则也受到劳动价值论的影响，即专利权人通过劳动获得的收益应当与其劳动成果中蕴含的价值相当，专利权人不应当攫取按照劳动价值衡量不成比例的利益。而从知识产权制度的外部价值来看，对智力劳动者个人权利的保护并不足以论证知识产权制度的合理性。"知识产权制度是一个社会政策的工具"，[2]"知识产权制度存在的合理性就依赖于这样一个前提——'知识产权制度能够促进整个社会文学艺术和科学技术

---

[1] 何敏：《知识产权基本理论》，法律出版社2011年版，第2页。
[2] 刘华：《知识产权制度的理性与绩效分析》，中国社会科学出版社2004年版，第46页。

的进步'"。[1]专利侵权抗辩规则的设置也受到公共政策与公共利益的很大影响,法定不视为侵权中的几种情形就是私人利益面对公共利益时的妥协,对存在滥用的专利权进行限制也是基于保护公共利益、使制度目标得以实现的选择。

上述多章,将专利侵权抗辩划分为不构成侵权、专利侵权例外、滥用行为、侵权责任的抗辩四种情形,是在价值基础二次梳理基础上的类型化。

专利制度的内在价值要求权利人所获保护应当与其所作贡献相称,原告需证明被告行为构成侵权,才有获得保护的最基本依据。专利权人主张侵权事实成立时,需要基于有效的专利,证明被控侵权人的行为满足侵权行为构成要件,如果不满足侵权认定标准,则侵权事实不能成立,原告的诉讼主张就不能得以实现。被告则可以通过证据证明自己的行为不构成侵权,不满足专利侵权的法定要件,直接否认原告的主张。被告的不构成侵权抗辩具体也包含三种:第一种是专利权无效抗辩,指原告缺乏合法有效的专利权,即原告主张的权利基础不存在。这一抗辩是在专利权"推定有效"的行政授权模式下,对可能存在的错误授权进行的事后矫正,也能够发挥筛选瑕疵专利和提升专利质量的实际作用。第二种则是被控侵权行为未落入专利权保护范围,被告可以从诉争专利本身的有限性出发,探索是否存在权利穷竭、现有技术、禁止反悔、反向等同等抗辩事由,划定合理的专利权保护范围,避免专利权保护范围的不合理扩张。第三种是被告的专利使用行为已经过专利权人同意,除专利权人明示同意之外,默示的推定许可也可能成为抗辩事由。默示许可作为禁反言及诚实信用原则的实践,能够有效约束专

---

〔1〕 郑胜利主编:《北大知识产权评论》(第1卷),法律出版社2002年版。

利权人在获得权利之后的行为,维护商业道德和信赖利益。不构成侵权抗辩能够发挥界定专利权保护范围和实现利益平衡的作用,以保障专利制度的内在正当性。

专利侵权例外从社会公共利益的视角,赋予特定侵权行为合法性,体现了专利制度的外在价值。专利权具有社会属性,专利制度也会产生特定的社会效应。面临个人领域和公有领域的模糊边界,为公共利益而豁免某些侵权行为人的法律责任,有利于发挥专利制度对社会整体的发展和进步的促进作用。因此,世界上很多国家在设立专利制度时,也会通过制度安排对权利进行限制。我国通过"先用权""临时过境""科学研究与实验""博拉例外",豁免侵权行为人在特定情况下的法律责任,视为其行为不构成侵权。在现实适用中,这些抗辩事由需要结合特定的经济发展水平和社会背景,并融合进专利法追求的整体价值目标进行理解,增强灵活性,以实现个人利益与公共利益之间的动态平衡。

由于专利权容易被滥用,抗辩规则在约束专利权人的行为方面也能够发挥重要作用。抗辩制度不仅仅是被告用来被动对抗原告诉讼请求之"盾",还可能转化为挑战专利权人行为合理、合法性之"矛",还可以是法院借以调整专利授权后权利行使状态的利器。司法实践中已经出现了基于专利权人存在滥用行为提出抗辩并获得法院支持的实践,法院也积极探索滥用行为抗辩的规则。但因滥用行为的范围界定模糊、是否构成滥用的判断标准不清晰以及专利法与反垄断法之间关系复杂等原因,对专利权人的滥用行为进行侵权抗辩的制度设计仍有探讨和挖掘的空间。从滥用的对象这一角度入手,可以将专利权人的滥用行为划分为制度滥用和权利滥用,权利滥用还可进一步划分为对实体性权利的滥用和对程序性权利的滥用。不同的行为会造成不同群体的利益受损，但均会导致社会成本的增加。基于行为类型化，探讨如何在抗辩制度中进行相应的设置与安排，以有效地约束专利权人行为，追求整体效率最大化和立法目标的实现，任重道远。对原告滥用行为的抗辩，有助于均衡各方利益、提高社会效率、实现比例原则和诚实信用原则，降低专利制度的外部成本。

侵权责任的抗辩区别于上述三种侵权行为抗辩，它并不针对原告提出的侵权主张，而仅为被告不承担法律责任提供依据。专利侵权的责任承担方式主要包括停止侵权和损害赔偿，针对这两种方式提出的抗辩虽然具体规则的设置不同，但背后的目的和价值都指向降低专利制度的社会成本。侵权责任的抗辩可能与侵权行为抗辩存在一定的联系，侵权行为抗辩的成立当然使得被告免于承担法律责任，而侵权责任的抗辩往往针对已经构成侵权的情形，但基于公共利益、社会成本等特殊考量，为追求整体效率最大化，而作出折中选择。在我国既有的专利法规定中，合法来源抗辩可作为被告免于承担专利侵权损害赔偿责任的事由，其背后蕴含着对交易安全与稳定、平衡各方利益的价值选择，鼓励市场参与者在经营活动中尽到事前注意义务，从而减少侵权行为的发生。而很多时候，专利权人及其他权利人也会作为市场参与者存在，其在降低侵权风险方面也需承担一定的责任。权利人对专利产品进行标识或告知的义务规则，能够减少侵权纠纷，降低社会成本，值得借鉴。停止侵权作为一种传统的救济方式，在适用于专利侵权案件时，却可能引起一定的负面效应。专利制度的价值目标之一在于促进科技成果的转化和使用，以推动全人类共同进步和创新发展，且科技的累积性效应愈发明显，专利的社会属性在当下的社会环境中需得以彰显和维护，因此在公共利益面临巨大挑战时，需要赋予法官进行利益平衡的裁量权,对停止侵权救济进行适当限制,以实现专利制度的整体目标。

各种专利侵权抗辩,体现出价值选择的多元性,但也可通过类型化来整合。建立在价值基础上的类型化分析,既有利于专利侵权抗辩制度功能的最大化,也有助于体系构建,从而实现形式理性。

二、基于诉讼请求的链条式专利侵权抗辩体系

目前我国的专利侵权抗辩存在体系混乱、内容庞杂、理论研究不能满足实践需求等问题,需要寻找到构建专利侵权抗辩体系的框架与逻辑。上述建立在价值基础上的类型化分析,能够为体系构建提供理论上的参照。在具体实践规则中,还需要结合专利侵权抗辩本身如何实施并实现来研究。抗辩具有针对性,即抗辩均是针对诉讼过程中原告的请求而提出的,诉讼请求是权利人为获得利益保护与法律救济而提出的。民法为保护特定利益而设置的权利,不是一种静止的权利,而是一系列前后相连的权利,前面的权利随着特定法律事实特别是侵权行为以及违约行为而转化为后面的权利。[1]民法为保护某一特定利益而设定的一系列相互关联的权利可以被视为一个权利链条,原权是权利链条的始端,而救济权是这个权利链条的末端。[2]原告的诉讼请求链条可以为侵权抗辩体系的梳理提供重要的参考价值,顺沿着专利权人在侵权诉讼中的请求权,有助于解决专利侵权抗辩体系性缺失的问题。在侵权诉讼中,原告因自身

---

[1] 参见王涌:《私权的分析与建构:民法的分析法学基础》,北京大学出版社2020年版,第381页。

[2] 参见王涌:《私权的分析与建构:民法的分析法学基础》,北京大学出版社2020年版,第381页。

基础性专利权被侵犯而提起诉讼，侵权诉讼产生的基础是侵权行为的存在，原被告之间的法律关系为侵权行为引发的债权债务法律关系，原告依据法律规定能够获得侵权救济，被告需要承担侵权责任的情况下，原告才有胜诉的可能。

请求权是权利救济的核心概念。[1]权利救济的实现，建立在请求权基础之上。首先，"请求权系由基础权利（如物权、债权等）而发生，必先有基础权利之存在，而后始有请求权之可言"。[2]原告需要在基础权利合法有效的情况下，才能主张自身权利因被告行为受到侵害；当权利基础不存在或有瑕疵之时，原告缺乏权利主张的充分性、合理性与合法性。其次，当基础权利合法有效时，原告需要证明被告行为满足侵权行为构成要件，即被告行为构成侵权行为之时，才能证明原被告之间产生了债权债务关系，原告据此可以向被告主张侵权行为之债，当被告拒绝履行这一侵权行为之债时，原告可以向法院寻求救济，基于法律对权利人的保护产生救济权。再其次，当侵权行为之债成立时，被侵权人可以行使其债权请求权，或向侵权行为人提出权利主张，或向法院提出权利主张，但债权请求权可能因一些特殊原因，比如诉讼时效的经过、权利人行为缺乏正当性，而归于消灭。最后，即使原告主张的侵权行为确实成立，被告依然可以针对侵权责任的承担提出异议，主张原告缺乏获得救济的正当性基础或合法性基础。

专利权作为一种私权，受到各国私法的保护。专利侵权抗辩规则建立在传统的民法理论基础上，同时结合专利权的自身特点，为促进权利保护和市场发展，形成一套特殊规则。诉讼请求是抗辩事由提出的前提，抗辩是对原告请求权的对抗，抗

---

[1] 朱庆育：《民法总论》（第二版），北京大学出版社2016年版，第561页。
[2] 郑玉波：《民法总则》，中国政法大学出版社2003年版，第49—50页。

辩的提出具有针对性,即系针对原告提出的请求而存在。在请求权发生、存续和救济的链条上,任何一个节点都可能产生抗辩事由,因此,在梳理专利侵权抗辩的体系与逻辑链条时,可以基于原告提出的请求权展开。依照请求权的体系与链条进行抗辩事由的研究,有助于提升相关制度规则的完整性与逻辑性,也使得被告能够对原告的主张作出更加及时、有效的回应。因此,对专利侵权抗辩体系和逻辑的构建,需要回归抗辩制度本身的初衷——对诉讼请求的对抗,在诉讼请求的基础上,展开抗辩规则的研究。被告可以针对原告诉讼请求提出的各个环节分别展开抗辩,进行对抗或削弱,达到减轻或免除己方责任的效果;反之,如果抗辩事由是因权利人本身而造成的,抗辩的成立会影响权利人利益的实现,为避免自身利益的损失,权利人会在行使权利过程中,尽量避免给侵权行为人提出抗辩的理由,因此,抗辩规则也能够对权利人产生行为约束及指引的效果。

  基于原告的请求权链条,在专利侵权诉讼中,被控侵权人可以在不同的节点主张抗辩。被告据此提出的抗辩也可以分层次展开:①针对原告主张构成侵权而产生的抗辩,主要是指被诉侵权行为不满足专利侵权行为的构成要件,构成要件包括合法有效的专利权、未经权利人同意、被诉行为落入专利权保护范围;②虽然被诉行为满足侵权行为构成要件,但因存在法定豁免或其他豁免情形(如滥用行为),被诉侵权行为不构成侵权,如基于对公共利益的保护而法定不视为侵权的行为,以及因原告存在违法或不正当行为导致权利不应获得保护等;③针对原告提出的救济请求而进行的抗辩,如原告存在不正当行使专利权的行为而导致救济资格丧失、因基于公共利益的考量判令不停止侵权等。本书按照这一逻辑链条,借助类型化的分析工具,建立了专利侵权抗辩事由的体系。

三、专利侵权抗辩制度功能的最大化

本书以上多章对国内外出现的侵权诉讼抗辩事由以诉讼请求中的链条式结构，进行了类型化的梳理与背后价值基础的探讨。基于诉讼请求链条建立起来的专利侵权抗辩体系，与基于价值基础的专利侵权抗辩类型化之间，存在耦合之处。不构成侵权抗辩、专利侵权例外抗辩、基于滥用行为的抗辩、专利侵权责任的抗辩四种抗辩类型，以诉讼请求作为链条衔接并构建框架，而每种类型的抗辩都具有价值基础的共同性，具体内容由此展开并不断完善，共同形成专利侵权抗辩的"枝"与"叶"。

在侵权诉讼中，专利权人提出侵权主张的链条主要包括：存在合法有效的专利权，且该专利权被侵犯，权利人满足获得救济的条件。针对权利人这一主张，被控侵权人可以提出具有针对性的抗辩：专利权存在无效事由，被告行为未侵犯专利权，或虽然侵犯，但存在豁免理由，应当免于承担或减轻侵权责任。对于侵权抗辩的传统认知中，被告提出抗辩带有一定的被动性，是被告反对原告请求权基础的防御方法。[1]被告的抗辩建立在原告诉讼请求的基础上，但并不仅仅局限于被动式地否定诉讼请求，被告可以从防御和攻击两个维度展开抗辩，从而强化司法对专利权的界定作用，并将被告纳入专利事后审查以及约束专利权行使的过程中，推动专利制度的良性运转与目标实现。

在被动对抗型抗辩事由中，被控侵权人进行抗辩的重心在于论证自身行为的合法性或合理性，通过对自身行为的辩护来反驳原告的诉讼主张，并不会影响原告的权利基础。在专利侵

---

[1] 段文波："要件事实理论下的攻击防御体系——兼论民事法学教育"，载《河南财经政法大学学报》2012年第4期。

权诉讼中，针对侵权主张，被告提出的抗辩具有对抗性、防御性和被动性的色彩。对抗性是指抗辩的提出是基于原告的侵权主张采取的对抗式策略，通过论证抗辩事由的成立，对抗原告的诉讼主张，使被告免于承担或减轻法律责任。防御性则是指被告的抗辩事由往往是发挥防御的功能，区别于原告带有进攻性的侵权诉讼主张。被动性则与对抗性、防御性相一致，体现了被告在诉讼过程中的被动地位，在原告尚未提起诉讼的时候，被告也就没有进行抗辩的机会。专利法的制度设计具有多元化的特征，产权人和社会各元素之间的相互协调都要靠知识产权来满足，鼓励个体创造与维护社会公共利益是知识产权制度的两个飞轮。[1] 被控侵权人的抗辩事由，可以先从被动对抗的视角出发，否认被控侵权行为满足侵权行为构成要件，也可以通过论证自身行为的合理性主张豁免，在被动对抗的过程中，结合制度的价值取向与理念选择，对专利权的保护范围进行界定。

在主动进攻型抗辩事由中，被控侵权人进行抗辩的重心则在于论证原告缺乏请求权基础或原告在权利行使过程中存在不合理或不公平之处，以至于被告的使用行为不再构成侵权行为。该种抗辩事由会极大地影响甚至会灭失原告的权利基础。包括专利无效、专利权滥用等在内的事实抗辩，实际上都是通过对专利权的限制来达到抗辩的目的。专利权保护范围与专利侵权抗辩是此消彼长的关系，当专利权保护范围扩张时，他人的使用行为落入专利侵权范围的概率就会变大，反之，专利权受到限缩时，他人的使用行为被专利权覆盖的概率就会变小。对专利抗辩规则的类型化分析，有助于司法实践中被控侵权人及时应对侵权之诉，为其维权提供便利及指引，还能够为专利权的

---

[1] 周俊强、胡坚："知识产权的本质及属性探析"，载《知识产权》2005年第2期。

限制提供逻辑化的分析思路，避免限制过大或缺乏合理限制的问题出现。专利具有不稳定性，任何一个专利权都面临被宣告无效的风险，且由于专利权的公共属性，其不当行使会对公共利益造成损害。因此，在专利侵权诉讼中，一些被控侵权人会"先发制人"，提出对专利权效力的挑战和对专利权行使合理性的质疑，以期通过对专利权的正当性检验，将不符合正当性要求的专利权与权利行使方式排除在司法保护范围之外。因此，伴随着专利制度的演进和发展，专利侵权抗辩渐渐产生限制和约束专利权人权利的实际效果。

在专利制度的多元价值中，传统的劳动价值论能够为专利的私有化提供一定的正当性基础，即个人通过劳动将特定的财产从公有领域中划分出来，使其作为自己的财产而存在。但除了对个人劳动成果的肯定与尊重，专利制度还带有社会契约的色彩，其本质是发明人通过充分公开技术信息换取一定时间的排他性权益。在此交换过程中，权利人能够通过自己实施或许可他人实施专利获得收益，更为重要的是能够通过排除他人对技术信息的利用获得竞争优势，而社会公众则能够广泛获取技术信息，进行科研创新与改进，并在专利到期之后自由使用。在"个人-社会"之间的契约关系下，对价是否合理、公正，是关乎专利制度能否良性运作的重要因素。专利权人如果无法得到充分保护，难以从中收回研发成本与其他成本，则很难有继续创新的动力；而如果对专利权人保护过度，或专利权保护范围不合理扩张，则会导致社会公众利益受损。伴随着专利抗辩规则的发展和内容的日益丰富，应借助司法实践中法官的自由裁量和利益平衡，对专利权授予之后的权利范围再次界定，并约束专利权人行使权利的行为，使专利侵权抗辩更好地服务于实现专利制度的整体与长远目标，实现制度功能的最大化。

参考文献

一、中文文献

(一) 专著

1. 程啸:《侵权责任法教程》(第三版),中国人民大学出版社2017年版。
2. 尹腊梅:《知识产权抗辩体系研究》,知识产权出版社2013年版。
3. 李文江:《国外专利权限制及我国适用研究》,知识产权出版社2017年版。
4. 张乃根:《法经济学——经济学视野里的法律现象》,中国政法大学出版社2003年版。
5. 钱弘道:《经济分析法学》,法律出版社2005年版。
6. 尹新天:《专利权的保护》(第2版),知识产权出版社2005年版。
7. 黄风:《罗马法》(第二版),中国人民大学出版社2014年版。
8. 周枏:《罗马法原论》(下册),商务印书馆1994年版。
9. 江平、米健:《罗马法基础》(修订本第三版),中国政法大学出版社2004年版。
10. 尹腊梅:《民事抗辩权研究》(修订版),知识产权出版社2013年版。
11. 钟淑健:《民事抗辩权及其基本规则研究》,法律出版社2015年版。
12. [德]卡尔·拉伦茨:《德国民法通论》(上册),王晓晔等译,法律出版社2002年版。
13. 杨明:《知识产权请求权研究——兼以反不正当竞争为考察对象》,北京大学出版社2005年版。
14. [德]本德·吕特斯、阿斯特丽德·施塔德勒:《德国民法总论》(第

18 版），于馨淼、张姝译，法律出版社 2017 年版。
15. ［德］迪特尔·施瓦布：《民法导论》，郑冲译，法律出版社 2006 年版。
16. 丁宇峰：《专利质量的法律控制研究》，法律出版社 2017 年版。
17. 梁慧星：《民法解释学》，中国政法大学出版社 1995 年版。
18. 徐棣枫：《专利权的扩张与限制》，知识产权出版社 2007 年版。
19. ［日］富田彻男：《市场竞争中的知识产权》，廖正衡等译，商务印书馆 2000 年版。
20. 刘银良：《知识产权法》（第二版），高等教育出版社 2014 年版。
21. ［澳］布拉德·谢尔曼、［英］莱昂内尔·本特利：《现代知识产权法的演进：英国的历程（1760—1911）》，金海军译，北京大学出版社 2012 年版。
22. 北京市第一中级人民法院知识产权庭编著：《侵犯专利权抗辩事由》，知识产权出版社 2011 年版。
23. 乔永忠：《战略性新兴产业专利运用实证研究》，知识产权出版社 2015 年版。
24. 国家知识产权局知识产权发展研究中心组织编写：《规制知识产权的权利行使》，知识产权出版社 2004 年版。
25. 魏振瀛：《民事责任与债分离研究》，北京大学出版社 2016 年版。
26. 郑玉波：《民法总则》，中国政法大学出版社 2003 年版。
27. 李勇主编：《专利侵权与诉讼》，知识产权出版社 2013 年版。
28. ［美］贾尼丝·M. 米勒：《专利法概论》，中信出版社 2003 年版。
29. 孟庆法、冯义高编著：《美国专利及商标保护》，专利文献出版社 1992 年版。
30. 刁胜先：《论权利穷竭原则》，法律出版社 2018 年版。
31. 吴汉东主编：《知识产权法学》（第六版），北京大学出版社 2014 年版。
32. 梁慧星：《民法总论》（第五版），法律出版社 2017 年版。
33. 王泽鉴：《民法总则》（增订版），中国政法大学出版社 2001 年版。
34. 王泽鉴：《债法原理》（第二版），北京大学出版社 2013 年版。
35. 董美根：《知识产权许可研究》，法律出版社 2013 年版。
36. ［美］罗杰·谢科特、约翰·托马斯：《专利法原理》（第 2 版），余仲儒组织翻译，知识产权出版社 2016 年版。

37. ［美］德雷特勒：《知识产权许可》（上），王春燕等译，清华大学出版社 2003 年版。
38. 黄佳：《默示意思表示新论：概念反思与理论重构》，中国社会科学出版社 2017 年版。
39. 梁慧星主编：《社会主义市场经济管理法律制度研究》，中国政法大学出版社 1993 年版。
40. 王利明：《合同法研究》（第三卷，第二版），中国人民大学出版社 2015 年版。
41. ［美］威廉·M. 兰德斯、理查德·A. 波斯纳：《知识产权法的经济结构》（中译本第二版），金海军译，北京大学出版社 2016 年版。
42. 段瑞春主编：《创新与法治——新常态、新视野、新探索》，中国政法大学出版社 2016 年版。
43. 王利明：《合同法》，中国人民大学出版社 2015 年版。
44. 徐红菊：《国际技术转让法学》，知识产权出版社 2012 年版。
45. 北京市第二中级人民法院知识产权审判庭、北京知识产权法研究会编著：《知识产权案件裁判理念与疑难案例解析》，法律出版社 2014 年版。
46. 刘春田主编：《知识产权法》（第五版），中国人民大学出版社 2014 年版。
47. 毛金生等：《海外专利侵权诉讼》，知识产权出版社 2012 年版。
48. 曹新明：《现有技术抗辩理论与适用问题研究》，知识产权出版社 2017 年版。
49. 闫文军：《专利权的保护范围：权利要求解释和等同原则适用》，法律出版社 2007 年版。
50. 王涌：《私权的分析与建构：民法的分析法学基础》，北京大学出版社 2020 年版。
51. 陈文煊：《专利权的边界——权利要求的文义解释与保护范围的政策调整》，知识产权出版社 2014 年版。
52. ［美］丹·L. 伯克、马克·A. 莱姆利：《专利危机与应对之道》，马宁、余俊译，中国政法大学出版社 2013 年版。

53. 程永顺：《中国专利诉讼》，知识产权出版社 2005 年版。

54. 徐申民：《中国专利侵权诉讼实务》，知识产权出版社 2017 年版。

55. 张峣：《专利先用权研究》，知识产权出版社 2017 年版。

56. 罗军：《专利权限制研究》，知识产权出版社 2015 年版。

57. 彭玉勇：《专利法原论》，法律出版社 2019 年版。

58. 沈成燕：《知识产权司法与公共利益原则实务研究》，汕头大学出版社 2019 年版。

59. 冯晓青、马翔主编：《知识产权法热点问题研究》（第 3 卷），中国政法大学出版社 2015 年版。

60. 韦贵红：《药品专利保护与公共健康》，知识产权出版社 2013 年版。

61. 刘银良：《国际知识产权政治问题研究》，知识产权出版社 2014 年版。

62. 易玲：《专利无效判定及其衔接机制研究》，法律出版社 2019 年版。

63. ［日］增井和夫、田村善之：《日本专利案例指南》（原书第 4 版），李扬等译，知识产权出版社 2016 年版。

64. 《十二国专利法》翻译组译：《十二国专利法》，清华大学出版社 2013 年版。

65. 李琛：《知识产权法关键词》，法律出版社 2006 年版。

66. 石必胜：《专利权有效性司法判断》，知识产权出版社 2016 年版。

67. 舒国滢：《法哲学沉思录》，北京大学出版社 2010 年版。

68. ［澳］彼得·德霍斯：《知识财产法哲学》，周林译，商务印书馆 2017 年版。

69. 张以标：《专利权滥用法律问题研究》，中国政法大学出版社 2018 年版。

70. 彭礼堂：《公共利益论域中的知识产权限制》，知识产权出版社 2008 年版。

71. 何敏：《知识产权基本理论》，法律出版社 2011 年版。

72. 刘华：《知识产权制度的理性与绩效分析》，中国社会科学出版社 2004 年版。

73. 郑胜利主编：《北大知识产权评论》（第 1 卷），法律出版社 2002 年版。

74. [美]亚当·杰夫、乔希·勒纳:《创新及其不满:专利体系对创新与进步的危害及对策》,罗建平、兰花译,中国人民大学出版社2007年版。
75. 李扬:《知识产权法基本原理(Ⅰ)——基础理论》(修订版),中国社会科学出版社2013年版。
76. 张玉敏主编:《专利法》,厦门大学出版社2017年版。
77. 林文、甘蜜:《中国反垄断行政执法和司法报告》(2016),知识产权出版社2017年版。
78. 李适时主编:《中华人民共和国民法总则释义》,法律出版社2017年版。
79. 李丹:《专利权人滥用市场优势地位认定研究》,中国政法大学出版社2018年版。

(二)论文

1. 易继明:"禁止权利滥用原则在知识产权领域中的适用",载《中国法学》2013年第4期。
2. 柳福东、黄运康:"专利权宣告无效程序质量控制研究",载《电子知识产权》2018年第11期。
3. 张平:"论知识产权制度的'产业政策原则'",载《北京大学学报(哲学社会科学版)》2012年第3期。
4. 宁立志:"规制专利权滥用的法律范式论纲",载《社会科学辑刊》2018年第1期。
5. 徐棣枫:"不正当行为抗辩制度之移植可行性及设计构想——基于《专利法》第四次修改中的'诚实信用原则'",载《东方法学》2018年第6期。
6. 孙海龙、董倚铭:"知识产权公权化理论的解读和反思",载《法律科学(西北政法学院学报)》2007年第5期。
7. 李修臣:"谈知识产权的法律属性",载《前沿》2013年第3期。
8. 黄玉烨、鲁甜:"专利停止侵害请求权限制的司法适用——以专利司法解释(二)第26条为视角",载《北京理工大学学报(社会科学版)》2018年第3期。

9. 汪蓉:"民事抗辩与抗辩权辨析",载《福建法学》2014年第1期。
10. 杨健:"中美贸易战视阈下知识产权保护'超 TRIPS 标准'发展趋势探究",载《北方法学》2019年第6期。
11. 冯晓青、刘淑华:"试论知识产权的私权属性及其公权化趋向",载《中国法学》2004年第1期。
12. 梁上上:"利益的层次结构与利益衡量的展开——兼评加藤一郎的利益衡量论",载《法学研究》2002年第1期。
13. 管育鹰:"知识产权与民法典的关系——以知识产权审判专业化趋势为视角",载《法律适用》2016年第12期。
14. 熊琦:"知识产权法与民法的体系定位",载《武汉大学学报(哲学社会科学版)》2019年第2期。
15. 季冬梅:"论知识产权的法律性质与学科属性",载《私法》2019年第1期。
16. 易继明:"知识产权法定主义及其缓和——兼对《民法总则》第123条条文的分析",载《知识产权》2017年第5期。
17. 王葆莳:"德国民法典中抗辩概念的发展史",载《西南政法大学学报》2004年第1期。
18. 梁慧星:"诚实信用原则与漏洞补充",载《法学研究》1994年第2期。
19. 郑晓剑:"比例原则在现代民法体系中的地位",载《法律科学(西北政法大学学报)》2017年第6期。
20. 吴汉东:"知识产权本质的多维度解读",载《中国法学》2006年第5期。
21. 纪海龙:"比例原则在私法中的普适性及其例证",载《政法论坛》2016年第3期。
22. 兰磊:"比例原则视角下的《反不正当竞争法》一般条款解释——以视频网站上广告拦截和快进是否构成不正当竞争为例",载《东方法学》2015年第3期。
23. 张翔:"机动车限行、财产权限制与比例原则",载《法学》2015年第2期。
24. 周洪政:"抗辩与抗辩权辨析",载《北京仲裁》2010年第4期。

25. 柳经纬、尹腊梅:"民法上的抗辩与抗辩权",载《厦门大学学报(哲学社会科学版)》2007年第2期。
26. 杨德桥:"合同视角下的专利默示许可研究——以美中两国的司法实践为考察对象",载《北方法学》2017年第1期。
27. 陈健:"知识产权默示许可理论研究",载《暨南学报(哲学社会科学版)》2016年第10期。
28. 邓志伟、黄姝:"论技术标准中的专利默示许可抗辩规则之适用",载《法律适用》2013年第3期。
29. 宋戈:"版权默示许可的确立与展望——以著作权法第三次修改为视角",载《电子知识产权》2016年第4期。
30. 易继明:"知识社会中法律的回应性特征",载《法商研究(中南政法学院学报)》2001年第4期。
31. 何怀文:"中国禁止反悔原则的'死角':隐性放弃与两头得利 兼评最高人民法院'中誉电子提审案'",载《中国专利与商标》2013年第3期。
32. 蔡晓东:"反向等同原则——美国专利字面侵权抗辩的利器",载《科技与法律》2012年第2期。
33. 范晓波、孟凡星:"专利实验使用侵权例外研究",载《知识产权》2011年第2期。
34. 李冬梅、陈泽宇:"从'诺华案'分析印度对'专利常青化'的限制",载《中国发明与专利》2017年第2期。
35. 黑濑等:"专利存在无效理由时被告的抗辩",载《电子知识产权》2006年第8期。
36. 刘洋、刘铭:"判例视野下美国专利确权程序的性质研究——兼议我国专利无效程序的改革",载《知识产权》2019年第5期。
37. 张献勇、闫文锋:"专利复审委员会的诉讼地位——复审委是否该站在专利无效诉讼被告席上?",载《知识产权》2005年第5期。
38. 管育鹰:"专利侵权诉讼中的无效抗辩问题研究",载《清华知识产权评论》2017年第1期。
39. [日]伊藤贵子:"日本限制专利权滥用制度及其启示",载王立民、黄武双主编:《知识产权法研究》（第 7 卷），北京大学出版社 2009 年版。

40. 蒋坡、钱以能:"在专利侵权诉讼中引入专利无效抗辩"，载《中国发明与专利》2007 年第 12 期。

41. 罗东川:"《专利法》第三次修改未能解决的专利无效程序简化问题"，载《电子知识产权》2009 年第 5 期。

42. 姚兵兵:"侵权诉讼中专利权正当行使与滥用的实证研究——兼评专利法第三次修改的部分条款"，载《科技与法律》2009 年第 5 期。

43. 张伟君、单晓光:"滥用专利权与滥用专利制度之辨析——从日本'专利滥用'的理论与实践谈起"，载《知识产权》2006 年第 6 期。

44. 梁上上:"制度利益衡量的逻辑"，载《中国法学》2012 年第 4 期。

45. 朱雪忠、彭祥飞:"论专利侵权诉讼的失范现象及其治理"，载《政法论丛》2018 年第 2 期。

46. 袁真富:"核心竞争力：专利价值的深刻体现"，载《中国知识产权报》2012 年 9 月 21 日，第 8 版。

47. 王先林:"从个体权利、竞争工具到国家战略——关于知识产权的三维视角"，载《上海交通大学学报（哲学社会科学版）》2008 年第 4 期。

48. 李春晖:"专利恶意诉讼之认定标准及法律责任"，载《知识产权》2019 年第 4 期。

49. 朱理:"反垄断民事诉讼十年：回顾与展望"，载《中国知识产权报》2018 年 8 月 24 日，第 8 版。

50. 徐家力、张军强:"民法典背景下的知识产权侵权责任"，载《人民论坛·学术前沿》2017 年第 8 期。

51. 季冬梅:"公共政策理论视域下知识产权制度的合理性研究"，载《清华知识产权评论》2020 年第 1 期。

52. 周俊强、胡坚:"知识产权的本质及属性探析"，载《知识产权》2005 年第 2 期。

53. 杜爱霞:"马克思主义理论对专利制度改革的启示"，载《河南社会科学》2021 年第 4 期。

54. 李晓庆、何敏:"我国职务发明制度的异化及匡正——基于马克思异化劳动理论的考察",载《科技与法律(中英文)》2021年第1期。
55. 姚志坚、柯胥宁:"知识产权恶意诉讼的司法认定及规制",载《人民司法》2019年第1期。
56. 韩成芳:"药品专利权的功能异化与修正",载《电子知识产权》2021年第2期。
57. [日]加藤一郎:"民法的解释与利益衡量",梁慧星译,载梁慧星主编:《民商法论丛》(第2卷),法律出版社1994年版。
58. 李浩成、王立武:"欧、美、日知识产权滥用反垄断立法规制比较与借鉴",载《山东社会科学》2015年第6期。

二、英文文献

(一) Books

1. Robert P. Merges, *Justifying Intellectual Property*, Harvard University Press, 2011.
2. Amy L. Landers, *Understanding Patent Law*, Third Edition, Carolina Academic Press, 2018.
3. Janice M. Mueller, *Patent Law*, Fifth Edition, Wolters Kluwer, 2016.

(二) Articles

1. Doug Lichtman and Mark A. Lemley, "Rethinking Patent Law's Presumption of Validity", 60 *Stanford Law Review* 1, 2007, p. 46.
2. Mark Liang, "Chinese Patent Quality: Running the Numbers and Possible Remedies", 11 *J. Marshall Rev. Intell. Prop. L.* 478, 2012, p. 522.
3. Federal Trade Commission, To Promote Innovation: The Proper Balance of Competition and Patent Law and Policy, October 2003.
4. Suzanne Scotchmer, "Standing on the Shoulders of Giants: Cumulative Research and the Patent Law", 5 *Journal of Economic Perspectives* 1, 1991, pp. 29-35.
5. Rachel Clark Hughey, "Implied License by Legal Estoppel", 14 *Albany Law Journal of Science & Technology* 53, 2003.
6. Roberto Mazzoleni and Richard R. Nelson, "Economic Theories About the Benefits and Costs of Patents", 32 *Journal of Economic Issues* 4, 1998.

7. R. H. Coase, "The Problem of Social Cost", 3 *The Journal of Law and Economics*, 1960.
8. Katrin Cremers et al., "Invalid but Infringed? An Analysis of the Bifurcated Patent Litigation System", 131 *Journal of Economic Behavior & Organization*, 2016.
9. Mrak A. Lemley and Carl Shapiro, "Probabilistic Patents", 19 *Journal of Economic Perspectives* 2, 2005.
10. Gino Cheng, "Doubling up the Horses in Midstream: Enhancing U. S. Patent Dispute Resolution by the PTO's Adoption of the JPO's Hantei Request System", 24 *Santa Clara High Technology Law Journal* 2, 2008.
11. Samuel F. Ernst, "The Lost Precedent of the Reverse Doctrine of Equivalents", 18 *Vand. J. of Ent. & Tech. L.* 3, 2016.
12. Yoonhee Kim, "A Transpacific Comparison of the Doctrine of Equivalents in the United States, Korea, and Japan", 96 *J. of the Pat. & Trademark Off. Soc.* 3, 2014.
13. E. Patrick Ellisen and Daniel T. McCloskey, "Cost Effective Defense of Patent Infringement Suits Brought by Non-Practicing Entities", 21 *Intellectual Property & Technology Law Journal* 10, 2009.
14. P. Van Malleghem and W. Devroe, "Astrazeneca: Court of Justice Upholds First Decision Finding Abuse of Dominant Position in Pharmaceutical Sector", 4 *Journal of European Competition Law & Practice* 3, 2013 .
15. Herbert Hovenkamp, "The Rule of Reason and the Scope of the Patent", 52 *San Diego Law Review* 3, 2015.
16. Guido Calabresi and A. Douglas Melamed, "Property Rules, Liability Rules, and Inalienability: One View of the Cathedral", 85 *Harv. L. Rev.* 6, 1972.
17. Mark A. Lemley, "The Myth of the Sole Inventor", 110 *Mich. L. Rev.* 5, 2012.
18. Richard Calkins, "Patent Law: The Impact of the 1988 Patent Misuse Reform Act and Noerr-Pennington Doctrine on Misuse Defenses and Antitrust Counterclaims", 38 *Drake L. Rev.* 2, 1989.

三、其他

1. 中国知识产权局规划发展司：《中国专利统计简要数据（2017 年）》，载 http://www.sipo.gov.cn/docs/20180411102303821791.pdf，最后访问日期：2019 年 12 月 5 日。
2. WIPO, Interface Between Exhaustion of Intellectual Property Rights and Competition Law, CDIP/4/4 REV./STUDY/INF/2, June 1, 2011.
3. 北京市高级人民法院（2017）京民终 454 号民事判决书。
4. Lexmark International, Inc. v. Impression Products, Inc. 816 F. 3d 721 (2016).
5. FTC v. Qualcomm Inc., Case No. 17-CV-00220-LHK, 2017 U. S. Dist. LEXIS 98632, p. 10.
6. 世界贸易组织术语定义表，载 https://www.wto.org/english/thewto_e/glossary_e/parallel_imports_e.htm，最后访问日期：2019 年 11 月 28 日。
7. 最高人民法院（2009）民申字第 802 号民事判决书。
8. 最高人民法院（2011）知行字第 99 号行政裁定书。
9. 陕西省高级人民法院（2016）陕民终 567 号民事判决书。
10. 最高人民法院（2013）民提字第 223 号民事判决书。
11. 山东省高级人民法院（2017）鲁民终 74 号民事判决书。
12. 湖北省武汉市中级人民法院（2015）鄂武汉中知初字第 01017 号民事判决书。
13. 江苏省扬州市中级人民法院（2014）扬知民初字第 00086 号民事判决书。
14. 广东省高级人民法院（2017）粤民终 1284 号民事判决书。
15. Graver Tank & Mfg. Co. v. Linde Air Products Co., 339 U. S. 605 (1950).
16. De Forest Radio Tel. Co. v. United States, 273 U. S. 236 (1927).
17. Gillette Safety Razor Company v. Anglo-American Trading Company Ld., (1913) 30 RPC 465.
18. A. C. Aukerman Co. v. R. L. Chaides Const. Co., 960 F. 2d 1020 (1992).
19. Amp Incorporated v. The United States, 182 Ct. Cl. 86; 389 F. 2d 448 (1968).

20. Wang Laboratories, Inc. v. Mitsubishi Electronics, 103 F. 3d at 1580 (1997).
21. Eastman Kodak Co. v. Ricoh Co., Ltd, 12 Civ. 3109 (2013).
22. The Singer Company v. Groz Beckert KG and Dyno Corporation, 262 B. R. 257 (2001).
23. Carborundum Co. v. Molten Metal Equip. Innovations, Inc., 72 F. 3d 872, 878 (Fed. Cir. 1995)
24. Met-Coil Systems Corporation v. Korners Unlimited Inc., and Ductmate Industries, Inc., 803 F. 2d 684 (1986).
25. Bandag, Inc. v. Al Bolser's Tire Stores, Inc., 750 F. 2d 903, 925 (Fed. Cir. 1984).
26. 陕西省高级人民法院（2009）陕民三终字12号民事判决书。
27. Otsuka Pharmaceutical Co., Ltd v. Generic Health Pty Ltd, (2015) FCA 848.
28. Brown v. Duchesne, 60 U. S. 183 (1856), 197-198.
29. Whittemore v. Cutter, 29 F. Cas., 1120, 1121 (C. C. D. Mass 1813).
30. 北京市第二中级人民法院（2006）二中民初字第04134号民事判决书。
31. Merck KGaA v. Integra Lifesciences I, Ltd., 545 U. S. 193; 125 s. Ct. 2372; 162 L. Ed. 2d 160; 2005 U. S. LEXIS 4840 (2005).
32. Amgen, Inc. v. Hoechst Marion Roussel, Inc., 3 F. Supp. 2d 104, 106 (D. Mass 1998).
33. Momenta Pharms., Inc. v. Amphastar Pharms., Inc., 686 F. 3d 1348, 1359-60 (Fed. Cir. 2012).
34. 最高人民法院（2008）行提字第4号行政判决书。
35. 胡文辉：" 国家知识产权局发布2019年上半年主要工作统计数据并答问"，载 http：//www. gov. cn/xinwen/2019 - 07/09/content _ 5407634. htm，最后访问日期：2019年12月5日。
36. 陈婕：" 国家知识产权局专利复审委员会审查质量和审查效率进一步提高"，载 http：//www. cipnews. com. cn/cipnews/news_ content. aspx? newsId =105500，最后访问日期：2019年12月5日。
37. Japan Patent Office (JPO) Hantei, Guidelines for Easy Hantei Demand Filing, Section 1 (1) (1998), "What is Hantei".

38. eBay Inc. v. MercExchange, L. L. C. , 547 U. S. 388（2006）.
39. 吉林省高级人民法院（2017）吉民终 579 号民事判决书。
40. 湖南省高级人民法院（2017）湘民终 393 号民事判决书。
41. 浙江省杭州市中级人民法院（2017）浙 01 民初 399 号民事判决书。
42. 云南省高级人民法院（2017）云民终 308 号民事判决书。
43. 湖北省武汉市中级人民法院（2017）鄂 01 民初 3413 号民事判决书。
44. Therasense, Inc. v. Becton-Dickinson, Inc. , 649 F. 3d 1276（Fed. Cir. 2011）.
45. 北京市高级人民法院（2015）高民（知）终字第 3072 号民事判决书。
46. 最高人民法院（2008）民申字第 762 号民事裁定书。
47. 广州知识产权法院（2017）粤 73 民初 2588 号之一民事裁定书。
48. 广东省广州市中级人民法院（2014）穗中法知民初字第 526 号民事判决书。
49. Therasense, Inc. v. Becton, Dickinson and Co. , 649 F. 3d 1288（Fed. Cir. 2011）.
50. Dippin' Dots, Inc. v. Mosey, 476 F. 3d 1337, 1345（Fed. Cir. 2007）.
51. Kingsdown Med. Consultants, Ltd. v. Hollister, Inc. , 863 F. 2d 867（Fed. Cir. 1988）.
52. Star Scientific, Inc. , v. R. J. Reynolds Tobacco Co. , 537 F. 3d 1357, 1366（Fed. Cir. 2008）.
53. B. Braun Med. , Inc. v. Abbott Lab. , 124 F. 3d 1419, 1427（Fed. Cir. 1997）.
54. Motion Picture Patetnts Co. v. Universal Film Co. , 243 U. S. 502（1917）.
55. Morton Salt Co. v. G. S. Suppiger Co. , 314 U. S. 488（1942）.
56. Brulotte v. Thys Co. , 379 U. S. 29（1964）.
57. Scheiber v. Dolby Laboratories, Inc. , 293 F. 3d 1014（2002）.
58. Kimble v. Marvel Entertainment, LLC, 576 U. S. 446（2015）.
59. USM Corp. v. SPS Tech. , Inc. , 694 F. 2d 505, 511（7th Cir. 1982）.
60. 李佳蔚、王宇澄、陈帅奇："上海破获敲诈拟上市公司案：囤数百'专利'再借诉讼之名勒索"，载 https://m. thepaper. cn/newsDetail_forward_ 2282197? from = timeline&isappinstalled = 0，最后访问日期：2019 年 12 月 5 日。

61. 上海市浦东新区人民法院（2018）沪 0115 刑初 3339 号刑事判决书。
62. Mallinckrodt, Inc. v. Medipart, Inc., 976 F. 2d 700, 704 (Fed. Cir. 1992).
63. 《世界知识产权组织与可持续发展目标》，载 https://www.wipo.int/edocs/pubdocs/zh/wipo_pub_1061.pdf；https://www.wipo.int/meetings/en/doc_details.jsp?doc_id=431319，最后访问日期：2019 年 12 月 5 日。

致 谢

本书是笔者在博士论文的基础上进行修改完善而得，历时数年，期间见证了《民法典》出台、《专利法》修改，因而屡屡易稿，时时反思，恐有疏漏。

本书的出版，并非笔者一人之力所得。博士论文的选题和方向的把握受教于刘银良教授，在此衷心感谢导师的悉心教导与帮助。同时，还要感谢在论文撰写过程中提供修改与完善意见的张平教授、易继明教授、杨明教授和刘东进教授。感谢王喆、师嘉琪、苏星星承担本书的审校工作。

还要感谢首都经济贸易大学法学院为本书出版提供的资金支持，以及中国政法大学出版社的编辑老师为本书付出的辛劳。

最后，感谢我的家人，特别是我的父母和我的先生郝天祎，他们为我提供了物质上的支持、生活上的照顾和精神上的鼓励，使我能够顺利完成本书的撰写工作。

季冬梅

2021 年 11 月

于北京 古城